U0561870

本书出版获得首都经济贸易大学劳动经济学院出版基金支持

社会创业与社会商业：理论与案例

SOCIAL ENTREPRENEURSHIP AND SOCIAL BUSINESS

An Introduction and Discussion with Case Studies

［德］克里斯蒂娜·K. 福克曼（Christine K. Volkmann）
［瑞士］基姆·奥利维·托卡斯基（Kim Oliver Tokarski）
［德］卡蒂·恩斯特（Kati Ernst）等 著

黄 琦／译 陈晓庆／校

社会科学文献出版社
SOCIAL SCIENCES ACADEMIC PRESS (CHINA)

Translation from English language edition:
Social Entrepreneurship and Social Business
by Christine K. Volkmann, Kim Oliver Tokarski and Kati Ernst
Copyright © Gabler Verlag | Springer Fachmedien Wiesbaden 2012
Springer Fachmedien is a part of Springer Science+Business Media
All Rights Reserved

译者介绍

黄琦，社会学博士，首都经济贸易大学劳动经济学院，主要研究方向为社会研究方法、社会创新与社会企业、品牌管理。

原书前言

凭借创新的理念和令人振奋的机会，社会创业已经在最近几年开始渗透到许多经济体。在全球各地，社会企业家面对广泛的社会质疑，包括教育、健康、环境管理、企业发展、农村发展、儿童和青年以及对水和废物处理的金融渗透。但他们的努力尚未得到学术界的承认。如今，社会创业领域的研究范围极其宽泛，例如机会识别、商业模式、功能研究、社会企业家特质和行为、人力资源管理、市场营销、绩效测量、社会创业成长、社会企业融资以及社会创业的社会影响力等等。社会创业研究的重要性体现在越来越多的文章和书中，各个大学不断新建社会创业研究中心。与此同时，社会创业课程也融入商学院课程体系中，陆续增加并扩展学生和对此感兴趣的人们的知识范围。

本书为读者提供了对社会创业领域全方位的概述。除了当前对社会创业理论的阐述，还包括案例研究，作为实证研究的具体佐证。我们希望读者读完这本书，能获得对该领域更深入、更细致的理解，如社会创业领域（从理论和实践两个维度理解什么是社会企业家和它的作用）、社会创业中的人（谁在该领域工作以及他们如何联手做好）、社会创业中的商业（商业模式、营销融资—社会企业以及成功的测量标准和方法）和市场（社会创业的市场是什么，什么对其产生影响较大，对社会创业的批判性反思是什么）。

我们希望通过阅读本书能够激发所有读者的灵感、动机和洞察力。希望本书中对社会创业和个案研究的理论和概念的讨论，给读者以愉快的享受，并有助于更好地认识社会创业的意义和作用。

本书是许多研究者共同努力的成果。首先，我们要感谢所有作者的贡献。感谢 Miriam Thielemann、Beverly Lamgsch-Brown 和 Jacqueline Burki 帮助校对。感谢 Kazen Mochkabadi 提供的支持，我们还要感谢 Springer Gabler 出版社的 Ulrike Lorcher 和 Katharina Harsdorf，感谢他们对这个项目的精诚合作和一直以来的支持。

我们将对本书进一步完善，我们欢迎企业家、教师、学生及感兴趣的企业界人士对本书提出宝贵建议。

克里斯蒂娜·K. 福克曼
基姆·奥利维·托卡斯基
卡蒂·恩斯特
2012 年

目　录

第一编　社会创业领域界定：背景、特征和语境

第二编　社会创业中的人：人格特征、人力资源、合作伙伴

第四编　社会创业与市场营销：社会营销、社会影响力、反思与展望

第一编

社会创业领域界定：背景、特征和语境

第一章 社会创业的背景、特征和语境

克里斯蒂娜·K. 福克曼（Christine K. Volkmann）
伍珀塔尔大学熊彼特经济与工商管理学院

基姆·奥利维·托卡斯基（Kim Oliver Tokarski）
伯尔尼应用科学大学工商管理学院

卡蒂·恩斯特（Kati Ernst）
伍珀塔尔大学熊彼特经济与工商管理学院

◇学习目标

完成这一章后，能够达到如下目标。

1. 进一步了解社会创业的历史背景。
2. 了解社会创业在社会、经济和政治中的作用。
3. 从社会创业研究获得洞察力。

一 导言

社会创业已经成为与企业、社会和政治相关的话题。通过媒体和众多科普刊物的传播，社会创业越来越多地唤起了公众的注意力。在这里，我们可能会提到戴维·伯恩斯坦的著作《如何改变世界：社会企业家与新思想的威力》（David Bornstein，2004）以及由艾尔金顿和哈蒂根合著的《不可理喻者的力量》（Elkington and Hartigan，2008）[①]。伯恩斯坦在他以案例

① 关于社会创业的学科界定，参见 Dees（1998），*Introduction to social entrepreneurship academia*；Leadbeater（1997），*The role of social entrepreneurs in society*；and Nicholls（2006b），Academic anthology。

研究为主的研究中，强调了个体社会创业者的愿景、使命和激情在不同的历史、经济、法律、政治、社会和文化背景下的伟大力量。最近这个领域的其他许多出版物更关注这个领域中作为社会企业家的个人，而不是社会企业的经济功能。社会企业家作为社会经济发展“变革的推动者和发动机”，并通过他们积极主动和创新实践给经济和社会带来了积极的变化。社会创业的文献往往侧重于介绍类似于如穆罕默德·尤努斯那样的榜样和英雄。

一些研究人员认为，社会创业并不是新的现象（Boddice，2009）。例如，Bornstein 和 Davis（2010）认为：“社会创业者一直存在。但在过去，他们也被称为有远见者、人道主义者、慈善家、改革家和圣人，或者干脆称之为伟大的领导者。”也许社会创业与人类自身一样悠久古老。然而，如今他们的工作是不同的，因为它已经实现了全球范围的潜在可能性（Nicholls，2006）。无论如何，社会创业这个概念和术语还是比较新的。因此，这是一个值得探讨的问题：这个席卷当代全世界范围的社会运动源于何处？社会创业的概念如何界定和解释？

二　社会创业在社会、经济和政治中的角色与作用

> 如今许多年轻人感到沮丧，因为他们在资本主义制度内不能找到激发其的任何有价值的挑战。当你已经长大了准备进入商品世界的时候，赚很多钱并不是一个特别鼓舞人心的目标。社会企业可以填补这个空白。
>
> ——穆罕默德·尤努斯，2007

2006 年，穆罕默德·尤努斯获得诺贝尔和平奖，社会企业和社会创业的理念在全球范围内引起了反响。在与孟加拉国的贫困人一起工作时，尤努斯认识到，许多穷人希望能够自立，例如经营自己的小生意。要做到这一点，他们需要资金，大多数是少量的资金，可以购买一台缝纫机或类似的基本工具。然而，银行不愿意给穷人贷款。因为银行发现风险太高，这些目前还没有收入的人，没有可用的安全保障。这些官僚机构的贷款办理程序使小额贷款需要支付更多的费用。

尤努斯创办的格莱珉银行创造了一种新颖的方法，使小额贷款变得可行。银行开发一种以“借贷圈”为特征的管理和回收办法，在每个社区由多个借款人构成。在这个圈子里，借款人互相监控，并监督每个人按时、如数还回贷款。如果违约会使整个社区失去信誉。这样，债务人都积极地履行支付义务，因为他们不想辜负其所在的群体。社区动员的方式使行政工作和投资回报的安全性得到保障。这些贷款的圈子使得格莱珉银行的贷款回报率比许多大型银行更高。在社会企业家看来，通过这一创新行动能够实现社会目标。一方面穷人通过获得小额贷款的帮助，建立起稳定的收入来源；另一方面像其他银行一样，格莱珉银行收取利息，从而赚取收入。因此，作为一个企业，做这种有助于社会事业的发展事情，这就是社会创业。

关于这一点，在2008年达沃斯举行的世界经济论坛上，比尔·盖茨说道：“如果我们在21世纪早期的几十年内能够寻找到既符合商业利润产生，又满足穷人福利需要的商业模式，就找到了一种可持续的方式来发展，这种发展方式可以减少世界的贫困。”（Bill Gates，Kinsley，2009）。

格莱珉银行和许多其他早期的社会企业一样，计划在新兴市场国家设立自己的企业，如亚拉文眼科医院（www. aravind. org）、Fabio Rosa 农业电力技术系统（STA）、Hippo Roller（www. hipporoller. org）、KickStart 水泵计划（www. kickstart. org）、儿童笔记本计划（one. laptop. org）、自行车世界项目（worldbike. org）、BoGo Light（www. bogolight. com）、Center for Digital Inclusion（www. cdiglobal. org）等等。但是，西方社会已经紧随其后。例如，2003年，Startsocial 开始支持德国的社会创业。2006年，阿育王基金会委任7名社会创业者作为第一批德国阿育王基金会会员。全世界社会创业在商业、社会和政治中的相关性正在进一步发展。根据 Seelos 和 Mair（2009）的统计，2006年通过谷歌搜索“社会创业”超过100万的点击率，但是在6年后的2012年，已达到大约400万的点击率。

无论是供给侧还是需求侧，都是实现社会创业目标的一种催化剂，也使社会创业变得越来越重要（Nicholls，2006）：

■ 供给侧

1. 人均财富增加

2. 更好的教育水平

3. 加强沟通

■ 需求侧

1. 环境与健康危机上升
2. 经济不平等上升
3. 专业非政府组织的制度化
4. 公共服务交付的低效率

社会创业（SE）的相关性取决于个体国家的经济特点和条件，同时也取决于法律、政治、社会文化、技术和生态框架。关于福利的程度，在全球范围内有很大的不同，特别是在发达国家和发展中国家之间存在巨大差异。即使是在西方发达国家间，政府对公共产品分配的程度也存在差异。例如，与英国相比，德国是一个福利发展相对较好的国家。同时，社会问题和挑战的巨大异质性和复杂性，形成了社会创业的具体特征。从地理上看，社会企业经营发展模式的范围可以从本地或地区范围扩展到国际乃至全球水平。社会—经济变化可以通过进化的或革命性的方式进行。社会创业是在不同的环境中发展的，比如贫穷、经济不平等、犯罪（毒品相关的）、危机、气候变化以及私有经济或国有经济的腐败等。

从生态系统的视角看，社会创业可以分为社会取向、市场定位、创新和机遇（认识和开发）。社会创业框架的基本要素是社会、经济、政治、文化（包括伦理、规范和价值观）和法规监管框架。此外，几种类型的利益相关者（如雇员、供应商、媒体、投资者、竞争对手、客户、非政府或非营利组织、国家和公众）是社会创业生态系统中的关键要素。社会创业生态系统降低了结构失衡的风险，创造了价值，解决了社会问题，承担了风险，处理了信息不对称和分配资源的问题，它创造新的就业机会并由此产生税收收入。

社会企业的生态系统关键要素见图 1－1。必须指出的是，这些社会创业的维度和要素并不是决定性的。

想要在社会中创建社会企业，还有很长的路要走，而且其过程还将面临种种挑战，例如“社会创业水平低”这样的事实。实际上，社会创业对德国是一个挑战，因为德国可能因此而错过一个创新方式来支持其公民。总体而言，创业会促进社会的进步，产生创新，促进就业和经济增长（德鲁克，1985；熊彼特，1936）。“在社会创业中，个体会面临巨大的挑战，面对挑战，个体不仅需要利用机会，也需要不断地学习再学习。”“创业社会的出现可能是历史上一个重大的转折点。”（德鲁克，1985）

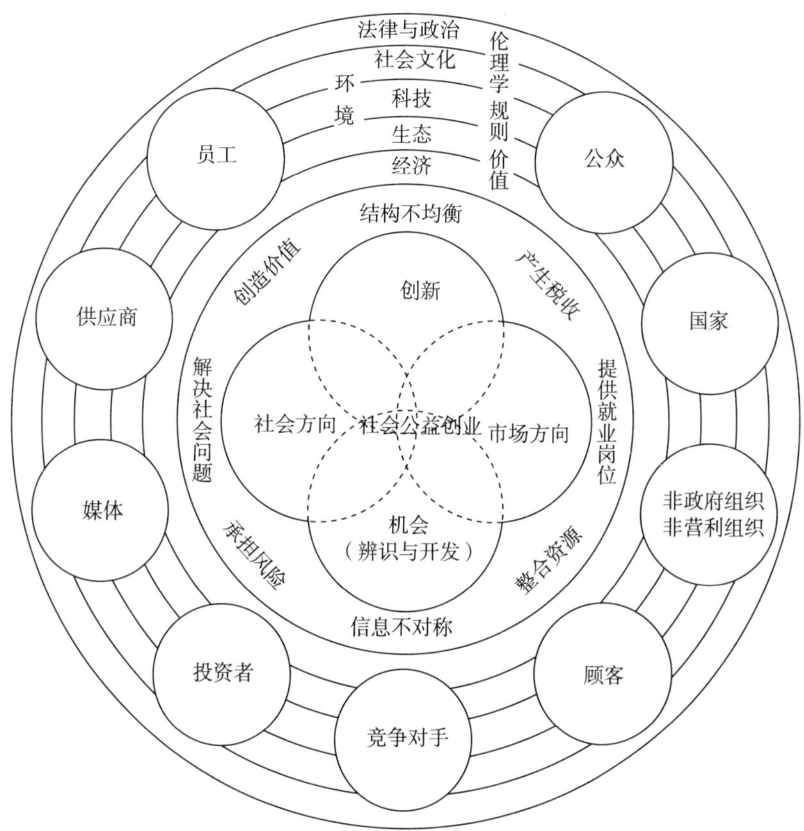

图 1－1　社会创业的生态系统

从这个意义上说，社会创业作为创业活动的一种形式，是有利于社会整体发展的。此外，社会创业者的目标在于能够实现政府或者商业无法满足的社会需求。例如，德国这个自 19 世纪末以来的社会福利国家，政府在 2012 年时就已经开始意识到，尽管政府在财政上对社会福利已经提供了大量援助，但它仍不能保持对其自身系统运行的充分支持。德国政府已经采取了第一步措施来减少失业救济和缩减福利，削弱公共医疗卫生服务的程度。此外，基督教教会的作用正在逐渐减少，因为支付教堂税的公民越来越少，因此传统教会得到的钱也越来越少。总体而言，巨大的缺口使得德国正在出现由国家或教会无力解决的社会需求。这种情况使德国通过创新来解决社会问题尤为重要，但也更加困难。

社会创业意味着是在市场中进行的，以襄助社会事业。这种作用体现在：当市场失灵，或者企业不能满足现有的需求，抑或是政府也不能够满足现有需求（Mair and Marti，2009）。这些制度上的差距在今天的社会中显得更为频繁，并且鸿沟更为巨大，因为它们嵌入在全球市场巨大和复杂的动态结构中（Faltin，2008）。联合国千年发展目标（www. un. org/millenniumgoals）是当今解决全球重大问题一个很好的范例，它试图消除全球性贫困问题。在传统意义上，非营利组织（NPO）可以通过企业和政府留下的制度空缺（Sud et al.，2009）来采取行动。然而，现今的非营利组织情况变得更具挑战性（Bull，2008）。一方面竞争已经在这一领域快速加剧，许多非营利组织在争夺稀缺的金融资源（Dees，1996）；另一方面资金的号召力也触及了慈善事业，投资者或捐赠者都希望投入更多的资金进入社会事业（Sud，VanSandt and Baugous，2009）。Frances（2008）介绍了非营利组织的情况，认为非营利组织是一个假冒的安全避风港，舒适和自满，不再思考变革和创新。因此，传统的非营利组织往往不能达到预期，需要新的可持续和可扩展的解决方案，成功地弥补现有制度的差距（Dees，1996）。

这就是社会创业的陷阱所在。社会创业者尝试通过以市场为基础的方式解决社会需要，瞄准可持续发展解决方案。他们这样做是通过创造附加价值（社会价值创造）。通过将资源转移到更有效的领域，他们创造的价值可以转化为收入（Mair and Marti，2006）。例如，西班牙的乳品公司 La Fageda（www. fageda. com）雇用智障人士制作高品质酸奶，为这类经常被拒绝的人群提供就业。从经济的角度而言，员工被置身于生产力较高的情境中，他们能够参与到经济价值的创造中。社会企业的外部特征内卷化通常会无视市场，进一步增加社会价值的输出（Santos，2009）。在此之上，一些附加价值是通过具有社会意识的消费者提供的，他们支付高于市场价格的钱来购买产品。例如，消费者愿意在公平贸易公司的巧克力（在这本书中可以看到部分该公司情况）以及英国面向社会的印刷品 *The magazine*（见本章案例研究）上支付更多。这些不同的附加价值导致投机的可能性增加，也使它对捐助者或投资者更具吸引力。因此，社会价值创造的多种形式，是社会企业的核心功能（Auerswald，2009）。通过这样做，社会创业在建立过程中填补了其他机构所留下的空白。因此，社会创业在各个国家的发展取决于其各自的既定代理人（如 E、SE、政府）在物品分配上留下的空间。

在社会创业正式出现之前，解决社会需求的类似活动已经存在很长时间了。社会创业的起源可以在私营部门的建立中找到。社会企业产生于人们被封建领主、教堂或奴隶制度压迫的背景下，17 世纪的启蒙运动为私营部门的创造铺平了道路，随后引进了企业（Bornstein and Davis，2010）。在接下来的几十年中，随着人们的实践，法律添加了保护个人财产的观点和法条，促进了私营部门的蓬勃发展。由于这些法律在美国首先建立起来，美国的社会创业拥有广泛的范围，发展位于前列。同时企业部门的发展，国家回归自己的职责，留下的体制空间鼓励非营利组织和慈善家进入该领域（Shaw and Carter，2007）。在欧洲，英国紧随其后，是在社会领域引入创业精神的开拓者之一，就像在维多利亚时代的私人医院一样（Shaw and Carter，2007）。多年以来，政府、企业和非营利组织共存，携手解决大量出现的社会需求。

阿育王基金会是由前麦肯锡管理顾问比尔·德雷顿于 1980 年成立的，他在这个组织中发挥了作用（www. ashoka. org；Dcfourney and Nyssens，2008）。在走遍印度，见证了新型社会企业出现之后，德雷顿认识到这种可持续努力的价值（Bornstein and Davis，2010），随后他创办了第一个专门为社会企业家援助的机构。这个组织旨在发现早期社会企业家并为他们提供各种帮助（例如商业咨询），使这些社会企业家能够继续追求自己的目标。阿育王基金会在全球都设置了自己的机构，并通过它们开展公共关系工作，使得社会企业家组织遍布世界各地。除了开拓者和最初的支持机构对社会企业进行支持，全球的发展进一步资助了社会企业的创新。伯恩斯坦和戴维斯（2010）的观点对此有所解释，他们认为这主要是由于更高水平的教育和知识导致极权主义政权势微，如争取妇女独立以及国际媒体、互联网特别是社会化媒体（网站），这有助于世界各地的人们有机会了解它们。

在世界范围内，社会创业经过几个发展阶段。各种配套支持机构也更加完善，例如施瓦布基金会和斯科尔基金在全球层面上加入阿育王基金会。世界各地由国家支持的机构也应运而生，如加拿大社会企业家或社会企业家基金会 Sefswiss 中心。在德国，“贝塔斯曼基金会”和“宝马赫伯特·科万特基金会”是活跃在社会创业领域的组织。在欧洲，20 世纪 80 年代兴起的意大利合作社标志着社会创业大规模开始（Defourney and Nyssens，2008）

自 2000 年以来，英国就已成为欧洲最强的社会创业地区（Defourney and Nyssens，2008）。全球创业监测报告显示，高达 6. 6% 的英国人口参与社会创业（Harding，2004）。伯恩斯坦和戴维斯（2010）甚至认为，对社会创业的关注已经达到第三代。在他们看来，对社会企业研究的第一代是进行社会企业定义、描述社会企业功能、发展社会企业支持系统；社会企业研究的第二代，专注于组织卓越的社会企业；今天的社会企业研究是第三代，着眼于所有人的变化。

此外，学术界也开始关注社会创业的主题。总的来说，社会创业代表的是一个有趣的话题，因为社会企业的特征与社会、文化、心理和经济等不同学科相关。这些多元化的特点，导致最初的出版物旨在建立一个对社会创业是什么（和不是什么）的共同理解，正如社会企业家所代表的那样。这一研究主旨在当前的社会创业研究中仍在不断发展，我们将在下一节中讨论。

三 社会创业在学术界的故事

通过商业创造社会价值的学术研究起源于20世纪。然而，到20世纪90年代末期学术界对社会企业的重视只是偶尔的，只有少数论文发表这方面的内容，如Parker（1954）、Eppstein（1964）、Hage和Aiken（1970）等。

1973年，戴维斯写了一篇关于商业承担社会责任不同观点的文章。一部分研究者，如Milton Friedman（1962）担心，企业社会责任会破坏资本主义市场的根本基础，“几个趋势可以如此彻底地破坏我们自由社会的根基，如企业官员接受社会责任比为他们的股东尽可能多赚钱更有力量。”（Davis，1973）。另有研究者如保罗·萨缪尔森把创造社会价值看作是企业的核心责任。从那时起，研究人员形成了这样的观点，比如企业社会责任（CSR）早已替代经济回报在商业领域的位置。在非营利组织（NPO）背景下，丹尼斯·R. 杨认为“非营利企业家”更专注于自己的创新行为（Young，1986）。然而，社会创业在标准和方法上与企业社会责任、非营利组织和非政府组织（NGO）的管理是有系统区别的。但在20世纪80年代，学术界仍怀疑社会创业的主题。例如，迪斯建议哈佛商学院应该开设社会创业课程，这是他以前提议“不要做”的事情（Eakin，2003）。随后，社会创业的实际研究领域在20世纪90年代末开始发展。迪斯的论文《社会企业家的含义》（1998）在这个阶段引起了特别关注（Waddoch and Post，1991；Leadbeater，1997）。从那以后，人们对社会创业领域的科学兴趣一直在增长。学校引进了社会创业课程和研究网络，欧洲研究新兴市场经济体的网络也从事该主题的研究（Defourney and Nyssens，2008）。

学术界显然是欢迎社会企业这一热点的，关于社会企业的研究和教育项目正在快速发展（Nicholls，2010；Perrini，2006）。在过去几年中出现了许多有关社会企业这一话题的专业性杂志，如《斯坦福社会创新评论》(2003)、《社会企业杂志》(2004)、《社会创业杂志》(2010) 和《社会创业与创新杂志》(2011) 等。此外，杂志特刊已经出现，如《企业家行为与研究》(2008)、《国际期刊创业理论与实践》(2010) 等并且编辑成册，出版专题书籍。新的社会创业会议正在召开，如关于社会企业的斯科尔世界论坛、社会企业纽约斯特恩会议等。未来的管理者们正在商学院攻读社会创业课程，如位于纽约的哥伦比亚商学院、巴塞罗那 IESE 商学院等（Tracey and Phillips，2007 年；www. aacsb. edu 提供可用课程的概述）。此外大学还任命专门研究该领域的教授，如吕讷堡大学、鹿特丹管理学院、诺丁汉大学、哥本哈根商学院、牛津大学、弗拉瑞克 - 鲁汶 - 根特管理学院、欧洲商学院、日内瓦大学、社会企业家学院、剑桥大学、洛斯安第斯大学、亚洲管理学院、塔塔社会科学院、卡尔加里大学、斯特恩商学院、波特兰州立大学、杜克大学、巴布森学院、斯坦福大学商学院和哈佛商学院等。尽管如此，人们普遍认为，对社会创业的理论研究还处于起步阶段。研究人员认为，出版物和访问量的不足可以证实该观点（Certo and Miller，2008；Desa，2007；Mair and Marti，2006；Peattie and Morley，2008；Robinson，Mair and Hockerts，2009）。

研究人员和教育工作者将自己定位为这一领域的思想领袖，并拥有推动这种思想前进的权利，如亚历克斯·尼科尔斯（牛津大学赛德商学院）、格雷戈里·迪斯（杜克大学福卡商学院）、约翰娜·梅尔（纳瓦拉大学 IESE 商学院）或保罗·C. 奈特（纽约大学瓦格纳公共服务研究生院）等。除了广泛发生的社会创业现象外，现在也正在研究社会创业的具体因素。

此外，研究人员和教育工作者正在协助研究社会企业家的从业指南，以帮助社会企业家进一步提高他们的业务（Brinckerhoff，2000；Dees，Emerson and Economy，2001，2002；Durieux and Stebbins，2010）。因此，虽然目前社会创业发展有很大的吸引力，但是该领域还是一个年轻的领域，它需要花费时间发展完善的理论（Harding，2004）。在这个意义上，相对于伯恩斯坦和戴维斯的社会创业 3.0 愿景，目前关于公益创业的研究甚至还没有完全掌握社会创业 1.0 的精髓，什么是对社会创业的正确理解以及它的功能，目前还没有明确的理论（Harding，2004；Light，2011；Weerawardena and Mort，2006）或进行大规模定量研究（Hockerts，2006；Light，2011）。

因此，该领域的发展很大一部分是基于传闻情况下的表象（Mair and Marti，2006；Nicholls and Cho，2006）。然而，这是一个相当典型的、相对较新的并且不断变化的社会科学研究领域。虽然社会创业大规模的深入研究是强制性地建立起来的，但是该领域应保持其跨学科、多方面的知识来源和核心。这似乎是必要的，因为在这个丰富的文化背景下，社会创业行为几乎总是涉及社会和经济行为的。这一性质也使社会创业成为一个有趣的、迷人的和重要的话题，值得我们学习和深入研究。

四　社会创业的概念和类型

（一）社会创业和社会创业者

在前面的章节中，我们发现，社会企业自20世纪90年代末进入科研与教学的领域。然而，这方面的文献仍然是在广泛的基础上进行各种定义和概念（Huybrechts and Nicholls的观点），到目前为止，仍然没有一致或清晰定义标准。这可能会导致社会企业中各自的研究课题在不同的学科中出现，如经济学、创业、社会学和心理学。这些对于社会创业定义的理解从狭窄到宽泛（Dacin and Matear，2010；Zahra，2009）。概念的混乱导致缺乏明确的规则描述和概念解释。这里将介绍概念选定的方法，说明社会创业种类。尽管事实上，定义和方法是异构的，但是社会企业和社会企业家的目标是一致的。根据这一点，社会企业的目的是发现机会和引领社会变革，而不是传统意义上的利润最大化。在这个意义上，社会创业是指“充分利用资源，解决社会问题的能力”（Dacin and Matear，2010）。Mair和Marti（2006）将其定义为，“社会创业的主要目的是探索和利用机会，通过刺激社会变革创造社会价值或满足社会需要”。在一般创业定义的背景下，有一个关键的争论，即独立的“社会创业”是否有长期存在的必要。例如，Schramm（2010）认为，“所有的创业是社会的”，因为它产生经济效益和社会价值，即税收和就业机会。

根据熊彼特的思想差异化分析，Swedberg（2006）提出，社会创业可以被定义为非经济社会领域中的一种动态行为形式。从熊彼特的一般创业理论推导出社会创业概念，从而提供了根据演绎分析法进一步分析概念的基础（Volkmann and Tokarski，2010）。图1-2显示了这一领域的潜在的基本分类。

	经济	社会
动态或创业变革	发展	社会创业
静态或非创业变革	适应	社会进化

图 1－2　经济变迁和社会创业

注：以 Swedberg（2006）为基础的自绘图。

熊彼特本人提到，经济发展包括社会变革，这说明他也把经济和社会之间的关系和相互作用考虑在内（Swedberg，2006）。

在一般情况下，社会企业可以被看作是企业的一种形式。同样，社会企业家“属于企业家的一类”（Dees，1998）。Dacin and Matear（2010）认为社会企业与其他企业形式相关或嵌入在其他的创业形式中。他们将企业家/企业区分为四种类型。

传统企业/传统企业家　作为代理人的角色启用或制定基于新思想的组织愿景，来创造成功的创新。组织形式主要以利润为导向，组织的主要动机（目的）是经济。

制度性企业/制度性企业家　作为代理人调动资源来影响或改变制度规则以支持或变革现有的机构，或建立一个新的机构。组织形式主要是以营利为目的，首要动机（目的）是改革和发展机构的体制。

文化创业/文化企业家　作为一个个体确定机会，为创造社会文化或经济价值而行动。主要的组织形式既有非营利性的也有利润导向性的，主要动机（目的）是有各自的文化传播。

社会企业/社会企业家　作为行动者，他将商业原则应用于解决社会问题。组织形式主要是非营利性的或以营利为目的，主要动机（目的）是社会变革和社会福祉。

在详细的文献分析中，Dacin 和 Matear（2010）发现，社会企业家现有定义专注于四个关键因素：社会企业家的个人特点、社会企业家的活动范围、社会企业家使用的资源和过程以及社会企业家相关的主要任务和成果（见图 1－3）。

在研究者看来，对社会企业家的个人特点和定义进行重点研究是非常有前途（Gartn，1988），最近研究人员重点研究社会创业的概念，包括社会企业家的活动范围、过程和创新，社会企业家所使用的资源，社会企业

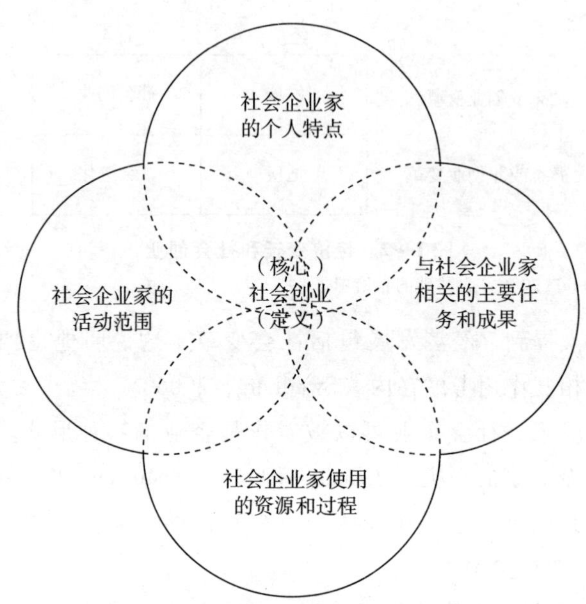

图 1－3　社会企业家定义的四个关键因素

注：以 Dacin 和 Matear（2010）为基础的自绘图。

家的使命和成果（社会创业）。这些术语和主题涵盖了社会创业活动与社会活动、不以营利为目的与以营利为目的、社会效果与经济效果、社会财富创造与经济财富创造等内容，也有研究者们采取了不同的观点并提出更全面、综合的定义和概念。

Zahra 等人（2009）的定义提供了一个更广阔的经济视角，认为“任何社会创业的定义、测量或评价都应反映社会和经济方面的考虑”。因此，他们提出了一个标准，社会企业的活动应该用一个更广泛的术语来反映，即“共富”，其中包括具体成果（如产品、客户服务或资金产生的）和无形的结果（如财富、幸福感和一般福利）。

总财富的定义

■ 总财富（TW）＝经济财富（EW）＋社会财富（SW）

EW ＝经济价值（EV）

../. 经济成本（EC）

../. 机会成本（OC）；

SW ＝社会价值（SV）

../. 社会成本（SC）

■ 其结果是，总的财富可以计算如下：

TW = EV + SV － （EC + OC + SC）。

以这种方式计算的“总财富”说明，除了一边是“经济财富”，另一边是“社会财富”极端形式之外，创业实体可能出现“经济财富”和“社会财富”融合的组合形式。尽管如此，将总财富计算方法应用于实际是必要的，可以评估经济价值和社会价值以及相关的经济成本（例如环境污染）和社会成本（例如社会不和谐）。由于创业实体通常的特征是资源稀缺，因此计算时还必须将机会成本考虑在内。采用这种方式，总财富的标准可能有益于学者的研究和实践，用以评估经济和社会机会以及投资风险（Zahra，2009）。

在一些情况下社会企业家可以被看作是推动社会和经济变革的力量。他们发现和利用新的机会，适应和学习创新的过程，创造社会财富和经济财富。Zahra 等（2009）开发了一个基于经济学的理论方法，他们区分了三种不同类型的创业者/企业家，即社会修理者（Hayek，1945）、社会建构者（Kirzner，1973）和社会工程师（Schumpeter，1934）。这三种类型是根据该社会企业家认识到机遇、明确任务和目标、获取和利用资源、解决社会问题并以不同的方式扩大其地域范围来区分的（见表1－1）。第一类，社会修理者，在地方一级解决社会需求和问题。相对于其他类型的社会企业家，他们只能在当地挖掘稀缺资源并加以利用来解决社区内的社会问题。他们的行为是依据本地的习俗性知识为指导。第二类，社会建构者，柯兹纳认为，他们必须要看到社会环境中的机会。例如，他们可能会在市场或政府失灵的情况下采取行动。无论是社会体系存在空白，或是现有的公司、政府机构或非营利组织不能胜任时，社会企业家就可能会发现他们的创业机会。与社会修理者不同，社会建构者瞄准一个社会问题，会有更广泛、更灵活的解决方案。第三类，社会工程师，能够系统地解决复杂的国内、跨国和全球性的社会问题。根据熊彼特的观点，社会工程师既能带来社会的持续改善，也能带来根本性的、革命性的社会变革。他们在一个大的规模和范围中工作，因而其活动具有较高的社会和经济影响。

表1－1　社会创业和社会创业者的类型

类型	社会修理者	社会建构者	社会工程师
理论	哈耶克	柯兹纳	熊彼特

续表

类型	社会修理者	社会建构者	社会工程师
他们做什么	根据机会来认识并做出行动，他们有专业知识和资源用于解决当地的社会需求	建设和经营可选择的结构来提供物品和服务，以解决社会需要，而这正是政府、机构组织、和企业所不能解决的	创造出新的、更有效率的社会系统来替代现存的不能解决重大社会需求的低适应性系统
规模、范围和时间选择	规模小。局部范围，经常出现在自然情景中，活动的发生通常带有随机性	规模从小到大。范围由本地扩展至国际，制度化解决正在发生的社会需求	超大规模。范围从国内扩展至国际，以寻求建成一个持续性的结构，挑战现有秩序
为什么很有必要	有关社会需求的知识以及解决社会需求的能力遍及各方。许多社会需求未被识别，而且很容易被曲解，要求当地政府发现和解决这些问题	法律、制度和政治的接受度，无效或低效率，会阻止现有的政府和商业组织有效地解决社会需求	一些社会需求不太容易在现存的社会结构下改善，根深蒂固的现状会阻挠解决社会需求的行动，因为社会需求会侵蚀利益和权力资源
社会意义	面对社会问题，集体行动可以协助保持社会和谐	修补被破坏的社会结构，在现存更广阔的社会结构内解决急迫的社会需求，并协助保持社会和谐	致力瓦解现有的社会结构并替换成新的社会结构。在根深蒂固的现状面前，他们代表着改变社会的一支重要的力量
社会均衡效应	当地社会企业的单个行动让我们更接近“社会平衡”理论	在提供社会意义上的重要物品和服务上修复了鸿沟，这创造了新的“社会平衡”	打破现有社会平衡，寻求用更有社会效率的方法来替代
判断力的来源	不动声色地用技术解决本地问题。在本地范围内意味着他们有着有限的资源需求并相当独立。在小规模和本地范围内需要快速反应	他们解决部分问题，并存在有限的竞争。他们甚至很受欢迎，并被看成是“发泄阀”，用来预防对现存政府和商业组织有负面影响的社会问题	民众支持的程度取决于现存社会结构，并且暗嵌于在职人员没有能力解决重要的社会需求
判断力的限制	并未偏离当地法律和规章制度。然而，他们拥有的有限资源和专业知识限制了解决他人需求，以及扩展地理范围的能力	需要获得必要的资金和人力资源以便完成任务并制度化，成为持续的关注。资助者需要监督。由专业志愿者和雇员负责组织运营	被现任的政党看成是不合法的，这些政党视他们为威胁，并会监视和企图侵蚀掉社会工程师改变社会的能力。已被感知的非逻辑性将根植于从传统渠道中获取金融资源和人力资源的能力。作为结果，他们可能成为政党的俘虏，为其提供所需的资源

注：以 Santos（2009）为基础的自绘表。

桑托斯（2009）基于经济学理论提出的另一个战略方法，是根据利润是否最大化，将企业家分为“价值创造”或者“价值分配”两个范畴。后者意味着，企业家可以保持他们所创造价值的很大一部分。因此，虽然社会创业者被认为创造了不菲的社会价值，但并没有提供多少潜在的价值分配。在资本主义经济体系中，商业企业家追求利润导向的策略，会把社会企业家从市场上挤出，因为前者在市场上拥有更多的、可以动用的资本。桑托斯还区分了几个利益相关方（政府、企业、慈善机构、商业创业、社会活动和社会创业），他们代表了经济体制中的不同角色，追求不同的制度目标，因此在行动逻辑上有所不同（见表1－2）。根据这一分类，社会创业者主要活跃在利润较少的环境中，并能产生积极外部效应（参见第十一章）。社会活动家的任务是缓解负面外部影响，其行动的主导逻辑是通过管理者的控制、商业企业家的创新和社会企业家的授权。

表1－2　现代资本主义经济中的体制性参与者

利益相关者	经济系统中的直接角色	主要组织目标	主要行动逻辑
政府	集中机制：创造和执行经济系统基础设施（提供公众物资）	保护公共利益	调控
企业	分配机制：以最有价值的方式分配社会资源和技术	创造持续的有利条件	控制
慈善团体	分配机制：使经济支出更公平，尽管资源最初不均匀	帮助弱势群体	亲善
商业创业者	分配机制：发掘被忽视的营利机会	利益相关者的适当价值	创新
社会活动	分配机制：筛选出负面的外部效应	改变社会系统	政治行动
社会创业	分配机制：将被忽视的积极外部性内化于经济系统内	提供可持续的解决方案	授权

注：以Santos（2009）为基础的自绘表。

社会创业是本研究领域中最常用的术语，它涉及社会创业的概念、从事社会创业的人和社会创业者经营的企业。这些术语指的是相同的现象，它们都适用于这个理论的延伸运用过程中，是关于同一核心在不同层次的分析（Hockerts，2006；Peredo and McLean，2006）。因此，下一步将在组织层面上解决社会企业的建设问题。

（二）社会企业

类似于对社会创业和社会创业者的描述，学者们试图用多种方法将社会企业进行分类（如 Dees，Emerson and Economy，2001；John，2006；Alter，2007；Neck，Brush and Allen，2009）。

Dees、Emerson 和 Economy（2001）认为，社会企业可以区分和定位为纯慈善（非营利性企业，其目的在于产生高社会回报）和纯商业（营利性企业，与前者相反，追求最大经济回报）两种。这两种极端情况之间有混合模式存在（见表 1-3）。

表 1-3　社会企业分类

	纯慈善	混合型	纯商业
动机、方法和目标	■ 呼吁商誉 ■ 使命驱动 ■ 创造社会价值	■ 混合动机 ■ 使命与市场之间的平衡 ■ 社会价值和经济价值	■ 诉诸自我利益 ■ 市场驱动 ■ 创造经济价值
主要利益相关者			
受益者	无利益回报	补贴率和混合支付者；无利益回报	全额市场价
主要利益相关者			
资　本	捐赠和资助	低于市场资本和混合支付者；无利益回报	市场资本利率
劳动力	志愿者	低于市场工资和混合拿工资的职工和志愿者	市场利率补偿
供应商	慈善捐助	特别折扣和混合实物或全价	遵循市场价格

注：以 Dees、Emerson 和 Economy（2001）为基础的自绘图。

根据这三类（纯慈善、混合型、纯商业），对在社会企业投入资源的利益相关者而言，有不同的利益和回报。

1. 纯慈善

这一类企业的普遍动机是使命驱动。它们工作的目的是呼吁良好的意愿和创造社会价值。受益人（客户）为它们的产品或服务提供费用。建立慈善企业所需的资金通常来自捐赠和资助。这些机构的工作人员由志愿者组成，供应商做出实物捐赠。

2. 混合型

这一领域的企业具有混合动机。它们工作的目的是促进社会使命和市场导向的平衡，以创造社会和经济价值。受益者（客户）为商品或服务做支付补贴，其中既有全额付款者也有没付款的人。资金是以低于市场资本利率筹集的。它们的劳动力价格低于市场支付的工资，工作人员既有志愿者又有正式员工。供应商通常提供特殊的折扣、各种捐赠与全价供应。

3. 纯商业

这些企业完全是市场驱动的。它们工作的目标是基于对自身利益的诉求，包括创造经济价值。客户支付公平的市场价格。投资者按市场利率提供资金。劳动力获得市场的薪酬，供应商全价供应。

此外，Alter（2007）提出了一个不同的社会企业划分谱系，从（传统）非营利企业到（传统）营利企业，包括之间的混合类型（参见本书第九章）。

混合型社会企业可以进一步分为四个子类，即有创收活动的非营利企业、社会企业、有社会责任的企业和践行社会责任的企业。混合分类的左边是那些非营利性企业（有创收活动非营利企业、社会企业），其经营活动产生的利润用于它们的社会使命，向它们的利益相关者报告。混合型分类右侧的是营利性企业（有社会责任的企业，践行社会责任的企业），它们创造社会价值，但主要是创造利润，对股东负责。表 1－4 显示了 Alter 的两个独立的插图组合。

表 1－4　混合型分类

←

传统非营利导向	有创收活动的非营利企业	社会企业	社会责任导向企业	践行社会责任的企业	传统营利导向

使命动机
利益相关者的责任
收益用于支付运营成本和投资社会

1. 营利动机
2. 股东问责制
3. 利润重新分配给股东

社会可持续发展 ←→　　可持续发展　　经济可持续发展 ←→

目的：
创造社会价值
可持续发展战略
商业方法支持社会计划

目的：
创造经济价值
可持续发展战略
通过做好事得好报

注：以 Alter（2007）为基础的自绘图。

Boyd 等（2008）指出，这种模式用来强调混合型组织之间的区别和权衡是非常有用的。然而，不能为了研究目的采用单一的维度来区分混合型组织的类别。利润和使命感是相对独立的组织维度。混合组织由利润和使命双重推动，如何达到使命动机和利润动机之间的权衡是一个挑战。

尽管对研究目的的有用性存在批评，但是该模型显示了社会企业类型和双重价值创造的思想。对于社会企业分类的主题，它能产生比单纯的概述更好的理解。

社会企业的另一个区别标准可以从制度的视角来观察政府、协会和公司的重叠领域。Ridley-Duff（2008）从利益相关者视角和管理哲学角度提出一个模型，兼顾了社会责任原则、参与政府管理和市场配置（见图 1－4）。

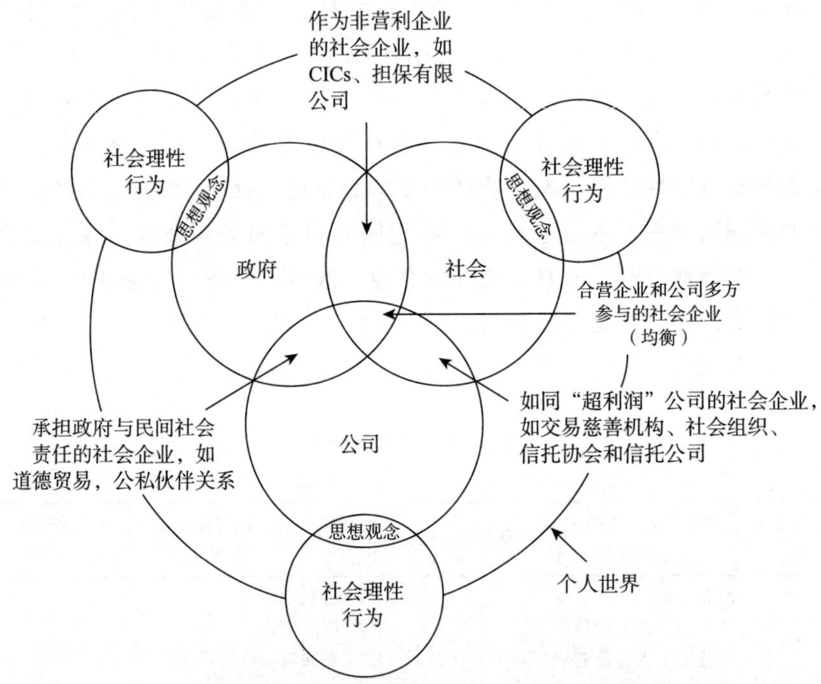

图 1－4　社会企业和制度性视角以 Ridley-Duff（2008）为基础自制

Ridley-Duff（2008）认为：“与其把社会企业作为社会经济的一个分支，不如把它看作是一系列的商业实践，在受影响的利益相关群体中积极发展经济和社会资本。同时，它恢复了意识形态层面上的特性和基础，用定义的方式以利润为基础对企业进行分类，随着支持社会理性目标的发展，有助于增进对社会企业的理解。”

特别是2008年全球经济危机，带给政府迅速增长的赤字和捉襟见肘的预算，这种危机导致对社会企业的需求增加，让社会企业为（先前）公共产品和服务（如社会文案工作）提供替代产品。例如，社会企业家可以声称有些产品和服务，既不是完全由国家提供，也不是市场上单纯以营利为目的的交易。公众和市场这样的缺口增加了解决问题的需求。为了解决供应商品和服务的差距，社会企业需要外部资源，以追求自己的使命，并依据社会、经济和政治等方面的考量建立自己的社会地位。这需要从利益相关者和社会获得资源与支持。从整体来看，建立一个社会企业是不容易的，值得进一步关注的是管理方面和政策制定方面的挑战。该方面与涉及的问题将在本书中讨论。

五 案例研究

The magazine 是一个集娱乐、新闻和文化一体的周刊，其风格像一个商业杂志，并且由许多无家可归的人在英国城市街道上出售。它是由戈登·罗迪克和A. 约翰·伯德在1991年创立。罗迪克和伯德认为，要解决无家可归问题关键在于帮助人们自救。这样做的目的是为他们提供工作，使他们能够获得本属于他们的收入。因此，小贩用他们自己的钱购买杂志，并自担风险（利润或亏损）出售杂志。这是为了提高他们自我意识和重新掌控自己命运的愿望。另一个间接目的是唤起人们对社会不公平的关注。

该杂志通过专题内容的质量来定位，被设计为一种收集捐款手段。该杂志独家销售，而不是在商店或报亭销售。因此，客户在购买杂志时与商贩直接接触。

该杂志目前的价格是2.50英镑。街头小贩从大发行公司以1.25英镑价格购买杂志，并以2.50英镑的价格卖给消费者。每个新商贩（经认证）会收到简短的说明，并进行销售培训，得到5份销售的杂志和免费副本（在伦敦是10份）。未售出的复制品不可退回，且无退款。杂志的任何额外营业额，例如广告，是由 *The magazine* 直接实现的。

The magazine 背后的组织分为两部分：一部分是 *The magazine* 本部，它印刷杂志，并出售街头商贩网络；而另一部分是 *The magazine* 基金会（成立于1995年），是一个非营利性的基金会，基金会的目的是帮助街头小贩重

新自我控制生活。*The magazine* 基金会提供咨询服务和地区健康医疗（如获得医疗保健）、金融（如帮助获得身份证和开立银行联合账户）、住房（如获得临时和永久性住房）以及个人的愿望（如培训机会和就业机会）。

政府只在最小限度上支持 *The magazine*。其整个组织几乎完全依赖于销售、广告、（自愿）捐款和志愿服务。如果没有个人或公司购买者以及慷慨的捐助者，慈善组织的杂志和辅导服务将无法提供。

2010 年，*The magazine* 支持了 2800 个无家可归的人，受到安置的人都在英国。每周 12.5 万份的 *The magazine* 售出，被 52.2 万人阅读；*The magazine* 赢利超过 500 万英镑，他们从依赖走向自立。

The magazine 指出，该杂志“已经成为具有挑战性的，是独立性新闻杂志的代名词，并由于搞定了最难以捉摸的超级巨星的独家采访而著名。*The magazine* 是一个媒体现象和一个世界领先的社会企业商业模式，它启发了成百上千的追随者，从约翰内斯堡到东京、从悉尼到亚的斯亚贝巴、从珀斯到圣保罗、从首尔到内罗毕，*The magazine* 领导了全球性的自助革命”。

（本案例研究基于从 www.bigissue.com 和 www.bigissue.org.uk 检索的数据和信息）

问题

1. 戈登·罗迪克和 A. 约翰·伯德能被称为社会创业者/企业家吗？

2. *The magazine* 提出了哪些问题？*The magazine* 能否作为社会创业的一个好例子？

3. 哪些价值是被创造出来的？

4. 你认为 *The magazine* 是社会企业吗？

5. 你如何（批评性地）判断 *The magazine* 的观念和组织结构？

假设 *The magazine* 的总经理对目前公司的商业模式和发展不太满意，为了打造一个能自给自足的公司，他雇你来（进一步地）发展商业模式。据此情境，你要解决以下的问题（可用现实性的假设来支撑你的回答）。

6. 写一篇短小的调查概括目前 *The magazine* 的商业模式（用一个你熟知的例子作为论证的基础）。

7. 为了商业模式的未来发展，希望你对成长战略提出一些建议。请写出关于 *The magazine* 成长导向（重新）定位的提纲。运用社会创业方面的知识，在（当前）商业模式的基础上，找到全面且结构良好的论据。

8. 你为了减少对捐赠的依赖，必须做出哪些改变？有时会涉及有关产品和创新的问题。

9. 如果你办企业将如何赚钱？价值定位是什么？你的顾客是哪些人？怎么处理有关顾客的问题？

第二章　社会创业：定义、动机与挑战

本杰明·霍布西兹（Benjamin Huybrechts）
列日大学 HEC 管理学院社会经济中心

亚历克斯·尼科尔斯（Alex Nicholls）
牛津大学赛义德商学院斯科尔社会企业研究中心

◇学习目标

通过这一章的学习，应该达到如下目标。

1. 解释社会创业的三大支柱。

2. 解释如何把社会创业与其他相关的概念区分开来，例如，第三部门（或社会经济）、社会企业、社会创新和企业社会责任。

3. 列出并描述一些社会责任的驱动力，并将它们应用到你自己的创业环境中。

4. 解释社会创业难以衡量的原因，从你了解的案例中提供一些有力的证据。

5. 从定义、驱动力、规模和关键挑战等方面来辨别和界定社会创业的特点。

一　导言

近年来，社会创业已成为一个广受关注的概念。由于常常被来自世界各地不同领域（健康、教育、金融、文化等）的成功故事所验证，社会创业在商业市场、学术界以及政策制定方面也开始受到更多的重视（Boschee，2006；Light，2008；Nicholls，2006）。社会创业不仅为现有的市场带来了新的变革，同时它也有助于新的市场开发和市场定位，比如出于促进公平贸易目的的创业项目（Huybrechts 即将出版；Nicholls，2010）和小额信贷项目（Armendáriz de Aghion and Morduch，2005；Battilana and Dorado，2010）。后者经常被视为社会创业的标志性举措，自从诺贝尔和平奖授予孟加拉格莱珉乡村银行的创始人——穆罕默德·尤努斯以来，这种看法变得尤其明显。

关于社会创业和社会企业的学术研究直到20世纪90年代末才出现，并从那时起逐渐成为一个重要的研究领域（Dacin et al.，2010；Fayolle and Matlay，2010；Short et al.，2009）。越来越多的期刊论文和专著开始致力探讨这个问题（2011年3月，有研究者在互联网通过EBSCO和谷歌学术进行检索，发现有75篇论文和23本书涉及"社会创业"这个术语）。有几家学术期刊还专门为社会创业研究出了特刊，不仅如此，目前至少有两个期刊：《社会企业杂志》（Emerald出版集团）和《社会创业杂志》（Routledge出版集团），成为社会创业及其相关研究课题的专业期刊。

诚然，社会创业和社会企业具有高度的创业环境差异性以及由此差异性带来的争议。因此，不同的意识形态和不同的社会创业体制目标导致了对社会创业和社会企业的不同诠释（Dart，2004；Dey and Steyaert，2010；Nicholls，2010c）。尽管如此，大多数学者有一个共识，即社会创业具有一些共同特征。本章的目的，就是要阐释社会创业的实质以及它与非社会创业的区别。这一章的结构如下：第二部分我们将探讨社会创业的概念，并回顾一些相关定义以突出这些定义的共同特点；第三部分对一些与社会创业相关但又有区别的概念进行比较区分；第四部分将从历史的角度来看社会创业的起源和驱动力；第五部分对社会创业领域的规模与范围做了探讨；最后，探讨社会创业领域在实践、政策以及研究等方面所面临的挑战。

二　社会创业的定义

为"社会创业"概括一个大家能一致认同的定义绝非易事。其主要困难在于，社会创业是一系列具有各自环境背景、依据现实情况而发生的行为，这些行为会受到解释、分析和测量方法的影响（Bacq and Janssen，2011；Nicholls，2010c；可参考本书第十三章）。但是，在创业领域有这种影响是很不寻常的，这在社会科学领域里极为少见，因为社会科学领域更加关注社会问题。有关这一话题的文献主要使用了三种不同的术语，并用一种表面上看来非常简单的方式将三者联系起来："社会创业"是一个动态过程；在这个过程中，不同类别的被冠以“社会企业家”或者“社会创业者”称号的特定个人开创并发展了自己的企业，这个企业被定义为“社会企业”（Defourny and Nyssens，2008；Mair and Marti，2006）。然而，由于情境和角度的不同，一个术语的使用往往和不同的关注点或者人们对某一现象的不同理解有关。在本章中，“社会创业”指的是一个广义的社会创新举措，它既指营利性企业也包括志愿者组织。“社会企业”是所有通过商业模式来实现社会目的的创业行为的一部分（Nicholls，2006；Thompson，2008）。

对于社会创业的研究，属于“盎格鲁”派的英美学者和欧洲大陆的学者有很大的区别。英美学者的研究焦点在于非营利组织的商业化和可提供社会福利产品的私人企业；欧洲大陆的学者则更加注重集体创业行为和组织力层面上的分析（Defourny and Nyssens，2008；Kerlin，2006，2008）。然而，在最近几年，这些地区差异似乎已经模糊，由于一系列新的学术活动，如社会创业研讨会，这两种传统研究之间有了更好的对话和交流（Bacq and Janssen，2011；Defourny and Nyssens，2008；Hulgard，2008；Kerlin，2006）。

围绕社会创业的定义而展开的各种讨论实际上反映了那些对社会创业领域有重大贡献人物的内在逻辑。对于社会创业领域的发展，他们具有重大的影响并拥有最广泛的资源。他们要实现的并不仅仅是记录这个领域的“事实”本身（Dart，2004；Dey and Steyaert，2010；Nicholls，2010）。因此，对社会活动者来说，社会创业代表着社会体系变革的动力（Austin et al.，2006）、新的混合式合作伙伴关系（Austin et al.，2006a）或一个政治上的转型与授权（Alvord et al.，2004）。对政府来说，社会创业（特别是以社会企业形式）能为政府福利政策的失败提供新的解决方案（Leadbeater，1996；Nyssens，2006）。对于企业界来说，社会创业可以提供一个新的市场机会（Karamchandani et al.，2009）或者促进企业在社会责任投入方面的自然发展（Freireich and Fulton，2009）。

用 Kuhnian 的话来说，缺乏统一的定义是一个学术领域处于早期发展阶段的显著特点。在这个阶段，这个领域还很难达到聚合状态（Nicholls，2010）。Dacin 等（2010）罗列了到目前为止关于社会创业或社会创业者的37 个定义。Bacq 和 Janssen（2011）也找到 17 个不同的“社会创业家”的定义，12 个“社会创业”的定义和 18 个“社会企业”“社会创业风险”

“社会创业组织”的定义。

对于社会创业的定义，主要的争论集中在社会创业的范畴（Light，2008），这也反映Dees（1998，2001）关于平衡包容性（广义的社会创业）和排他性（狭义的社会创业）的呼吁。针对这一争议，有学者做出一种极端的反应——当然这种反应与实证研究的发现不符——社会创业这一概念与普遍的企业创业相比，并没有理论上的不同（Dacin et al.，2010）。

虽然关于社会创业定义的争论还在持续，但是Dees于1998年提出的定义是研究者最常引用的。Dees是这样定义社会创业的：“在社会领域中，社会企业家通过以下方式发挥社会变革推动者的作用：

- 承担创造和维持社会价值（不只是私人价值）的使命；
- 识别并坚持不懈地追求新的机会去实现这项使命；
- 在实现使命这一过程中不断创新、适应和学习；
- 做事大胆而且不局限于现有的资源；
- 对自己的服务对象以及创业的结果表现出高度的责任感。”

后续的定义工作以社会创业的过程为核心。根据Mort等（2003）的观点，社会创业是“一个多维的概念，它涉及以下各类表述：通过良性创业行为来实现其社会使命；在复杂的社会道德面前，坚持目的和行动的连贯统一；具有辨别和创造社会价值的机遇的能力，以及在创新、主动性和风险承担等方面做出关键决策的能力”。Mair和Marti（2004）认为社会创业是“为了开发和利用各种机会对资源的创新使用和组合过程，其目的旨在推动社会变革，以通过一种可持续的方式来满足基本的人类需求”。Austin等人（2006）将社会创业定义为“一个具有创新意识的社会价值创造行为，它可以发生在非营利组织、商业企业、政府部门或这些组织之间”。Zahra等人（2009）认为，社会创业包含“发现、定义和利用各种机会的行为和过程，通过这些机会，社会创业家能够创立新的企业或以更创新的方式来管理自己的企业，以实现创造社会财富的目的”。

尽管有持续的争议和讨论，社会创业领域在一些关键特征方面还是存在一些广泛的共识。这些特征有助于将社会创业行为和其他创业行为划分开来（Martin and Osberg，2007；Nicholls，2006）。首先，所有关于社会创业的定义都不约而同地优先考虑社会创业对社会或环境造成的后果，而不是对盈利最大化或其他策略考虑。其次，共同的定义特征是创新。创新可以形成新的组织模式和流程、新的产品和服务或对社会问题和挑战的重新思考和定位。一些社会创业项目都将这些不同的创新方法融合在一起。最后，许多给社会创业下定义的学者都很强调社会企业家如何通过绩效驱动的市场导向行为来推广其社会创新模式。他们通过联盟和伙伴关系将他们的项目推广到其他环境中去，以使他们的成果能惠及更多的人并更具有可持续性。这几个共识，根据 Nicholls 和 Cho（2006）的观点，就是构建社会创业的主要基石，即社会性、创新性和市场取向。

第一个特点"社会性"，指的是社会企业把社会和环境作为自己的关注重点。这种关注体现在公共产品的创造和正面的外部效应。以下六个领域是社会创业行为的考虑方向。

- 福利和健康服务（如印度 Aravind 眼科医院）
- 教育和培训（如巴西的信息技术大众化委员会）
- 经济发展（如欧洲的工作整合型社会企业，简称 WISE）
- 救灾和国际援助（如 Keystone 的创新型"农民的呼声"项目）
- 社会公正和政治变革（包括种族和性别权力，如巴基斯坦的妇女自主创业协会，简称 SEWA）
- 环境规划和管理（如海洋管理委员会）。

然而，社会性也可以体现在组织化进程本身。事实上，社会企业家已经在就业实践方面开创新的解决方案（例如工作整合型社会企业雇用低技能工人）、供应链管理（公平贸易就是一个很好的例子）、能源使用和废物的回收再利用（如以居民为基础的可再生能源合作社）、获得信贷和金融服务（不同类型的小额信贷）。一家企业是否具备社会性可以从这家组织的目标成果看出来，如果该组织致力于关注社会或环境的影响，而不是财务回报，那么这家企业就带有社会性的目的。为了达到这些目标，社会创业领域开发了一系列新的绩效评价的标准和方法来衡量这些非财务方面的影响（Stone and Cutcher-Gershenfeld，2001）。

社会创业的第二个特点是创新。社会创业的方法与商业创业的模式存在许多共同之处。这是一个有意思的发现。例如，在某些情况下，熊彼特的"创造性破坏"过程是一个改变系统和调整市场以达到新的经济平衡的过程，这个过程也可以适用于社会创业项目——可能是通过微观层面的增量变化，也可能体现在系统层面的破坏性干预措施上（Martin and Osberg，2007）。

第三个特点是市场的定位。不同的市场定位方式在社会创业过程中也有所体现，最明显的是体现在营利性的社会企业中。营利性的社会企业在商业市场运行，并为了社会使命而将创造的利润用于重新投资（Alter，2006）。Defourny（2001）和 EMES 欧洲研究网络的其他作者都认为，社会企业不同于传统的非政府组织和非营利组织，它们能持续提供产品和服务，并承担经济风险，比如破产。它们提供最低额度报酬的工作，也就是说，为社会企业工作的不仅有志愿者，而且有拿报酬的员工，这一点也被用来区分社会企业和其他企业。Nicholls 和 Cho（2006）确定了社会企业在市场定位层面的其他特色，例如不断地关注市场表现的改进及衡量标准，不断加强职务问责制，努力将完成使命的理念渗透到整个组织文化中。

出于将这些构建模块整合到社会创业这一概念中的目的，学者们对社会创业提出了不同的分类构想。2000 年，Fowler 认为有三种类型的社会企业，即"集成型"（自身的经济活动本身就能产生社会效益）、"重新诠释型"（即现有的非营利企业增加经济收益）和"互补型"（通过商业收入交叉补贴以实现企业的非营利社会使命）。与此类似，Alter（2006）基于使命定位（从使命导向变为利润导向）、目标群体以及社会计划和商业活动之间如何相互关联这三方面来对社会创业进行分类。他认为社会企业有三大核心模式，即嵌入式（在经营活动中含有社会导向成分，比如公平贸易）、集成型（服务社会的计划与经营活动相重叠，比如印度的 Scojo 基金会）、外在型（商业经营行为所创造的财富成为对社会项目提供资金的外部来源，通常是在卫生和教育这些非营利部门）。

三　不属于社会创业的特征

在上文，我们确立了定义社会创业几个关键特征。本节将探讨有关社会创业其他的一些概念，尽管它们的范围仍有争议（详阅本书第十三章）。我们只讨论四个相关性的概念，即社会创业不是一个独立的创业领域，它不是社会商业的同义词，它不是一种新型的企业社会责任，它不是唯一的社会创新模式。

（一）社会创业不是一个独立的创业领域

许多社会创业行为已经被认为是介于私人、公共和民间领域之间的边界模糊的创业形式。例如，有许多的社会创业行为植根于民间社会，但近年来它们有更强的市场化的趋势（Monaci and Caselli，2005）。这与广泛应用于欧洲大陆、加拿大和世界其他地方的“社会经济”概念相联系。社会经济包含那些介于公共部门和营利性商业部门之间的组织。社会经济组织的特征是“为其成员或更广泛的社区提供服务，而不是作为一个服务于资本投资的工具。利润的产生也因此变成提供服务的一种手段，而不是经济活动背后的主要推动力量”（Defourny et al.，2000）。

然而，与社会创业这个概念相比，社会经济的概念既是一个更广泛的，也是一个更狭窄的概念。说它广泛，是因为它还包括一些不一定是企业的组织形式，这些组织不一定依靠市场资源。事实上，这个观点也同样适用于非营利组织，因为不是所有的非营利组织都是企业。说其狭窄，是因为它只包含具有特定法律形式的组织，如非营利组织和慈善机构、合作社、互助组织和基金会等。因此，社会经济忽略了那些没有采用上述法律形式和没有正式限制利润分配的社会企业。其他一些社会创业的例子和创业模式也导致了民间社会里的社会创业和社会经济部门之间合作的模糊性。比如，合并而成的小企业或家族企业、处于公共部门和企业界之间的企业、源于这些领域之间的合作关系企业等。此外，两者分析的层次是明显不同的，社会经济是从静态的方式指代一个领域或一个部门（“第三部门”），社会企业不是一个独立的行业，它由一批混合的组织和流程构成，且存在于不同行业不同体制的内部或之间。

（二）社会创业不是社会商业的同义词

虽然“社会商业”一词比社会创业更早出现，但是直到最近几年这一概念才进入大众的视野。

“社会商业”一词的传播主要归功于诺贝尔和平奖得主穆罕默德·尤努斯（Muhammad Yunus），他是格莱珉银行的创始人。然而，除了尤努斯自己的著作之外，社会商业还没有在学术领域得到太多的关注（Yunus，2006，2007；Yunus et al.，2010）。

从表面来看，尤努斯描述社会商业的方式似乎和社会企业的原则非常相似：“一家由崇高的事业心驱动而不是经济效益驱动的公司，有可能成为改变世界的启动者”（Yunus，2007）。然而，当我们看他罗列的社会商业特征时，这个概念似乎比社会企业或社会创业更具局限性。社会企业的利润分配要考虑社会使命，尤努斯却认为这样以利润分配方式在社会商业中是被禁止的："支持它的投资者并不谋取任何公司的利润"（Yunus，2007）。因此，社会企业是主张"无分配制约"，这是更典型的非营利组织的特征（Hansmann，1980）。但与非营利组织不同的是，社会商业企业需要通过市场而不是慈善事业或公共资金来获得收入和支付所有成本。

尤努斯强调"全成本恢复"作为区分社会商业和慈善事业的标准，但是他忽略了社会和商业逻辑两者结合的可能性，而这恰好是许多社会创业企业的核心原则（Billis，2010；Di Domenicot et al.，2010；Huy-brechts forthcoming）。尤努斯强调通过市场获得收入，虽然这一理念在社会创业领域也有所体现，但是在大部分社会创业学者看来，大多数社会创业的收入来源是多方面的，因此尤努斯的看法与具有多收入来源的社会创业模式有所不同（Bacq and Janssen，2011）。应该注意的是，尤努斯引用的社会商业企业的例子主要是与格莱珉银行有合作关系的跨国企业，如达能、威立雅和西门子等。因此我们猜测，尤努斯想要推广的这种创业模式是否还有别的更广泛的实证基础呢？

（三）社会创业不是一种新型的企业社会责任

与社会创业混淆的概念可能是企业社会责任（CSR）。根据欧盟的观点（里斯本战略），企业社会责任是指"在自愿的基础上，企业在它们的经营活动中纳入对社会和环境问题的关注，并能就这些问题与它们的利益相关者进行交流"。因为，企业将社会目标纳入其商业操作，同时在实施这些举措的过程中采用了一些创新方法，企业社会责任可能会被认为是接近社会创业甚至是社会创业的同义词。Baron（2007）就采纳了这种观点，并将企业社会责任项目的发起者称为"社会企业家"。和 Baron 相比，Austin 和他的同事们（2006）稍显保守，他们认为社会创业"也是企业"，并将其称为"企业社会创业"。

然而，有两个因素可以将社会创业和企业社会责任区分开来。首先，企业社会责任不一定是创业，也不一定代表创新。企业社会责任实际上可能只是将企业实践与一些长期存在的标准结合起来（包括法律），从而缺乏创新性。其次，企业社会责任项目和社会创业企业的目标有本质的差异。对于社会企业来说，它的社会使命占有主导地位，它创造的经济效益是为了完成这个使命，因此它至少将获得的一部分利益继续投入到项目中，而不是都分配给股东；但是对于一家企业来说，不论这家企业有多强的责任感，利润最大化仍然是它的最终目标，其价值直接关系到股票持有人的占有率。因此，除了各自在利润和社会使命方面的立场不同之外，价值分配也是区分社会创业和企业社会责任的一个方面（Santos，2009）。当然，这种区别很难从实证的角度来确立，同时一家企业的社会责任举措有多少可以贴上社会责任的标签也存在很大的争议。

（四）社会创业并不是唯一的社会创新模式

近年来，另一个得到越来越多关注的概念是社会创新（Martin and Osberg，2007；Mulgan et al.，2007；Phills et al.，2008）。在借鉴熊彼特关于创新的文献和其宽泛化的概念后，Nicholls（2010）区分了三种类型的社会创新："新产品和服务开发（制度创新），用新的、更具社会创造性的方式使用现有的商品和服务（渐进式创新），重构参考标准以重新定义社会问题并提出新的解决方案（破坏性创新）。"虽然大部分文献都集中在商业创业和市场取向的内在创新上，但社会创新的概念还是倾向于更宽泛的理解。社会创新被广泛定义为：为了社会需要而提出的新的解决方案，它不一定是市场的基础，可以在任何部门使用（Mulgan et al.，2007；Phills et al.，2008），如公共部门（比如阿雷格里港和其他地方的参与式预算的例子，Novy and Leubolt，2005）、营利性或非营利性的民营企业（Gerometta et al.，2005）。从这个意义上说，社会创业和社会创新的概念是明显重叠的，但它们的区别在于社会创新不一定面向市场，而社会创业显然是面向市场的。因此，一些作者认为社会创新是宽泛的概念，社会创业企业、其他新的公共部门和那些位于市场之外的第三部门创业都是这个大概念的分概念（Mulgan et al.，2007；Phills et al.，2008）。

四　社会创业的驱动力

虽然人们对社会创业的兴趣正在增长，但这并不是一个新现象。不论是在历史的不同阶段还是世界上的不同地区，都有一些企业和组织确实将社会创业的三大基石——社会性、创新性和市场定位融合在自己的企业经营活动中。例如，许多人物如罗伯特·欧文（Robert Owen，合作社运动的创始人之一）、维奴巴·巴维（Vinoba Bhave，甘地的信徒之一）、让-巴蒂斯特·安德烈·戈丁（Jean-Baptiste André Godin，一位为自己员工提供广泛而创新的社会福利服务的法国企业家）。这些人的创业活动都符合这里讨论的定义，他们是 19 世纪社会企业家中的典范（Boutillier，2009；Mulgan et al.，2007）。

然而，对某些社会创业者和他们的社会创业活动进行具体区分是近年才出现的事，而且社会创业这个术语本身也是 1970 年代才开始出现。20 世纪 80 年代以后，专门致力于社会创业的组织和机构开始出现（如阿育王基金会成立于 1981 年，施瓦布基金会成立于 1998 年，斯科尔基金会成立于 1999 年，公益创意家协会成立于 2002 年，奥米迪亚网络成立于 2004 年，青年基金会成立于 2006 年；Nicholls，2010）。与此同时，一些国家的政府政策制定者也开始探索社会创业在福利供给方面的可能性（Dees，1998；Dees and Elias，1998；Leadbeater，1996）。对穆罕默德·尤努斯因办孟加拉乡村银行获得诺贝尔和平奖一直被视为是对社会创业企业的普遍认可（Martin and Osberg，2007），也是普遍性社会创新的一个转折点（Mulgan et al.，2007）。

在社会创业组织的创业活动之外，世界各国的社会经济、政治和文化背景的一些重大变化也成为加速社会创业研究和实践发展的催化剂。首先，全球危机的扩散促进了对社会创新和环保行动的需求，以应对这些所谓“邪恶问题”的新挑战（Bornstein，2004）。主要的挑战包括：气候变化和环境恶化、不平等和贫困、基本医疗的缺乏、洁净水和能源、大规模移民和国际恐怖主义。

其次，全球联系的日益紧密也提高了公民对社会和环境需求的识别和反应能力。新社交媒体的兴起也加速和强化了社会企业家、投资者和其他利益相关者之间的相互交流。个人社会活动的参与促进了一种“专业与业余共同参与”文化的产生和发展（ledbetter，2006），也使“新地方主义”的出现成为可能（Mur-ray et al.，2010）。

再次，被重新定义的国家作用成为主要驱动力，这以 20 世纪 80 年代兴起的新保守主义政治学为代表（Grenier，2009）。在“新公共管理”的背景下，这些政治主张鼓励行使更多的国家管理者职能（Os-bourne Gaebler，1992），并在国家福利制度内部建立“准市场”制度（Bode et al.，2011；Flynn and Williams，1997；Le Grand，1991）。非营利性企业被鼓励相互竞争（且经常与营利性企业竞争）来获得政府合同。越来越多的企业对话不仅仅局限于企业之间，而且被更加普遍地扩展到公共部门的活动和广泛的民间社会活动中去（Dart，2004）。因此，市场在提供福利服务上的失灵为社会企业（医疗、教育等）创造了新的机会。

最后，非营利组织和其他民间社会组织的壮大（Salamon et al.，2003）以及几次经济衰退的结果，导致用以维持社会组织资源的供给和需求之间的差距越来越大。民间社会组织因为必须通过寻求商业渠道来获得收入以及建立与政府、企业的新型伙伴关系而变得更具创业精神，也具有了多元化融资的能力（Kanter and Summers，1987）。因此，社会创业者必须通过新的社会企业模式来减少其对政府和捐赠者的依赖。但是，过度依赖市场资源的负面影响也被不断指出（Battle Anderson and Dees，2006；Dart，2004）。

五　社会创业领域的规模与范围

社会创业不能只用单一的法定形式来描述。特定的法定形式确实存在于社会创业中，如比利时的社会目标公司、英国的社区利益公司（CIC）形式、意大利的社会合作社和美国的L3C。不过该领域还包括其他各种法定形式（合作社、非营利组织、企业等），有些社会创业还包含了不止一种法定形式。因此，要从世界各国社会创业企业获得一致的关于社会创业规模和范畴的数据，对研究者来说是一个巨大的挑战。

然而，人们已经在不同的创业环境下尝试对社会创业做一简要的描述，这种尝试在英国获得了成功，在英国，社会创业得到了公众大量的关注和支持。根据英国政府的一项调查统计，该国社会企业的总数量为6.2万家，2005~2007年为全国经济贡献的累计增加值约240亿英镑（Williams and Cowling，2009）。在国际层面上，全球创业观察项目（GEM）的调查是很有价值的信息来源。在2010年的调查中，它第一次从全球视角来看待社会企业（Bosma and Levie，2010）。据估计，平均有1.9%的人口直接参与了社会创业，其中的差异主要与地区的经济发展水平有关。

若要描绘一幅特定创业环境下社会创业规模的蓝图，最好的办法是先看看一些不同行业成功的社会创业。例如，Dees（2010）提供了一些关于孟加拉农村发展委员会（BRAC）令人印象深刻的数字：它创办了3.7万多所学校，有12万名员工，8万名医疗志愿者，为超过800万人的贫困人口提供小额信贷产品，受益总数达到1亿多人。另外一个成功的故事是公平贸易运动，它现在在全世界产生超过24亿英镑的销售额，涉及全世界700多万人（FLO-I，2010）。一些支持社会创业组织的活动范围扩大，也为社会创业在全球得到推广这一现象提供了生动的实例，如阿育王基金会的资助者现在已超过2000名，自2001年以来，英国的公益创意家协会资助了超过3000人以启动他们社会创业项目。

六 结论与未来研究

本章将社会创业定义为以市场为导向、用创新的方式追求社会目标的创业项目。除了这些公认的社会创业的核心要素之外，社会创业仍然是一个有争议的现象，在不同的环境中以不同的方式被理解和推广。从某种角度来说，社会创业继承了其他创业行为的特点，因此也使其本身与其他创业行为的界定变得相对模糊。本章也将社会创业的概念和其他有关联的概念进行了比较和区分。

然后，面对在协调企业和社会变化两者关系过程中出现了大量创业项目和概念的现状，本章突出了几个关键因素，并利用这几个关键因素从实践、研究和支持三个方面对社会创业的成功进行了阐释。除了研究者、各种基金会以及其他社会创业组织参与者的积极推广之外，我们也在本书中强调了四个与外在环境相关的因素：一是社会、经济和环境危机提供了新的机遇和挑战；二是全球联系的日益紧密促使企业家更好地识别机会，并与全球范围内的利益相关者（如资助者）保持更多地交流；三是政府与国家角色的重新定义，间接地支持民间社会行动；四是政府和传统慈善事业的资源减少导致社会企业家想出新的资源筹集模式；五是本章提供了一些社会创业领域的规模与范围的数据。社会创业组织的成长和它们得到的支持力度的增长不断证实了这个观点——社会企业发挥了作用，并具有促进更广泛的系统性变化的潜力。

然而，要在社会创业领域建立一个可靠的、一致的数据系统，我们仍有许多重要的工作需要完成。这是当前我们面临的最全面、最富挑战性的研究任务。此外，目前针对社会创业研究领域的理解有一些重要的批评，每一个批评意见实际上也为我们提供了一个新的研究的机遇。

特别需要强调的是，有人批评社会创业领域过于强调个体的、“英雄”式的社会企业家是西方文化价值观的一种反映，而且与现在重视集体合作的实践观点不符（Lounsbury and Strang，2009；Nicholls，2010）。无论个人创业者是多么的积极和富有魅力，当地政府或合作伙伴与个人创业者在制造社会影响方面发挥着同样重要的作用（Yujuico，2008）。从合作化运动中可以看到许多集体社会创业项目的成功范例。在这些项目中，各合作方成功地融入当地的制度环境，如加拿大的 Desjardins 集团和西班牙 Mondragon 公司。一个重要原因是持久的社会变革不单是社会创业的结果，它必然涉及各种层次的政治行为，正式的和非正式的，以及更广泛的社会运动的伙伴关系。因此，本书认为，对社会创业领域研究的第二大潜在方向是探讨社会创业与政治的关系，这涉及不同的社会文化情境以及从政府到草根阶层的多个社会层面。

接下来，我们需要对社会创业的影响和成效进行跟踪，展开更多更好的研究。这个工作计划里不仅包含社会影响的调查测量机制，也包含更广泛背景指标，如社会创业的管理和责任。这也涉及信誉问题，不论是社会创业者还是社会创业的研究者，都不能夸大社会创业者的贡献，而且要将他们的贡献放在更广泛的社会背景中进行诠释。我们也要从社会创业的失败中获得教训，包括它们带来的负面社会影响和外在效应，我们可以通过这些研究在社会创业的热情和明确的实用性之间找到一个平衡点。

未来研究的最后一个重要的方面是社会融资和投资问题（Nicholls，2010），探索社会创业组织和创业项目如何获得新的资金来源。这项研究可以有不同的角度，如社会投资者基本原理分析、社会投资的市场结构配置、资本配置方式的障碍等方面的分析。

本章表明，社会创业既代表了一个结合各种行为的不断发展的领域，同时也是促使市场、国家和公民社会调整和发挥更广泛作用的催化剂。然而，该领域仍处于前范式状态，对它的定义仍然有争议，社会创业的参与各方都在以自我合法化的方式解释社会创业是什么与不是什么（Dey and Steyaert，2010；Nicholls，2010）。在这样的背景下，学者可以充分利用自己的优势，对有关社会创业领域的各种观点和看法进行分析和评估，并对各种环境中的社会创业实践提供理论和实证方面的解释。也正是出于这种目的，本章试图对社会创业这一现象做出适度的贡献。

问题

1. 从你所在的城市、地区、国家或在全球的层面收集不同的社会创业项目的案例，并从历史、创始人、目标、模式等方面进行描述。

2. 以下三种建构社会创业的组成成分，即社会性、创新性和市场定位，在多大程度上体现在你收集的创业项目上？如何在具体的论述和实践中发现它们？

3. 探讨以下各种要素是如何相互关联的，即社会性、市场定位和创新性之间的协同作用是什么？企业的社会目标和商业目标之间可能存在什么样的冲突？

4. 在不同的社会创业案例中，如何根据创始人、利益相关者、组织模型、资源混合、持续发展或其他变量来对这些案例进行分类？

5. 环境因素（如文化、宗教、社会经济背景、公共政策、支持结构）在多大程度上能决定社会企业的出现及其形态？

6. 这些创业项目与你能找到的社会创业范围之外的项目有什么区别？

第二编

社会创业中的人：人格特征、人力资源、合作伙伴

第三章　社会创业者和他们的人格特性

卡蒂·恩斯特（Kati Ernst）
伍珀塔尔大学熊彼特经济与工商管理学院

◇学习目标

通过完成这一章的学习，能够达到如下目标。

1. 理解性格在创业研究中的作用。
2. 描述当前关于社会创业者性格的知识。
3. 命名并解释创业者的核心要素以及社会创业者的亲社会人格。

一　导言

社会创业者的人格特征

社会创业者的人格特征是社会创业领域文献中经常讨论的一个主题。学术界熟知的例子，伯恩斯坦的名著《如何改变世界：社会企业家与新思想的威力》（2004）、埃尔金顿和哈蒂根合著的著作《非理性的人的力量——社会企业家如何创造并改变世界的市场》（2008）都聚焦于个人创业者的故事和个性。那么，这些人成为社会创业者了吗？

从人口学特征而言，社会创业者似乎没有清晰的分布走向，GEM的研究可以视为洞察的有效资料源。GEM是指“全球创业观察”（Global Entrepreneurship Monitor），它是一个在全球层面最庞大的创业活动研究联盟。2006年，GEM在英国发布了一个社会创业者水平的统计报告，并且报道了成为社会创业者的额外和辅助信息。这些数字表明，在人口统计学上社会创业者几乎都是普通人，他们有不同的教育背景——从没有受过正式教育到拥有博士学位（见图3-1），同样，也来自不同民族。尽管男性社会创业者略多于女性社会创业者，但不像商业创业那样，男性居于主导地位（见图

3－2）。那么为什么有这么多关于社会创业者的探讨呢？

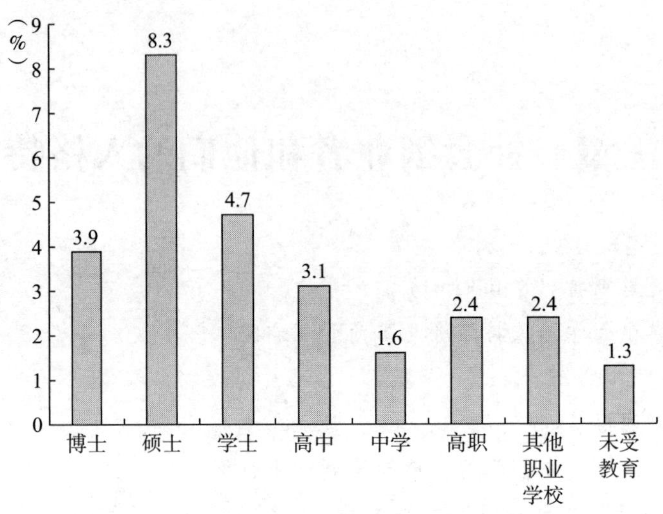

图 3－1 社会创业者不同受教育程度比例

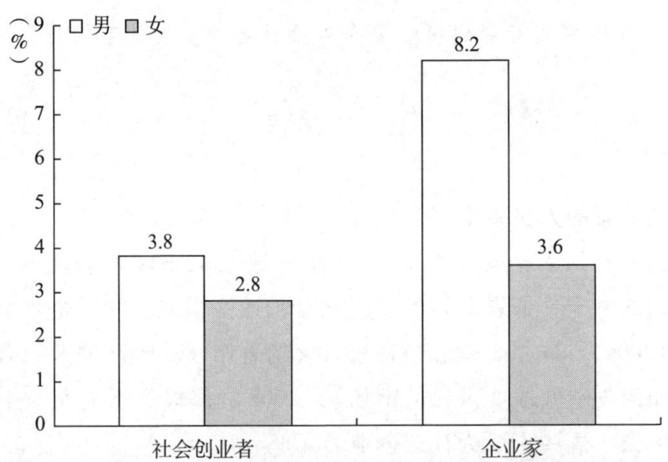

图 3－2 男性和女性选择创业或已成为企业家的比例

社会创业者的人格特征看上去令从业人员和研究人员很着迷。迄今为止关于社会创业的很大一部分文献都涵盖了社会创业者以及他们的人格特征。这些文献涵盖的范围从坊间关于社会创业者非凡性格的传说（Bornstein，2004；Elkington and Hartigan，2008；Frances，2008），到其个人属性的列表，再到专门致力于获得进一步了解社会创业者的相关特征的研究。总体而言，研究表明社会创业者具有在其他领域中少有的人格特征，以至于一些研究者围绕着社会创业者来塑造社会创业的整体定义（见表3-1）。

表3-1　社会创业者或社会创业的定义

来　源	定　义
Bornstein, 2004	具有变革的力量，用新思路来解决重大问题；他们不懈追求自己的梦想，他们不会轻易说“不”；他们不会放弃，尽可能地传播他们的理念
Crutchfield and Mcleod Grant, 2008	他们创造社会价值，他们不断追求新的机会，他们大胆行动而不受制于当前资源，他们创新和适应，他们痴迷于结果
Roberts and Woods, 2005	社会创业者是建设、评估和追求社会变革的，是富有远见的、热情的、具有献身精神的个人

沿着这样的旨趣，似乎有什么东西使社会创业者的性格变得如此特别。所以需要知道什么是社会创业者的人格特征，是什么让它如此与众不同。

在正式入手研究这个问题之前，给予一个定义似乎更为合理。本章所讲的社会创业者人格特征是被理解为存在于社会创业者中、鲜见于其他人群的、导致他们采取行动的、稳定的特征组合。

二　创业研究中的人格特征

在创业研究中，探究其人格特征尤其是社会创业者的人格特征，并不是一蹴而就的事。多年来，关于是否有所谓的人格特征影响着创业行为这个问题，一直存在很大争议。

早期的创业研究集中在创业者个体及其性格特性上，像伊斯雷尔·柯兹纳和约瑟夫·A. 熊彼特这样的开拓者，就把其作为他们创业理论的核心。这种趋势形成了著名的、基于性格特征学派的创业特征研究方法。性格特征学派认为，某些行为并不仅仅基于学习性反应，而且基于有稳定特征的行为个体。这些特征形成了以特定方式做事的倾向，也可以理解为行为倾向，它们共同构成人格特征。这种特征研究方法使人格特征居于企业创业的核心——并在很大程度上主导了创业研究领域很多年。随着研究的深化，许多研究成果显示出性格和创业之间的直接关系并不明显（Ajzen, 1991; Brockhaus, 1980）。尽管如此，一些研究者继续热衷于人格特征在创业研究中的作用。最近几年的研究表明，人格特征和创业之间确实是有联系的（Collins, Hanges and Locke, 2004; Rauch and Frese, 2007）。这些研究得出的结论是，在人格特征对创业的影响上，以前的研究结果不一致的原因是由于定义不清楚、测量错误或者是研究中不正确的组合选择（Cromie, 2000; Johnson, 1990）。他们认为在创业者这个领域，就像 Johnson（1990）说的："个人终究是创业进步的激发器。"此外，当创业处在复杂的和不确定的情况时，人格特征起着重要的作用，特别是在初始阶段。

因此，在最近的研究中，对创业者的人格特征已经越来越重视，其原因是人格特征从越来越多的视角和方式被关注。一方面该领域关注的焦点已经从"创业者喜欢什么"转变成"人格特征中的哪些特质（方面）激励着创业者"；另一方面人格特征即使对创业没有直接影响但也可能有着深远的间接影响，这一话题也被热烈讨论（见图 3－3）。例如，Baum 和 Locke（2004）发现人格特征间接地凭借以前的经历对企业增长产生影响，如目标的设定等。此外，假设"创业型"特征不再是创业活动的充分必要条件，相反，它们可以被看作是创业活动的促进者，可以成功地帮助建立一个有企业属性的并有较高期望效应的个体（Bönte and Jarosch, 2010）。总体而言，探究是什么构成了以创业者方式行事的人——确切地说应该是社会创业者——的性格，这似乎是一个非常有趣的问题。

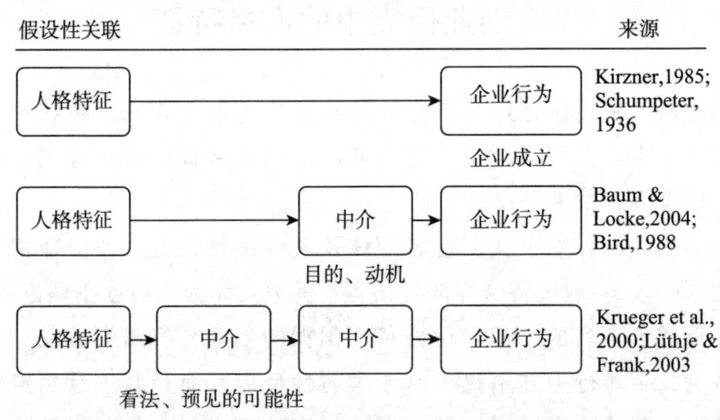

图 3－3　人格特征和企业行为的不同连接方式

同时，必须指出的是，仍然能听到一些怀疑者的声音，尽管不是完全忽视性格的重要作用，但他们宁可谨慎研究更有活力的范围和领域。尤其是一些研究者对社会创业的人格特征的研究过分狂热。有研究发现甚至在实践组织内部也不赞成这种观点（Seanor and Meaton, 2007; Spear, 2006），他们更注重团队层面的进程和成功，而不是企业中的个体。尽管如此，社会创业者人格特征的核心作用无论是在社会创业支持实践或者主题研究中，都是显而易见的。正如阿育王基金会的创始人德雷顿当被问及如何定义一个社会企业家时所说，“核心是人格特征……”（Meehan，2004）。事实上，他认为如果你想知道一个想法是否成功，你必须关注其背后的人。

三　社会创业者的人格特征要素

本章作者认为社会创业者的人格特征，一方面是一个创业者个体性格的集合体，另一方面也是社会导向的结果。在 2011 年，经过多年的研究后，保罗·C. 莱特严厉批评了社会创业者人格特征的研究方法，并得出了谨慎的结论：社会创业者不仅是企业家的一种，他们还具有类似于商业精英的商业型思维和行为，但他们不同之处在于，他们愿为社会事业献身。Simms 和 Robinson（2005）进一步表明，社会创业者有社会活动家和企业家的双重人格。是什么构成了社会创业者人格的这种双重人格，让我们进一步深入探讨。

（一）创业者人格特征

“社会企业家是企业家的一种”（Dees，1998）。

社会创业者往往被视为商业企业家的一个亚种（Achleitner，Heister and Stahl，2007）。不同的研究人员都发现社会企业家和商业企业家的性格特质密切相关。例如，汤普森、阿尔维和利斯（2000）列出大量社会企业家和商业企业家共享的特征：有事业心，并且能够沟通和获取资源。马丁和奥斯伯格（2007）认识到，社会创业者像商业企业家一样，都是由令人不满的均衡状态所激发，创造性地开发解决方案，采取直接行动，勇于开拓并有毅力。佩兰和维诺（2006）还指出社会企业家类似于商业企业家的各种因素：创业的资质、风险承受能力、可控制的强烈的欲望、明确的定位、不满于现状、投资资源组合的构建以及构建网络的能力。

然而，对于什么是企业家性格的理解是有差异的，尤其是在社会实践与科学之间。与上文对社会创业者人格特征的定义一致，本章理解的创业者人格特征常见于企业家，鲜见于其他人群的稳定特征的组合，这种特征形成了他们做事的方式。另外，对于究竟是哪一个确切的特征造就了这样的企业家性格，也存在着较大分歧。许多特征与企业家性格相关联，有些研究列出了超过 30 个潜在的特征（Cromie，2000）。

单一的特征不足以概括企业家人格整个结构的复杂性。通常情况下，在论及企业家人格时，有 5 个特质经常出现，即冒险倾向、创新性、成就需求、独立性需要和主动性。我们在此进行简短的归纳和回顾。

1. 冒险倾向

创业者的冒险倾向是创业中特别有趣的一个地方，因为其具有极高的不确定性。因此，创业者被看作可以承担风险的人，他们选择了高风险的创业之路。这个特征在创业研究中经常使用。迄今为止大量的研究也表明，社会创业者具有很高的冒险倾向。虽然没有具体的实证工作来证实，但坊间的研究表明社会创业者是风险友偏好型的（Frances，2008；Mort、Weerawardena and Carnegie，2003；Peredo and Mclean，2006）。英国 GEM 报告还表明，一般来说，社会创业者不太会让创业失败的恐惧阻止自己，即使他们比商业创业者的冒险倾向要低。Dees（1998）证实，社会企业家会大胆地面对他们遇到的挑战。因此，冒险倾向是社会企业家创业性格的一部分。

2. 创新性

熊彼特已经认识到，一个创建企业的人必须愿意“改革或革新”（Bönte and Jarosch，2010；Quoting Schumpeter，1934）。其他早期的商业创业的思想领袖，如彼得·德鲁克强调了创新的重要性——创新是创业活动的核心。创新的性格特征也存在于社会企业家之中（Leadbeater，1997；Mort et al.，2003；Peredo and Mclean，2006）。Dees（1998）证实，他们热衷于不断进行创新。因此，创新也是一个社会企业家的创业性格的一部分。

3. 成就需求

在关于企业家的研究中，成就需求被定义成：“一个人需要通过艰苦努力达到成功。”（Cromie，2000）这个特点在早期的实战中也被提及，David C. McClelland 甚至将其放置在创业活动的中心。与前面提及的特质一样，在社会创业研究中有显著证据证明成就需求的重要性。有学者使用了一些不同的形容词来描述成就需求，比如野心勃勃的（Winkler，2008）、不间断的（France's，2008）、决定性的（Leadbeater，1997）等。Dees（1998）证实了社会创业者对于新机会孜孜不倦追逐的特点。因此，成就需求被整合为社会创业者应该具有的创业人的格特征之中。

4. 独立性需要

有研究表明，创业者很难在既定规则和界限内墨守成规地工作（Cromie，2000）。这与独立性或自治需要是有关联的。在缺乏团队支持的社会创业者中，也存在相似的争论，一些研究者们并不认同社会企业家能像个人英雄那样独立运作（Light，2011；Seanor and Meaton，2007）。尽管如此，仍然有观点认为，社会创业者偏好于个人决策和独立工作（Barendsen ande Gardner，2004；Winkler，2008），以及独立领导这些行动组织（Leadbeater，1997）。因此，独立性需求被整合为社会创业者应该具有的创业人格特征之中。

5. 主动性

主动性被认为是一个创业特质，那些愿意打造新事物的人，最有可能成为创业者。并且，社会创业的研究暗示了这种特质的社会创业者的存在。While Mort 和 Carnegie（2003）特别描述了社会企业的前瞻性，Peredo 和 McLean（2006）也提出要有效抓住和利用身边机会的能力。因此，主动性被例入社会企业家的创业个性中。

总之，冒险倾向、创新性、成就需求、独立性需要和主动性被定义为企业家人格特征的元素。

除了类似的定义，所有关于社会企业和商业企业的比较研究都会指出两者的核心差异在于企业目标的差异。商业企业为了利益而努力奋斗，社会企业则关注它的社会使命。正是基于这一事实，在社会企业家人格研究中，有可能分离出一个有别于企业家人格的社会导向人格。

（二）亲社会人格

“社会创业者不仅仅是商业创业者的另一个复制品。”（Light，2011）

许多关于社会创业的传说，都把社会创业者的热情作为故事的中心线索，常常褒奖他们无私的行为。这种解决社会不公的承诺被认为是亲社会行为的标志，并提示亲社会人格的存在。Penner 和 Finkelstein（1998）定义了亲社会人格：“对于他人的福利和权利有持久的思考，对他们感到关切和同情，并以一种对他们有益的方式行事。”

许多研究者认识到社会创业中存在的社会性驱动力。在这种情况下 Guclu 和 Dees（2002）认为：“社会创业者必须具有传统商业企业家一样的承诺和决断，增加对社会事业的热心，减少对重大资金收益的期望。”

为了进一步说明这些社会元素的定义，研究者们开始关注个人人格特征的内容。Drayton（2002）以一个相当抽象的方式，将“强大的道德力量”作为成为社会创业者的一个重要因素。进一步研究证明，社会创业者从早期就显示其具有无私的特性（Hamingway，2005）。其他的特定人格属性表明社会创业者在社会层面具有的特性。Mair 和 Noboa（2006）认识到社会创业者的另一个特性：“许多特质也适用于商业企业行为，只有一个例外，对他人感受的期待与接纳，或者是同情心。”这种观念也被 Bhawe、Jain 和 Gupta（2007）意识到，他们通过定性研究显示，社会创业者对受到社会问题困扰的人们具有很强的同情心。这些关于同情心的研究从亲社会人格特点中获得洞察力。这种观点被许多社会心理学的研究所支持，展示出亲社会人格与行为之间的联系，如帮助和志愿服务（Bierhoff，2010；Davis et al.，1999）。这些行为被视为具有社会普遍价值的亲社会行为。在此情况下，社会创业被视为亲社会行为。因此，亲社会人格是一个考察社会创业的相关因素。

亲社会人格特质是驱动人们采取利他性行动而不是利己性行动的动机。这种现象和相关的行为在社会心理学领域被广泛探讨和记载。一个研究发现显示，似乎亲社会人格具有长久的一致性（Eisenberg et al.，2002）。这种个性使得一个人扮演在危难时唤醒他人的角色（Penner et al.，2005）。亲社会人格与助人、社会责任、护理方向、为他人着想和同情心联系在一起（Eisenberg et al.，2002）。为了概括上文中提及的社会创业者和创业者的人格特征，本章理解“亲社会人格”是亲社会行为者常见的和稳定的特性，在其他人群中并不常见，这些特征推动他们按照自己的方式行动。

作为创业者个性的一种表现，有许多针对什么是亲社会人格的讨论，在 20 世纪 80 年代，LouisA 和 Penner 开始探讨这个话题。通常来说，培养互助态度是他们的特点，这里适用 Hans-Werner Bierhoff's 的观点，包括亲社会性格中的同情维度和社会责任感认知。

1. 同情

同情是所有关于亲社会人格表述的主要核心。这种构造来自社会心理学，并被描述成一种能够容得下别人度量的能力。通常它分为情感同情和认知同情。情感同情是指对他人真实的同情感，认知同情是指察觉他人情感的能力。研究人员已经看到，同情能够支持社会创业意向的形成（Mair and Noboa，2006）。Bhawe、Jain 和 Gupta（2007）等人认为，开展社会创业，同情心是必要的。因此，亲社会人格包括同情的观念。

2. 社会责任感认知

社会责任感认知是唤起义务感、责任感去帮助那些处于不幸中的人的原因，因此内心信念的价值高于这样做的行为。这在许多关于志愿者的研究论文中显示出来。在研究一些国家的志愿者的时候，Hustinx、Handy、Cnaan、Brudney、Pessi 和 Yamauchi（2010）发现，帮助行为的首要动机是“帮助别人”。在社会企业的研究里没有将社会责任当作一个特别的话题，对个体而言，好像与内在的职业生涯路径选择相联系。关于社会责任感认知，伯恩斯坦（2004）讨论过无私的社会企业，德雷顿（2002）强调他们的“道德力量”。这些方面表明，社会责任感存在于社会企业中。因此，亲社会人格包括社会责任感观念。

（三）社会企业的个性

总的来说，社会企业作为代表性企业所具有的个性特征被期待，并与亲社会行为相联系，为此简要定义了 7 个特点（见图 3－4）。

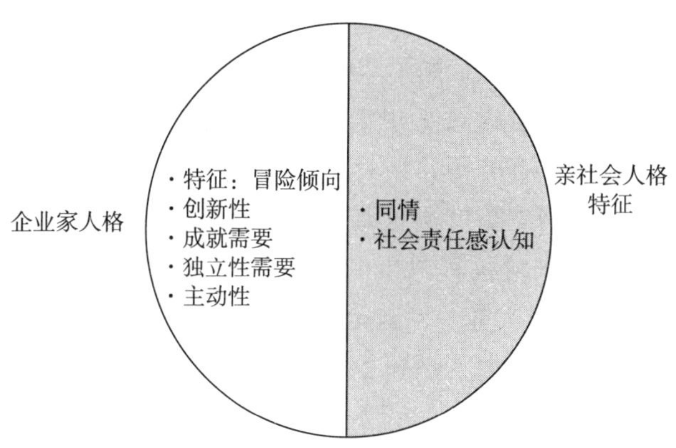

图 3－4　社会创业人格特征

四　案例研究

戴维·伯恩斯坦在他的名著《如何改变世界》（吴士宏译，2006）中，深情回忆了南丁格尔，他认为此人是社会企业中的主要代表。在书中回顾了南丁格尔极具张力的一生，主要关注了南丁格尔早期的社会工作。

在许多年轻的女孩和儿童都喜欢玩布娃娃的年龄，南丁格尔就开始用图画帮助需要帮助的人。在很小的时候，她看望病人并救治受伤动物。长大后，这个愿望变得更大，她希望成为一名护士。但19世纪的英国，护理被视为不适合上流社会女孩子学习的课程。她父亲禁止她选择这个职业，南丁格尔为没有进入护校而沮丧，并想方设法去接近理想。在她同家人旅游的时候，她经常探望诊所，在家里她阅读关于医院和药品的书籍和文章。这个理想越来越吸引她，南丁格尔进一步说服父母，4年后，她被允许到德国接受护理课程培训。

进入伦敦专业医院后，南丁格尔将全部奉献给了她的工作，拒绝做让她分心的一切事情。例如，她拒绝了所有的追随者，并且保持单身，她因此成为工作中的最佳员工。不久，她得到了一份来自伊斯坦布尔的邀请，当时战争爆发，英国士兵与土耳其人联合对抗俄罗斯人。她不仅同意到战区医院，还参加了由38名护士组成的分队。到达战区后，她遭遇了混乱。卫生环境极差，床上和衣服上沾满了泥土，缺少必要医疗物资，水源紧张，病患死亡率接近50%。开始，军队官员拒绝和她这个来自伦敦的单纯女人一起工作。但很快，陷入绝境的他们接受了她。

很快，南丁格尔掌握一切。在她的活动中，她被描述成一个严格、严厉且有很强决断力的人。她订购了200个擦洗刷子，指导下属清洁病房和衣服、亚麻制品。由于无法通过正规渠道得到必要的医疗物资和定期的物质供给，南丁格尔投资3万英镑并接管了军队护理的工作。她同样遭遇干扰，但她争论、战斗、谈判直到解决这些问题。另外，她建立新的病房、厨房、洗衣房，并按照书上严格执行卫生的标准。还有，她确认使每个受伤的士兵得到个人照料和娱乐空间，并用柔软的嗓音安慰那些绝望的人。在几个月的时间里，医院的死亡率下降到2%，这使她成为士兵们的偶像，后来成为全英国的偶像。

问题

1. 本章提供了有关南丁格尔的个性线索，请通过案例研究寻找她具有的特点。

2. 请将本章中对南丁格尔的个性描述与社会企业家的人格特质相匹配。

3. 在本章中有什么相匹配的建议？请就你的发现讨论其意义。

第四章　人力资源管理与志愿者动机

克里斯蒂安·布兰克（Christiane Blank）
伍珀塔尔大学熊彼特经济与工商管理学院

◇**学习目标**

完成这一章后，能够达到如下目标。

1. 描述志愿者的特点。
2. 解释志愿者活动的理论背景和影响志愿者动机的因素。
3. 描述促进志愿者工作的程序性措施（“志愿者项目”）。
4. 用相关理论因素对特定实践环境进行描述。

一　导言

社会创业是当今的一个热点主题，这个主题激励我们在一个新的创业环境里对传统的普通经济学研究领域，尤其是创业研究领域的一些已知概念进行重新分类。社会创业以社会为导向，并通过间接的方式获取利润，这两个特点将社会创业与商业企业区分开来（见本书第一编）。尽管如此，社会企业必须在市场上生存，因此它们也具有古典经济学中所描述的组织结构和组织层级划分。本章重点阐述人力资源管理、员工积极性和责任策略这三个方面。我们对这三个主题做了综合分析，分析的案例全部是纯粹以利润为导向的企业（Wöhe and Döring，2005）。然而，社会企业中的人力资源管理往往受到某些特殊条件的制约。虽然许多社会企业都雇用了要付薪酬的员工，但志愿者在它们整个劳动力总数中占决定性的多数，并且他们在社会企业的业绩和可持续发展方面发挥着更为重要的作用。我们甚至可以这样认为，志愿者和社会企业的运营资金一样，是社会企业最重要的资源。因此，与志愿者打交道是社会企业成功的一个关键环节。志愿者不是一个简单的陪衬和点缀，他们的作用也不是可有可无的，而且他们也不是免费获得的。根据目前的人口发展趋势和经济发展状况，志愿者已经被视为一种稀有的并受到不同社会企业欢迎和争夺的资源。一家社会企业吸引合格志愿者，并且在不降低他们服务质量的同时赢得他们长期忠诚的这种能力，将成为这家企业未来市场定位成功的基础（Rosenkranz and Schill，2009）。

选择志愿者，给他们安排任务并确保他们在没有正式合同的情况下持续献身公益，是社会企业管理者必须面对的重要挑战。对于社会企业来说，将志愿者与全职员工区别开来的因素有很多，而志愿者不具有工作合同的事实只是其中的一个因素。Cnaan 和 Cascio（1998）列出了另外一些相对重要的差别。

- 没有报酬的激励
- 有限的时间
- 在大多数情况下，与几个公司保持联系
- 在生存方面不依赖于公司
- 非正式的申请程序，往往还有一个考察期
- 没有遵守科层规则和机构的义务
- 在出错的情况下不追究个人责任

志愿者能够在没有经济回报的情况下支持他所服务公司的愿景。因此，他们似乎是满足许多企业家期望的理想的共事者。然而，志愿者对于他们所服务的组织往往是很挑剔的，因为他们可以选择自己的工作目标和参与程度。因此，将一般志愿者与那些高质量的、抢手的正式员工进行比较是一件有趣的事。相对于后者而言，他们可以选择自己的目标和服务机构（Mayerhofer，2001）。

基于上述见解，当设计任务，建立决策、沟通和合作等程序时，社会企业的人力资源管理者必须考虑到志愿者的个人兴趣问题。对社会企业而言，成功管理的关键在于能够分析和激励志愿者的内在动机以及他们对于工作的期望值，即便企业有时候给他们分配的任务不是那么有趣，他们仍然能继续保持对企业的忠诚度。只有当管理层了解了志愿者的个人动机时，企业才有可能激发志愿者的积极性，并使他们对公司保持长久的热忱。有了对企业持续的热忱和认同感，志愿者就会更加维护企业的利益和目标，更能接受企业发生的一些改变和发展，对企业长期忠诚，即使出现了其他更有吸

引力的组织和企业时，他们的这种态度也不会改变（Felfe，2008）。因此，承诺策略成为与志愿者打交道的一个重要策略（见表4－1）。

表4－1　员工参与机会与参与效果

层面	员工参与
组织层面	行动预备 动机、结果 无差错或旷工
员工层面	自尊 对所属企业在满足员工需求方面的满意度 减压资源（即社会支持）

注：以 Felfe（2008）为基础的自绘表。

本章在第二节中，将从有无工作合同的雇用方式的差别入手，着重介绍社会企业不同类型的人事雇用方式。第三节将分析志愿者本身，包括这一群体的社会经济地位、人际关系网络、个人背景特征以及个性特点等。在第四节论述可能影响个人加入志愿者服务行列的利他动机和自我动机，这涵盖了理论背景以及与动机相关的因素。在第五节，我们会将第四节中所提到的基本原则与功能语境放在一起进行解读。从志愿者动机背景的分析，我们可以得到有关志愿者管理，尤其是关于促进志愿者工作的程序性措施方面的一些启示（志愿者项目）。

二　社会企业的人力资源工作

除了志愿者工作的特色之外，社会企业还存在着其他不同的雇用方式。在大多数情况下，人力资源管理部门需要同时对这几种就业形式进行管理，这对该部门来说是很大的挑战（Mroß，2009）。Mroß 将员工分为有合同和无合同两种形式。持有工作合同的员工，无论是全职还是兼职，都通过这项工作赚取薪酬。有合同的员工中可能会包含实习生或受训者。社会企业的第二类员工是那些在德国民法典（Bürgerliches Gesetzbuch）规定范畴之外的没有签署具有法律效力的雇用合同的员工。Mroß 认为，志愿者是通过社区服务来代替服兵役的人、宗教团体成员以及那些大学期间拿出一年时间来专门从事社会和生态方面的志愿工作的大学生。根据 Mroß 所说，这一类人一般不会和社会企业签署工作合同，而是代之以其他法律合同或约定（见

表4-2）。

表4-2 员工工作类别

有合同的员工	无合同的员工
正规雇员	志愿者
正在接受培训的员工	宗教在职人员
实习生	大学空档年
其他	社区服务替代者

注：以 Mroß（2009）为基础的自绘表。

Mroß 的分类对不同类型志愿者工作的定义和划分是非常有帮助的，本章也将用到这些定义和划分。志愿者工作被看作一种出于个人自愿的、没有经济报酬的工作形式，同时在很多人眼里，志愿者工作不是一种固定职业（Strecker，2002；在这方面需要注意的是，在某些场合志愿者会从他们的服务中得到一些小的补偿。但是，因为补偿太少，所以我们通常把这种服务视为是免费的）。志愿者工作不是为了以此来谋生，而是固定职业之外的额外劳动。在社会创业背景下，本章分析的重点是志愿者的工作岗位，这类志愿者旨在创建一个额外的社会价值而不是针对协会或俱乐部会员的志愿工作。志愿工作和家务是有区别的，例如照顾病人或老年人、邻里互助等。这种区别就好比是志愿工作必须在组织中开展而不是以居家的形式。这样的工作被定义为正规的志愿工作，而非正式的家务或邻里互助等活动则是很难统计的（Holzer，2005；Strecker，2002）。

三 志愿者

志愿者并不是一个单一的群体。他们来自不同的年龄段，具有不同的社会背景。为了了解志愿者的真实构成，我们将从以下几个因素着手，即社会经济地位、人际关系网络、人口学特征和人格特征（Pearce，1993）。

（一）社会经济地位

拥有更高的收入、受教育水平、职场地位、家庭或血统地位以及资产的人，更容易成为志愿者，也更容易自愿加入各种社团和组织中；同时，和那些不具备这些优势的人相比，他们更有可能在这些组织里担任领导角色（Pearce，1993）。这一结论得到了在不同时期和不同国家进行的一系列研究的验证。

（二）人际关系网络

许多研究表明，那些认识其他志愿者的人更有可能成为志愿者（Scott，1957）。研究显示，大多数志愿者的加入是通过他们自己认识的其他志愿者的介绍。因此，朋友越多的人越可能成为志愿者。

（三）人口学特征

人口因素对自愿参与的影响是不容易进行全面概括的。在这个范围内，年龄与参与志愿者活动的热情是一种复杂的关系。“青少年参与志愿者活动的热情在 18 岁之前一直保持增长的趋势，18 岁以后这种热情会逐渐消退；这种低迷的状况一直持续到他们接近 30 岁的时候；然后从那时直到 40～55 岁时，他们对志愿者活动的热情达到了一生中的高峰期；55 岁以后这种热情又开始逐渐减退。”（Pearce，1993）从性别因素来看，女性一般比男性更愿意成为志愿者，但是根据活动特点的不同，性别的影响也有所不同。例如，女性往往更喜欢教堂和社会机构组织的活动，而男士更倾向于政治或行政方面的工作，因为这对他们本身所从事的职业也有利。

（四）人格特征

与人格特征有关的研究主要关注两类人群的差异，即从事志愿者活动的人与不愿意从事志愿者活动的人在人格特征方面的差异。总的来说，这些研究发现，自信的、社交能力强的、乐观的以及具有领导才能的人往往更可能从事志愿者工作。

四　志愿者动机

参与志愿者活动是由许多不同动机引发的结果。通常，主要动机很难明确，因为它是利他和利己思想的结合体，这个结合体导致志愿工作意愿的产生（Moschner，2002）。动机解释了人类行为的方向、强度和持续时间（Thomae，1965）。因此，动机研究的重点就在于关注人类行为的产生原因和驱动力。

（一）志愿者服务：利他主义之争

利他主义的概念可以追溯到社会学创始人孔德，他推测在社会中一定有一种具有约束力的道德。这种道德有助于强调对整个社会的体验，而不是有利于某个个体的行为（Fuchs-Heinritz，1998）。

1. 利他主义理论

利他主义的理论假设是无私。理论上，利他行为可通过三种不同的方法来得到解释，包括共情相关反应理论、共情利他假设和利他人格（见图4－1）。这些理论假设来源于一些早期的心理过程，这种心理过程或是由共情即同情心决定，或是由内在规范或价值观决定。这种内在规范或价值观导致利他动机的产生（Bierhoff，2004）。

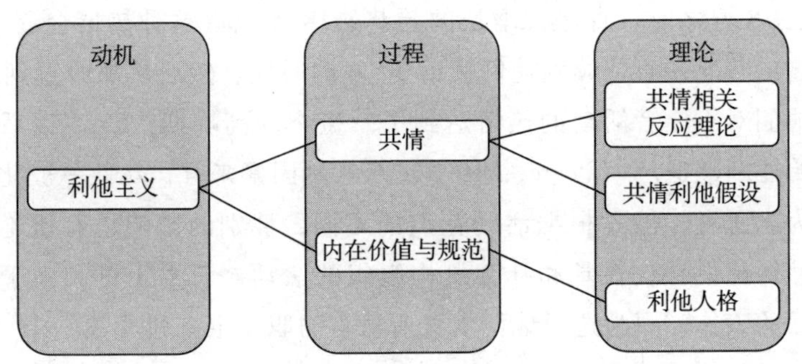

图4－1　利他主义理论框架

注：来自 Bierhoff（2004）的自绘图。

共情相关反应理论是由艾森伯格提出的。它关注性格特征，因为共情是由人的性格特点决定的。共情心是需要阅历的，如果有一种特定的情形引发了人们大量的同情心，强烈的感情共鸣以及情绪调整，那么他们就会乐意去帮助他人。在这种情况下必须强调情绪调节，因为它涉及现实问题的局限性，应少点冲动性，提高自控能力（Eisenberg，2000）。

共情利他假设的基础是与情境相关的共情，这种共情是由他人遇到的紧急状况诱发的。共情利他假设的基本推理是：在某一特殊情况发生时，不同因素会导致某个旁观者共情的增加或减少。如果旁观者认识受害者（家人或朋友），那么他的共情就会增加。另外一种情况是，如果旁观者和受害者有相似点或共同点，他的共情也会增加，因为旁观者能够更好地设身处地地为受害者着想（Bierhoff，2002）。在一系列试验中，Batson 研究了逃生可能性的高低程度如何影响一个人帮助他人的意愿大小。对于共情程度较高的人而言，无论能不能走出困境，他们都愿意对受害者伸出援手，这也显示了他们强烈的利他动机；然而，共情程度较低的人只有在受害者没办法逃离困境的情况下才会去帮助他们。

利他主义人格是由共情和内在价值观两个概念所界定的。志愿者通常会表现出更大的同情心和稳定的情感。此外，对他人需求的更大关注也是利他主义人格的另一个特点。这不仅适用于志愿者工作，也适用于紧急情况处理（Bierhoff and Schülken，2001）。社会责任是一种规范，这种规范让我们具有一种道义上的义务，并促使我们去帮助那些遭遇困境的人们。这也包括我们如何去满足他人的合理期望以及遵守社会的准则（Bierhoff，2006）。

2. 利他主义动机

利他主义的动机包括社会责任的规范、对宗教和慈善的义务以及对回报的期待等（Moschner，2002）。具有利他主义的人希望能够解决社会问题或者至少是能改善现状。他们受社会责任规范的驱使，这种社会责任规范包括在他人遇到困难时伸出援手的责任。他们实践利他的行为，是因为他们喜欢帮助他人并对社会有所贡献，也因为他们希望能够为面临困难的人提供支持，并帮助他们去面对自己的问题，而这些人自己也曾经遭遇到的相同的问题。还有一个原因就是他们有承担社会责任的愿望。

除了社会责任之外，利他主义动机还涉及一种政治责任，这种政治责任更多的是与社会问题有关，它能使人们产生改善社会问题的愿望。它的目标是社会服务，并通过参与与政治、社会和文化有关的组织活动来实现这一目标。

利他主义的另一个动机是与宗教和慈善有关的责任，这种责任来源于慈善使命的召唤。这通常是西方国家教会志愿者的主要动机，因为他们总是被基督教的自我意识所激励。这些志愿者大多数都是在基督教家庭中长大的，或者对基督教的价值观深信不疑。他们的目标是帮助那些在身体上或心灵上处于弱势的人们，并且他们希望其他人也能和他们一样去帮助这样的人（Brommer，2000）。

然而，还有一点不容忽视，对于利他主义的行为，尽管不牵扯金钱方面的报酬，但也带有一定的回报性质。自己良心上的安定和他人的感激之情也许就是最好的嘉奖。

（二）满足自身需求的志愿活动：利己主义之争

利己主义是以自我为中心的，这是一种基于动物性自我保护的本能特征（Brockhaus Encyclopedia，2005）。今天，“利己主义”带有一种很强的贬义，被用来解释精明狡猾和利用他人这样一些事例。然而，这个概念具有双重含义，其负面含义只是其中的含义之一。因为这个词包括许多的方面，我们可以以不同的方式从不同的伦理角度进行评价。

1. 利己主义理论

利己主义理论建立是在个人私利的基础之上的，个人私利就是利己主义的动机。这个理论的基本假设是，人类通常都是自私的。对于任何人来说，这都意味着他们的幸福、自我保护以及自我需求的满足。人类为自己的幸福和自身的利益而奋斗，那么个人私利就可以被看作一种自然的动机了（Göbel，2006）。它包括两种理论，分别是成本效益分析和社会约束理论（图4－2）。

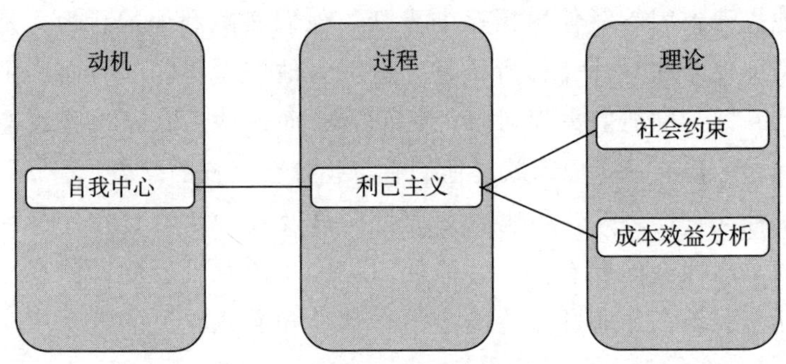

图4－2　利己主义理论框架

注：来自 Bierhoff（2004）的自绘图。

根据成本－收益模型，我们可以这样假设：人类按最适合自己的成本效益分析方式来做出最有利的决定并采取行动。除了物质和非物质成本，一个人行为的后果往往是他权衡的重点。这还包括过失或心理成本的后果，例如罪恶感或一个人自我认知的威胁。根据这一假设，人类会预期此类后果，并在做决策时会考虑这些因素的影响。例如，他们可以思考以下几个问题：我在这个特殊行动中会做出什么投入？当我成功时，我会感觉有多好？如果我没有做任何事，我会觉得失落吗？这些想法往往在无意识中发生。成本包括时间支出、危险、潜在的经济损失和援助的难度级别因素等。其中有一些被纳入主观成本效益分析的积极影响因素，例如证明自己的技能并对此感觉良好、得到正向的反馈、显示出同情和团结以及成为他人的榜样（Bierhoff，2004）。成本越高，吸引自己的愿望越低；预期回报或利润越高，帮助他人的倾向越强（Bierhoff，2006）。

社会约束的理论涉及他人的存在，即公众的影响。在需要帮助的紧急情况下，提供援助的旁观者数量可能起着巨大的作用（Darley and Latané，1968）。Darley and Latané 证明，旁观者越多，人们帮助的意愿降低，即使在非常危急的情况下也是如此。有些文献认为这就是所谓的“旁观者效应”。其原因在于责任的扩散和对“丢脸”的顾忌（Bierhoff，2004）。

2. 利己主义的动机

利己主义的动机包含自我存在的重要性、社会关系、自尊和自我欣赏、工作与生活的平衡以及事业的发展（Moschner，2002）。

自我存在的重要性是一个非常强大的动机。志愿者活动可以帮助一个人为自己的人生提供方向和目标。特别是不经常或不再被雇用的人可以在这里找到有意义的活动。例如，对于老年人，志愿工作可以为其提供有意义的帮助和组织，正如许多志愿者强调，每天早上起床对他们来说是多么重要。

另一个动机是对社会关系和归属关系的需要。志愿者活动可以减少个人主义和不为人知的感觉，但又能创造新的关系。它给人们提供了结识他人，并和他们建立新联系和关系的机会，这样做的结果是避免了孤独和寂寞。因此志愿者活动也是出于自我关照的目的，因为社会交往会减少疾病和社会孤立的风险（Brusis，1999）。一些研究已经证明志愿者工作给志愿者的身体健康带来的有益后果（Badelt，1997）。

此外，还有促进个人事业的动机。青年志愿者有机会获得额外的组织经验和社会经验，并获得自我发展的关键能力，如沟通技巧或团队工作能力，这些可能有助于丰富自己的阅历。社会志愿工作可以帮助年轻人弥合学业后期到他们专业培训开始这一段时间存在的落差，并通过这些活动的参与获得新的见解，了解更多新的话题，建立新的联系。对于失业人员，志愿参与也可以作为一种素养的考量。另一个被经常提到的动机是寻找新的学习机会。志愿者可以学习新知识，开阔新视野和在特点各异的人身上学习新的经验。这可以帮助一个人非常迅速地确定自己的优势和劣势（Moschner，2002）。

但是，Richter（1980）认为有时对权力和赞赏的渴望可能会占上风。

当帮助别人时，相对于弱者和贫困的受害者，一个人还可以享受自己的力量和伟大。这说明有时候明显的利他主义只不过是一个精心设计的、满足利己动机的策略而已。

互利互惠也被认为是相互给予和获取的指导性动机之一。一些志愿者投入志愿服务，并期望当他们需要帮助时同样可以得到他人的帮助。此外，寻求乐趣和渴求冒险也是志愿工作一个非常重要的基础（Moschner, 2002）。

五 志愿者管理的启示

在第四节中已经论述，有各种各样的利他和利己的动机可能导致志愿工作的产生。志愿者的工作由不同的动机驱动，因此很难准确找到他们从事这项工作的主要原因（Moschner, 2002）。如果要促进志愿者工作，我们必须考虑动机的多样性。为了将各种利他和利己的动机放在一个共同的组织管理框架内，我们有必要采用功能研究的方法，以得到有利于志愿者服务管理的启示。Clary 和 Snyder（1999）遵循这样一个功能研究的方法，将志愿者的不同需求分类为有偿功能、社会功能、渴望学习、实现自我价值的满意度和内在道德标准的实现（见表 4－3）。

表 4－3 志愿服务的功能

功能	功能概念定义
价值	志愿者个人被人道主义价值观驱动
认知	志愿者寻求更多地了解世界或练习他们不熟悉或不常用的技能
增强	志愿者可以通过志愿活动获得精神上的发展
事业	志愿者希望通过志愿活动得到职业相关经验
社会	社会志愿活动可让个体增加社会关系
保护	个别的志愿活动可减少消极情绪，例如内疚或处理个人问题

注：以 Clary、Snyder（1999）为基础的自绘表。

社会企业人力资源管理部门的主要工作，就是调整和适应企业内志愿者的各种动机，并尽量满足他们的各种需要。人力资源部门越能适应志愿者的动机，满足他们的需求，志愿者工作起来就越快乐，他们的组织认同感就越强。由此可见，人与情境之间的相互作用，对一个人从事并持续参与志愿者服务具有决定性作用。

无论是由全职员工和志愿者构成的企业，还是纯粹由志愿者构成的企业，我们都要促进个人和情境之间的良性互动。为了达到这个目的，“志愿者项目”是一个可行的做法（Brudney，2005）。“志愿者项目”包括招募新志愿者的方法、个人在组织中的检查和定位、每位志愿者在企业内的表现与定位、责任和职务的分配以及各自所需的培训。志愿者需要监督、激励并得到对他们工作的认可，同时也应该得到对他们表现的反馈，以获得他们自己在社会企业里劳动付出后的满足感，增加志愿者的积极性。

然而，社会企业必须做出一定的结构调整，以满足志愿者项目的需要。当然，结构调整会因社会企业的规模大小而不同。志愿者招募和志愿者项目的实施可能导致社会企业内部出现巨大变化。因此，从志愿者项目开始实行的时候，社会企业就必须让有偿的雇员参与志愿者项目的执行过程和决策。一是社会企业必须明确它们招募志愿者的原因。公司这样做是出于节省开支的打算还为了优化成本效益？二是通过志愿者服务更多地了解社会，并提升公众对他们提供服务的认识。三是志愿者可能具有该公司欠缺的特殊技能，如编程、法律或会计知识等。四是志愿者可以充当称职的募捐活动组织者，因为在公众的眼里，他们不会直接从捐款中获利。

所有的社会企业，无论其规模大小，都需要一个随时能找到的、大家都信服的人来负责志愿者的人事管理。根据 Fisher 和 Cole（1993）的看法，如果社会企业创办人无法承担这个任务，那么他应该任命一位“志愿者服务主任”来充当“项目经理”或“人事经理”这样的角色。他们认为，“从项目管理办法的角度来看，志愿者管理人员是一个项目设计开发者，也是志愿者工作的领导人，同时，志愿者管理人员能够将志愿者工作与社会企业的整体项目开发和实施结合在一起。从人事管理的角度而言，招募志愿者管理人员、选择并安置志愿者，培训带薪员工，使他们能和志愿者和谐相处。综合项目管理和人事管理两种方法，志愿者管理人员的职责通常包括岗位设计、招聘、面试、入职前培训和工作表现认定”（Fisher and Cole，1993）。

接下来的工作，就是为志愿者创建正式岗位。志愿者管理人员必须编写岗位职责，以使志愿者了解公司内部不同岗位的不同职责范围。这些岗位职责说明应与正式员工的职责说明相同，这样做便于志愿者了解该公司对他们的期望值，以及志愿者自己具备什么样的素质来实现公司对他们的期望。志愿者职责说明包括以下几项（McCurely and Lynch，1996）。

- 职位名称，提供职位
- 工作的目的（最重要的部分）
- 岗位职责和活动
- 任职资格（所需的技能和知识）
- 员工福利
- 工作时限（例如每周小时数）
- 建议开始日期
- 工作汇报关系和监督

但是，我们不应忘记，志愿者的闲暇时间是他们最慷慨的付出。在规划新的职位时，我们一定要考虑志愿者本人能够提供服务的时间。我们可以在最初的时候为志愿者提供一些所需时间相对较少的岗位，例如将他们安排到一些小型项目的岗位上去。通过从事这些岗位服务，志愿者有机会去了解公司，并发现哪些任务适合他们。

大多数志愿者都是通过私人关系被招募进来的（Pearce，1993），他们有可能是公司原有志愿者和雇员的朋友。有一些专门的外部“志愿者机构”也可以帮助社会企业寻找合适的志愿者，但社会企业应尽量减少对外部志愿者服务机构的依赖，并能制订自己的招聘策略。

员工的安置要尽可能根据申请人的动机和要求进行。所有的活动安排要尽可能多地为企业和志愿者本人创造附加价值。社会企业也应该建立内部咨询辅导机制以及岗位安置办公室，为新招募的志愿者安排适合他们个人动机的岗位，以避免期望值的偏差和失望心理的出现。

志愿者的动机可能会随时间而改变，因此社会企业应该准备相应的应对措施。持续的服务承诺是由服务反馈和个人发展的认同构成的一个动态过程。在这个过程中，社会企业可能会对内部某些位置进行调整。与此同时，社会企业应该有自己的动机激励机制，其中包括分配更大的责任、参与决策过程、提供培训机会、支持性反馈和绩效档案等。其他动机激励的措施也同样重要，例如媒体的关注（通信和报纸）、奖励及社交活动（午餐会、宴会、庆典）或证书（终身岗位或特殊成就）等同样对志愿者有激励作用。对某些志愿者，一个简单而亲切的“谢谢你！”就会增加他们的积极性，而另一些人可能更喜欢书面确认的形式（Brudney，2005）。还要注意的是，动机激励机制应该符合志愿者的个人需要。不是每个人都喜欢接受宴会的邀请。对志愿者最有效的激励来自工作本身或与同事的友好交往

(Pearce, 1993)。

我们提出的为志愿者制造发展措施和动机激励机制表明，在社会企业中实现人和企业环境的相互作用是一件耗费成本的事，而且远比想象的要复杂得多。志愿者管理的任务非常具有挑战性，并远远超越了传统的管理职责。成功管理的关键在于要有一个完善的领导层，它能在所有志愿者群体中建立信任，推动合作和团队精神，引入竞争机制，注重个人的发展、成功和价值的创造，促使志愿者发现工作的乐趣和责任。比起单纯的正式的领导监督，“合作式管理”会带来更佳的效果（Walter, 1987）。尽管志愿者管理有别于传统的人事管理，因为志愿者没有工作合约的约束，但这并不意味着当志愿者发生越轨行为或不良行为的时候，社会企业就不会辞退他们（Drucker, 1990）。容忍志愿者不良行为可能会被其他（有偿和志愿）的工作人员误解，并导致进一步的不当行为和领导意识的丧失。

总而言之，志愿服务可以说既是一种爱好，也是一个在组织环境中的传统工作（Pearce, 1993）。“志愿者项目”的产生是基于志愿者活动必须受到实际人事管理的规范这一假设。管理层的注意力都集中在了志愿者的表现和客户的满意方面。然而，志愿者工作只能在志愿者的闲暇时间发生，而且和任何其他的爱好一样，志愿者在从事他们的服务时，追求的是兴趣和快乐。

六 案例研究

GEPA（公平贸易公司）是在公平贸易领域最知名的企业之一，总部位于德国伍珀塔尔。GEPA 是欧洲最大的公平贸易组织，其使命是“改善民众的生活条件，尤其是在全球经济、区域经济以及社会结构中处于不利地位的发展中国家的民众。GEPA 希望能成为一个可靠的合作伙伴，从而使生产者在人性化的条件下参与到国内和国际市场中，并改善自己的生活”（GEPA 合作协议）。通过 GEPA 提供的服务包括公平的价格、提前融资、长期供货协议、咨询和产品开发、避免不公平的中间贸易、直接合作和长期的贸易关系，创造有利于小企业的市场准入。主要产品有食品（咖啡、茶、蜂蜜、面包涂抹酱、巧克力和红酒等），从非洲、亚洲和拉丁美洲的协会和贸易组织收购的手工艺品和纺织品。目前 GEPA 与来自 43 个国家的 169 个生产者合作。

GEPA 由一家教会机构于 1975 年建立，最初是股份有限公司，现在拥有超过 170 个联营公司。创办这家公司的初衷是基于服务社会和公民参与。GEPA 现在是一个成功的进口公司，2009～2010 年度营业额高达 5.44 亿欧元。GEPA 从产品销售的收入中提供所有运营资金。创造的所有利润不在合作伙伴之间分配，而是进行符合公司目标的再投资。在德国，它们的产品在 800 个公平贸易商店和超过 6000 个行动小组中销售，也在食品零售企业及网上商店销售。

公平贸易商店和行动小组创造了 41.39% 的营业额，是 GEPA 最重要的分销渠道。超过 10 万人在那里工作，他们大多是志愿者。但是，公平贸易商店不是由 GEPA 管理，它们是没有任何外部资金来源的自负盈亏的独立组织。它们要么由私人组织拥有，或者规模更大一些，由非合作公司或有限责任公司拥有。公平贸易商店最初的想法是建立一个供讨论和探讨发展中国家必须面对的挑战的教育性场所。因此，在一开始，销售产品并非是主要目的，GEPA 主要利用这个平台让客人认识到在全球贸易中的不公平结构，例如向客人揭露实际生产者与中间贸易商相比赚的是多么少。如今，公平贸易商店在其他欧洲国家也十分流行，例如在意大利超过 550 家，在荷兰超过 400 家。欧洲之外的其他地方，特别是在美国，还有更多的商店。

行动小组（该术语由 Aktion Dritte Welthandel 提出）完全由志愿者构成。他们通过组织一些特殊的销售活动，如圣诞集市销售，来推销 GEPA 产品。这些团体没有经营地址，没有增值税的抵扣。它们购买产品然后出售产品，并用获得的收益来实现社会目标。GEPA 为这些组织提供有折扣的产品，使它们能够为所选择的社会或生态项目提供资金。

与德国的公平贸易商店相比，一些外国公平贸易商店由于其较好的地点、更吸引人的外观获得更多的营业额。因此，GEPA 认为德国的公平贸易商店如果有管理更为专业的店铺，专注于销售产品和寻找新的目标群体，将会创造更高的营业额。虽然他们的初衷不能忽视，但应该有助于实现经济目标与社会目标的平衡。现在，除了志愿者之外，GEPA 也有聘用了一批有偿员工的合作伙伴，而且 GEPA 正在考虑增加这种合作伙伴的比例。除了改进现有门店的专业化管理，GEPA 还计划支持个人或团体在德国开更多的门店。

问题

1. 你想在 GEPA 公平贸易商店和行动小组中参与志愿服务吗？考虑赞

成和反对的论点。

2. 到目前为止，GEPA 能够依靠志愿者在公平贸易商店和行动小组销售其产品的原因是什么？

3. 当 GEPA 将公平贸易商店变成管理更专业的商店，将志愿者工作转变为经过专业培训的人员，会出现哪些机会和风险？

4. 如果你为 GEPA 工作，你会如何参与专业化管理并开发新的公平贸易商店？

第五章　合作和创业合作伙伴

海克·希尔默（Heike Schirmer）
希瑟·卡梅伦（Heather Cameron）
柏林自由大学 Freie Universität Berlin

◇学习目标

完成这一章后，能够达到如下目标。

1. 说明社会创业者建立并参与合作关系的不同原因。
2. 描述和社会创业者合作的不同类型及其优势。
3. 解释不同层面合作的价值链整合和合作的特殊类型。
4. 分析在同其他企业合作时，社会创业者可能面临的潜在风险和挑战。
5. 解释合作是如何被建立起来的。

一　导言

扩展社会影响，需要很多的资源。社会创业者正在不断寻找如何与他人合作的各种路径，以实现自身的社会使命。

与其他组织、公司和机构合作是一种调动资源、获得互补能力并增强协同作用的有效途径之一。网络、联盟和合作提供了可能产生的社会影响，它“远远超出了个体贡献者可独立实现的范围”（Wei-Skillern et al.，2007）。

从接近非正式网络到特许经营合资公司，存在多种共同合作的方式，本章的目标是显示协同工作的类型和影响力。因此，第一个重点是强调为什么伙伴关系和合作对社会创业者具有强大的机会吸引力；接下来，介绍了不同类型的合作伙伴和各种形式的合作；然后是风险和挑战，这是与人合作时要考虑的重点问题；最后，提出建立合作的指导方针。通过对“在黑暗中对话”的案例研究，在本章的结尾处展示了一个成功的案例，即在社会特许经营的形式下，如何有效地与地方实体进行合作，在世界各地传播社会创新的模式。

韦伯斯特的辞典中，“合作”可以理解为与他人一起工作的行为。它是一个“综合”的过程，其中涉及的各方建立一个集成的解决方案。而“协作”可以理解为联合行动，与“合作”相比，它的各方是彼此平行的关系。“伙伴关系”类似于“合作”，但强调双方之间的法律关系。本章的重点是阐述“合作”和“伙伴关系”，主要研究协调问题。一些研究者使用“联盟”这个名词代替“合作”或“联合”，这个仅被用于“战略联盟”的具体形式，并被限定在本章的定义范畴。

二 为什么合作形式百花齐放

社会创业者开展合作与协作有很多原因，其中一个主要原因当然是资源的连接，特别是资源互补。

资源基础观（RBV）[①] 用一种有效的方式揭示了社会创业者如何可以运用其初始资源，比如使用现有的关系和网络，来获取更多的资源并创造价值。RBV 假定竞争优势可以在一个组织的内部环境中发现，以资源和能力为特征（Barney，1991）。资源是企业的特定资产，它包括有形资源（如设备、房地产和金融资产）和无形资源（如专业知识、信息和品牌等）。能力是指一个组织提高效率和效益的能力，具体来说就是该公司如何提高其自有资源的效率和效益。资源和能力两者融合是公司战略的基础。企业的战略是价值创造，保持竞争优势，不能轻易被其他组织复制。通过收购和管理有价值的资源，企业可以实现竞争优势。为了保持竞争优势，其核心竞争力一定不能被其他人复制。因此，在理想情况下，资源和能力必须是有价值的、稀有的、独特的和不可替代的，在企业之间具有不完全流动性（Barney，1991）。因此，资源的选择是一个公司的战略、成长和长期成功的核心。通过重新配置现有资源或获取新的资源，一个组织可以扩展其竞争范围，例如通过提供额外的服务或新产品销售范围的扩大

① RBV 是一种理论观点，该观点与专注于公司内部竞争环境的理论和模型（比如波特五力模型）持有不同的理论旨趣，聚焦于公司的内外部资源。

(Haugh, 2009)。

社会创业者，尤其是当他们处于早期初创阶段，往往只拥有较低水平的资源基础。然而，他们可以使用初始资源获得更多的资源和能力(Haugh, 2009)。一项由哈夫和三位社会创业者持续了几年的研究表明，"人力资源和社会网络是早期创业阶段至关重要的因素，因为它们赋予企业特定能力的知识和网络关系形式"(Haugh, 2009)。这些资源和能力可以被用来支持获得资金或其他必要的资源。换句话说，人力资源和社会资源能够获得更多的其他资源。

然而，当与其他实体合作的时候，对资源的连接只是其中的一个收益。合作伙伴还可以提高效率和效益，并实现资源的协调输入，从而产生更大的影响。例如，当一个社会创业者与一个组织合作提供类似的服务时，可以从简单的降低管理成本提高效率，通过专业化的方式实现规模化，优化资源配置。此外，可以提供给受益人更多更好的服务。因此，合作与协作活动可起到持续的使命影响，并提高效率(Wei-Skillern et al., 2007)。

三　不同的合作伙伴

商业企业家可以与同部门的伙伴、私营部门（例如大型企业或小型初创企业进行合作），或者与公共部门及民间部门跨部门进行合作（见图5-1）。这对于社会创业者而言也是如此，大同小异。然而，这其中还是存在细微差别，其原因是社会创业者的部门隶属关系尚未清晰。根据他们的使命和路径，社会创业者可以是公共的、私人或民间部门和主要活动领域的参与者，并且他们活动的主要领域处于两个部门之间的中间地段(Nicholls, 2008; Leadbeater, 1997)。尽管如此，社会创业者可以与不同类型的伙伴合作，但每个部门都有自己的特点。①

① 值得一提的是，部门划分的逻辑有一些缺陷。首先，很难界定不同部门之间的界限；其次，特别是民间部门，也被称为第三方或非营利部门，存在不同的理解，什么是这个部门的一部分，什么不是(Brandsen, van de Donk and Putters 2005; Evers and Ewert 2010)。然而，在这里使用部门划分用以说明不同的合作伙伴的一般特性。

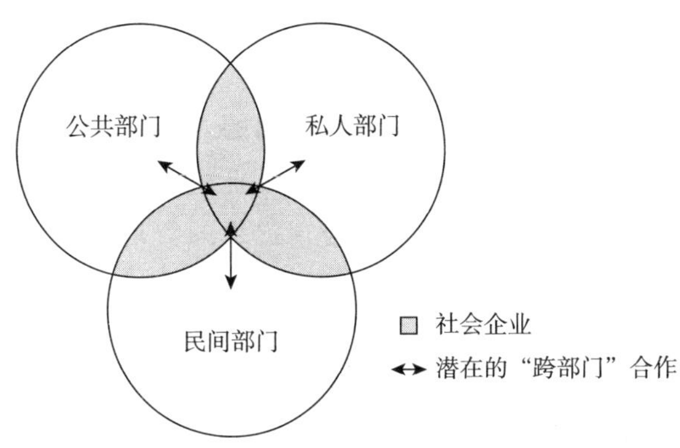

图 5-1　社会企业家的区域

注：来自 Leadbeater（1997）的自绘图（1997）。

（一）与私营部门的合作

社会创业者和私营部门之间的合作跨度很广，可以从一个纯粹的慈善互动（仅仅是施善者和受益者关系）到融合阶段，其中协作对于双方资源和供需两侧在两个不同方向的交换具有重大战略价值（Austion，2000）。

需要特别指出的是，融合合作使在一起工作的社会创业者和公司双方受益，可谓双赢。阿育王基金会的首席执行官和创始人比尔·德雷顿（Bill Drayton，2010）总结了双方的受益点："商家提供的是制造和运营、财务领域的范围和规模，以及专业知识；社会创业者和组织奉献的是低成本、扩大社会网络并深入了解客户和社区。"在最近几年，社会创业者与企业之间有了越来越多的合作。这可以在发展中国家和工业化国家找到实证案例。"金字塔的最底部"市场，往往在最不发达国家，这些合作使企业进入市场，这种市场若没有本地专有技术和对客户需求的深刻理解是难以进入的。对于社会创业者，合作提供更廉价的资金和非金融性资源，使他们能够扩大其社会影响力（Drayton and Budinich，2010）。

阿育王基金会已经创造了"混合动力"的价值链框架，以促进社会创业者与企业之间的相互作用。在印度可以发现这样成功的案例，阿育王基金会所带来的抵押贷款公司和当地公民团体合作，刺激了当地房地产市场。另一个案例是发生在墨西哥，阿育王基金会和当地社会创业者说服了一个水运输服务公司来为低收入农民客户服务，当地的社会创业者组织了农民贷款群体，帮助他们获得财政资源，改善灌溉条件，甚至安装了灌溉系统。

水运输服务公司的新产品推动了当地农民提高生产效率，并带来农民收入的显著增加（Drayton and Budinich，2010）。

在工业化国家，企业和社会创业者之间的合作可以在公平贸易、金融服务（如对弱势群体的微型借贷）或创造就业机会（如残疾人）等众多的领域中寻觅到身影。在许多情况下，公司提供的资源远远超出了财务方面的贡献，其中包括专业技术的交流转换、提供材料和工具以及进入市场。2005年，英国贸易和工业部的社会企业部门出版了《竞赛赢者——社会企业和私营部门业务之间商业合作指导方针》，其目的就在于推动和促进这种类型的合作伙伴关系（DTI，2005）。

无论是发展中国家还是工业化国家，通过与社会创业者的合作，企业可以受益于进入新的市场，增加市场份额，并远远超出企业社会责任（CSR）的现有模型。公司受益于获得新的商业模式和网络，并为员工提供非常有意义的参与，比如在自家社区贡献自己的技能等。

（二）与公共部门的合作

社会创业者也与公共部门进行合作。这种合作的原则是遵循公私合作伙伴关系（PPP）。PPP是一种长期的合作关系，主要是公共部门机构和私人团体之间通过规范性合作，提供服务、产品和项目（Akintoye、Beck and Hardcastle，2003）。合作伙伴在财务和非财务资源（如资金、专有技术和人力资源）上互惠互利，平等地分担运营风险。

与公共部门合作的具体案例，可以在社会创业者和公众健康保险公司之间的合作中找到。弗兰克·霍夫曼发起的Discovering Hands项目，对失明妇女进行培训，学习乳房筛查触诊技术。到目前为止，已有两个保健保险公司同意承担体检的费用和保险，并预期进一步参与。保险公司的报销支持社会创新的扩展，同时创新使保险公司扩大了它们的服务范围。另一个例子是阿育王基金会创始人的同事海德伦·梅约，发起了一项防止行为障碍，促进社交能力的学龄前儿童训练计划。她与德国的几家法定医疗卫生保险公司共同合作，快速推广这种创新方法。

一些社会创业者认为自己是公共领域的重要创新者，也可以被视为政府的研发部门。这些社会创业者努力去证实一些原则，然后去游说，希望一个负责任的政府机构能够把他们的想法纳入政府计划之中。这类似于一个初创公司通过兼并变成一个更大的公司。虽然传统的企业家可以看到政府接管自己的知识产权作为国有化，但公众对社会创业者的关注是激励他们有效传播其他使命的动力。

在过去的几年，英美各国政府纷纷推出广泛的合作方案，以促进社会创业者与政府之间的伙伴关系。例如，2009 年美国成立了社会创新基金（SIF），大约有公共资金 50 万美元。通过获得 SIF“最佳社会创新”项目以及资金，扩大了社会企业者的规模，范围遍布全国各地。

2010 年，英国首相戴维·卡梅伦提出“大社会”理念，这是一项社会－政治计划，其目的是“营造一种氛围，促使当地居民和社区建立一个大社会，让权力远离政治人物，回归于社区人们”。该计划包括了“大社会银行”，这有利于金融慈善机构、志愿团体以及社会创业者。这个项目不是英国政府推出的第一个支持社会创新的项目。早在 1996 年，千年委员会发起了“千年奖励计划”，其中国家彩票收益交给在社区项目工作的人们。自 2002 年以来，该奖项由 UnLtd 基金会进行运作。UnLtd 基金会是千年信托奖的受托人，是千年委员会授权可授予 1 亿英镑捐赠的受托人。

在 SIF 和大社会的观点提出后，政府不再是孤零零地解决社会问题了。政府不是像过去那样简单地提供公共服务（如清理垃圾，到养老院服务等），激励制度的建立，在创新性、多样性和响应市民的需求等方面是至关重要的。公民、非营利组织、基金会以及社会创业者密切配合政府解决社会需求。政府不仅可以提供更好的财政支持，也提供更好的法律环境，这对社会创业者而言特别有帮助。

（三）与民间部门的合作

与民间部门参与者（如非营利组织、基金会、慈善机构）合作，对于社会创业者而言具有巨大优势，总体而言，这些参与者在内涵和使命感方面具有相似性。正如施瓦布基金会（Schwab Foundation）前董事、总经理帕梅拉·哈蒂根（2005）所说：“这些基金会和慈善家最有条件支持社会创新，因为它们有免费的投票站和财务底线，它们的力量分别主导着政府和企业的决策。”

对于社会创业者来说，基金会和慈善机构是最有兴趣的合作伙伴。基金会和慈善机构在各个国家的准确定义有所不同，但简单地说，一个基金会可以理解为非政府组织或非营利组织，通过其自身的受托人或董事管理自有资金。例如，它可以由个人、家庭或公司构成。慈善组织一般被认为是一个非营利组织，其与基金会的主要区别，即除了其他资金来源外，还可以从公众中获得大量的捐赠资金。

在公司初创之时，它们可以在发动跨部门的参与中发挥重要的作用。马库斯·希普是宝马赫伯特·科万特基金会的执行董事，他认为公司的基金会可以从私人领域转移到公共或民政部门，它们具有独立权，并且是主权行动者（Hipp，2009）。宝马基金会通过国际网络聚集了来自不同行业的领导者，他们携手应对社会挑战。

此外，一些大型私人基金会，它们以财政和非财政的方式同社会创业者合作。在非财政方面，它们可以提供进入国际平台和网络的机会。除了阿育王基金会，施瓦布基金会和斯科尔基金会可能是欧洲范围内最有名的基金会了。慈善机构也有潜在的兴趣成为社会创业者的合作伙伴。大型慈善机构（如明爱，Caritas），往往有密集的网络，并已经建立了组织结构，能够有效地支持社会创业者扩展其范围和挖掘其深度。然而，迄今为止，慈善机构和社会创业者之间的合作仍然是罕见的，其原因可能是基于这样的事实，即它们可能更多彼此视为竞争对手，而非合作伙伴。

社会创业者也可以组建成一个团队，一个彼此独立、没有边界的团队。下文将通过网络实施的案例来说明这些类型的合作。

四　设计协作

通过合作，社会创业者从他们的商业同行那里，往往可以学到很多东西，因为在一般业务管理领域中，协同增长战略已经非常成熟并卓有成效。不同组织之间的合作，也被称为组织合作，以各种形式展现，如 R&D 合作伙伴关系，宽松的合作网络或者合资企业。有许多不同的标准区分组织间的合作，例如协作强度（如信息交流、互助市场表现、合资基金）、地理范围（如本地、国内、国际）或合作价值链的维度。下面介绍协同价值链整合维度的首要差异，随后将介绍特定类型的合作。

（一）协同价值链整合的不同维度

协作的维度指的是价值链的参与阶段。根据合作伙伴在价值链节点上的关系，可以分为三个维度，即垂直、水平和对角线的合作（见图 5－2）（Volkmann and Tokarski，2006；Volkmann，Tokarski and Grünhagen，2010）。

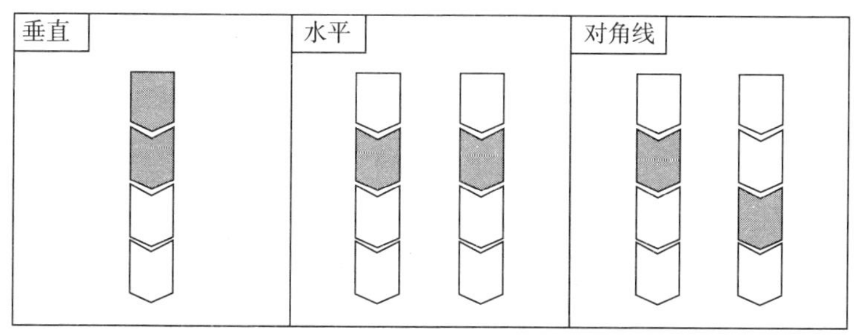

图 5-2 不同的合作维度

组织之间在相同价值链的连续层级联系，被称为垂直协作。它们通过组织间的合作，能够优化链接界面。一个典型的例子是供应商和生产商之间的合作。在社会创业的领域，英国雀巢公司和公平贸易基金会之间的合作展示了垂直合作的范例。自 2010 年在英国 Kit Kat 酒吧和爱尔兰开始开展公平贸易认证工作①，雀巢公司提出长期致力于购买公平贸易认证过的可可。其中农民组织收到的保险费，可以用来投资其成员的社区和商业开发项目，如教育和医疗保健。雀巢可以使用公平贸易推崇的著名商标，这有助于其形象提升。

横向协作是组织间价值链上同一层级（经常成为竞争对手）的合作，其产品或服务相似甚至完全等同。横向合作的动机可以是为了整合资源和能力以实现更大的项目，或者是为了分担风险和成本。典型的例子是不同的汽车制造商之间的科研合作关系。在社会创业领域，SEEP 是一个专注于把小额信贷者联络起来进行横向协作一个很好的案例。1985 年由一群小额贷款从业人员创建，目前在全球已经有 120 多个成员组织。SEEP 创建了一个全球性的学习社区，支持专业技术的交流，制定切实可行的指导方针和方案，并设立有关小额融资的标准。

对角线协作是不同行业间的合作，也被称为合作双方的免费合作。对角线合作之所以存在，其中之一就是面对新市场或新客户。回报就是来自不同行业的企业，如零售商、汽车租赁公司、连锁酒店等制订了联合奖励计划，以提高客户忠诚度的对角线合作。格莱珉和威立雅之间的合作（在下一节详细介绍）可以看作是社会创业者对角线合作的一个经典案例。这

① 在巧克力的价值链中，可可的生产是通过公平贸易基金会的授权，是巧克力制造的上游，由雀巢公司承担。

两个组织来自不同的领域，但通过整合自己的资源进行合作，为孟加拉国农村提供饮用水。

（二）合作的特殊类型

在这部分，将介绍有关合作的四种基本类型，即合资企业、战略联盟、网络和社会特许经营。战略联盟通常代表横向合作，社会特许经营系统代表纵向的合作，网络和合资企业可以有横向、纵向、对角线多种形式合作。

1. 合资企业

合资企业是两个或多个法律实体组织形成的公司，以实现合作目标。所有的合作方在法律和财务上都参与到新的公司中去。为了财务回报，合作方也会将物质和非物质资源带入合资公司里，比如人力资本和社会资本。尤为重要的是，互补性资源的贡献使得合资企业具有价值。例如，合资企业有助于克服进入市场的壁垒或最大限度地减少合作方的风险（Volkmann and Tokarski，2006；Volkmann，Tokarski and Grünhagen，2010）。

诺贝尔和平奖获得者、孟加拉国格莱珉银行创立者尤努斯是社会领域中合资企业的典型代表。自 2006 年以来，他发起了一些大型企业和格莱珉银行间的合作，建立起一个多方面的非营利组织，这些合作的目的是以合理的价格提供诸如水或食物等必需品来改善人们的日常生活，在孟加拉国的农村增加人们就业的机会。其中一个项目是由格莱珉银行和威立雅水务集团合作开办的格莱珉 - 威立雅水务有限公司，由两位创始人等权拥有。它的任务是建立和经营孟加拉国农村地区的一些水的生产厂和处理厂。威立雅水务集团是在水和污水处理服务上的世界领先者，它将技术知识带到合作关系中，而格莱珉银行则提供了当地知识和网络。

2. 战略联盟

近几年，虽然战略联盟逐渐被关注，但是战略联盟在有关合作的学术中还没有被统一定义（Glover and Wasserman，2003）。

从本质上讲，战略联盟被理解为两个或多个组织，在保持各自独立性的同时，为了一个共同目标联合起来。与合资企业不一样，战略联盟不会被组成一个新的法律主体。战略联盟只关注于一个特定的业务领域（如联合研究和发展活动），因此战略联盟只存在于目前或者是潜在的竞争对手间的水平合作（Hagenhoff，2004）。例如，活跃在同一领域（如弱势地区的经济发展）中的社会创业者携手合作，共同提高法律状况或明显影响政府政策。

3. 网络

网络在当前的管理类学术中越来越被关注。合作伙伴通过网络与其他志在长期合作的伙伴协调工作，并且不局限于单一的任务。一个网络最少由三个合作方组成。在长期的合作中，合作伙伴可以离开网络，新的合作伙伴也可以加入网络。协作的方式从信任理解到书写契约，例如谅解备忘录（Hagenhoff, 2004）。

HUB 是用全球网络来支持解决社会问题和改变环境的一个案例。它遍布在五大洲的 20 多个城市。通过提供工作空间、专业工具和在线的社交网络平台，帮助成员们实现并检测他们的创新想法。在每个 HUB 的当地社区以及在线社区，起到了交流思想和知识的重要作用。非正式学习和免费的同行咨询有助于这个网络的成功。不同等级的付费会员允许使用访问服务和所需的工具。

在欧洲，由欧洲委员会发起的“欧洲社会创新”网络（SIE）成立于 2011 年 3 月，这个新兴网络的目标是给社会创新者、社会创业者、非营利机构建设者、政策制定者以及相关的参与者，建立一个虚拟而真实的会议场所，用来交流知识，促进新关系，提出具体建议，并检测全欧洲范围内的社会创新。例如，根据欧洲大范围内社会创新的呼吁，SIE 增加了社会创业项目的可见性，在欧洲范围内支持发展社会创业。

4. 社会特许经营

特许经营系统是一种具有分层结构的特殊网络，社会特许经营母公司与当地公司合作并辅助其成长。麦当劳是全球特许经营系统取得成功最著名的例子之一。商业特许经营可以定义为基于合同关系的两个独立企业间的合作。母公司，即特许经营的授予方，拥有已经受过市场测试的产品或服务，并允许另一家公司，也就是加盟商，在母公司的商标名称下，并根据母公司所指定的方式生产和销售这种产品或服务（Curran and Stanworth, 1983）。

社会特许经营使用商业特许经营系统的结构实现社会效应。在近几年，它已经被建成为最有效的社会活动结构机制（Tracey and Jarvis, 2007）。它是富有价值的，因为它允许特许经营方使用授予方验证过的模式并结合当地的知识。特许经营无须靠社会创业者自己建立完整的基础结构，并可以扩大社会创业者的影响。社会的特许经营，与商业特许经营相似，能够迅速创造实现想法的机会。然而，有多个利益相关者的参与和商业模式对当地环境的适应性，可能会使得质量无法保证或者偏移了最初的使命。“黑暗中对话”是社会特许经营的一个成功例子，一家社会企业提供展览和工作坊，这是一个完全漆黑的地方，由视觉障碍者牵领。这个想法和概念在本章末尾的案例研究中进行更深入的讨论。

五　潜在的风险和挑战

这一章将提到不同的案例，以强调能够产生合作并非是单个社会创业者就能实现的，而且合作者与其他的合作方并不是在每一种情况下都可以产生协同，存在着风险、挑战以及对社会使命的背离。

合作者所面临的共同挑战，是对不明确的问题的沟通以及沟通方式。特别是面对营利性与非营利性组织的沟通方式是不同的。含糊不清的安排或在任务初期就不明确的任务分配，都可能会导致令人不满意的表现和结果。要意识到文化差异并确保在书面协议上有明确最后期限和最终成果，包括明确的预期管理，这可以防止不良情况发生。

另外，各个组织间的价值观保持一致，也会对合作的成功产生影响。此外，在寻找合作伙伴的时候关注其拥有的资源和能力也是至关重要的。然而，受使命驱动的活动者，比如社会创业者，既要兼顾双方组织的价值观和使命，同时也要分析和考虑它们的能力（Wei-Skillern et al.，2007）。所面临的挑战是要事先确定有足够多的共同点来建立合作。然而，通常情况下，这在合作之前很难确认，尤其是在双方组织尚未开展密切活动的时候。

合作时的另一个挑战是有关法律条文的问题，这是社会创业者在建立组织时就要面对的挑战。在许多国家，对非营利组织或慈善团体有税收优惠政策，因而对它们的建立有着非常严格的规定。社会创业者产生的收入（如通过与企业合作）会导致税收利益的损失。然而，慈善团体的特性常常需要接受捐款，例如基金会或慈善组织。找到合适的法律也可以使各合作伙伴从社会创业者身上找到“创造性”的解决方案。

合作的时候会有潜在的风险，特别是与私人部门的合作，合作方的不当行为会导致名誉受损，或者是合作失败。此外，建立合作总会附带着向另一方提供内部特有技术。这就产生了一种风险，对方为了自身的利益而使用合作方提供的内部特有技术，例如利用得到的信息为市场提供不是合作范围内的服务或产品。特别是在合作停止后专有技术和网络仍然具有价值。只有在少数情况下可以提前在合同上防止这种情况发生。

最重要的一点就是“成本与效益”之间的平衡。通常情况下，社会创业者会投入大量的时间、精力和资源来建立关系，但这对创造社会影响或增加社会创新并非是必要的投入。权衡投入和产出是社会创业者的任务（社会边界），必须准确分析合作的成本。通常管理这种关系需要投入社会创业者的大量时间，例如大型企业要有更多的人力资源来吸收“投资”。这种不平衡通常不会被期待对方有相似资源的合作者发现。

建立和维护合作需要从一开始就有明显而持续的努力，因此这些投资的花费和收益应该“明智地”用整体的视角，结合完整的社会使命一起分析。

六　建立合作的准则

虽然合作往往开始于一个机会或途径，但是这用系统过程和建立必要步骤是十分有用的。下面将从社会创业者的观点介绍合作的四个不同阶段，并列出行动的建议，为每个阶段构建功能强大的合作伙伴关系。它是基于德鲁克基金会的“满足合作挑战工作手册”（Meeting the collaboration challenge workbook）的会议（2002 年）而整理的（见表 5－1）。

表 5－1　建立合作的准则

准备阶段	计划阶段	发展阶段	续约阶段
• 界定合作目标 • 定义自己的优势、资源和能力 • 明确合作伙伴的期望 • 确定合作伙伴的类型 • 拓展潜在合作伙伴名单 • 制订内部职责和角色	• 用发展的观点评估现有合作伙伴关系 • 搜索系统是否有新的潜在合作伙伴 • 计划如何接触有发展潜力的合作伙伴	• 优先考虑潜在的合作伙伴 • 与最有发展潜力的合作伙伴共同调整目标和期望 • 共同制订详细的实施计划 • 检查任务的相似性和对合作双方的价值	• 独立查看每个现有合作情况 • 根据评估调整/续约合作 • 分析合作组合

注：引自德鲁克基金会（2002 年）。

（一）准备阶段

在思考与潜在伙伴合作之前，明确合作计划的战略目标，并确定社会创业的整体战略、使命、愿景和路线是至关重要的。人们确定自己的优势和明确的资源和能力，可以促进协作，也有助于列出缺少的资源和能力。然后，我们可以开始制定寻找合作伙伴方案，并确定合作伙伴的类型，确定谁是最有价值的合作伙伴（如私营联合公司、关注教育的慈善机构等）。

另外要列出有关联的相关组织名单。例如，识别目前所有与政府主管部门或与现有企业有商业关系的协议，包括个人网络里的联系人，都可以帮助寻找潜在的合作伙伴。根据社会企业的大小和合作的复杂性，定义个人职责，比如确定核心联系人及其权利，为社会创业者的组织合作做准备，这些都是有用的并且必要的步骤和程序。此外，制定伦理问题的规则，并确定符合自己组织价值的指导方针也是有用的，包括关键决策者和调整社会企业的董事，都将影响合作的成败。

（二）计划阶段

为了确定最有发展潜力的合作伙伴，最好充分利用现有的关系和社会网络，深度评估每个合作伙伴，并设想如果考虑到预期目标，有没有扩展关系和提供更广泛的价值的可能。在此，应该考虑到战略的契合程度和发展互利项目的能力。虽然它是最容易快速扩大或加深现有关系的方法，但是，在现有的关系中也可能有些不具有进一步发展潜力的合作伙伴，需要寻找新的合作伙伴。通过系统搜索，准确界定标准是非常有用的，比如界定地理区域，合作组织的大小或成熟程度等，可以通过中介或使用正式网络和非正式网络来支持系统搜索。

一旦潜在的合作伙伴确定下来，下一步就是规划如何开始合作。需要考虑的相关要点是：如何向合作伙伴阐述自己的意向，如何召开第一次会议，以及如何跟进。使用这种方法，能够把合作伙伴视为客户，在联合项目中通过市场合作处理对方的需要并激发对方的兴趣。

（三）发展阶段

优先考虑有共同利益的合作伙伴，密切的合作是很重要的，以便调整目标和发展合作的明确预期。在这个阶段一个有用的方法是共同制订详细的实施计划。实施计划可以包括重要事件的时间线、每个合作伙伴要投入的资源、责任和任务的分配、最终的风险承担。

尽管许多成功的合作是基于口头协议，但书面确认可以明确联盟协定，还可以避免和消除各种误解。在这个阶段应该特别注意所分配任务的相似性及合作组织的任务，因为这些因素都对合作的成功有着至关重要的作用（见本章第四节）。

（四）续约阶段

一旦合作关系建立并付诸实践，频繁的审查和评价可以帮助管理的正向发展和关系的改进。

对一个合作个案的评价可以包括：检查战略契合、分析合作的投入和产出、确定预料外的利益或副作用。根据评估，合作伙伴可以共同决定如何续签合作，例如保持、扩展、优化一些领域，或者放弃合作。改变后应该转化为新计划并调整执行计划。随着时间的推移，这种评价可以促使合作的发展和扩展。有一系列的例子表明，随着时间的推移，资源有限的营利和非营利组织间的共享，成为合作双方的主要战略（Austin，2003）。

此外，为了评估个案合作，同样有必要分析合作组合。对比不同的合作形式，他们的成果和对社会创业者使命的贡献以及整体战略有助于决定合作的投入。对于次要的、收益少的或成果小的项目投入相对较少的资源，大部分的投资应放在合作中对社会使命有较大意义的部分。

七 案例研究

社会企业“黑暗中对话”（Dialogue in the Dark）是社会特许经营公司的一个成功范例。它验证了母公司和地方运营实体公司之间通过合作，推动社会创新在世界范围内传播。

“黑暗中对话”在完全黑暗的环境中提供展览和业务研讨会，在这样漆黑的环境中由视力残障的人士来引导。其目标先是“提高人们的认识，并在广大市民中建立包容性，从而克服我们和他们间的壁垒”；接着的目标是“为残障人士创造工作，从而加强其对自我的肯定”（Dialogue in the Dark，2009）。收入由门票和特殊事情的额外收入产生，例如特别节目、咖啡厅、晚餐活动等（Volery and Hackl，2010）。

“黑暗中对话”由 Andreas Heinecke 博士创办于 1986 年，首次展览暨开幕是在 1988 年的德国法兰克福。此后，在世界各地都开设了展览，光顾的游客超过 600 万人，并且超过 6000 位盲人和弱视人群通过这个展览找到工作。集约型发展可以通过复制全球首展成功的商业模式来实现。一个新的合资公司成立于 1996 年，该公司作为特许加盟商，拥有“黑暗中对话”的所有权和展览的标准化操作方法。这是典型的加盟商方式，为盲人、博物馆或其他社会创业者的组织提供特许经营权，有权利使用该品牌，并有获取关于如何开设一个新的展览技术诀窍的权利。除了权利和许可，特许商还提供咨询服务，以支持本地的专业人士设立展览，包括通过热线电话或电子邮件支持，用于登记和预订软件包和对安全性要求的建议等。此外，在一些国家，“黑暗中对话”提供了完整的展览设备。加盟商负责现场组织，特别是场地、筹款、市场营销、销售和招聘工作人员。持续的特许经营费取决于展览开放的时间加上获得的款项。该费用还取决于特许服务的范围。加盟商是由“黑暗中对话”的母公司选出来的，“选择合作伙伴对于确保团队的总体目标能够在不同地方顺利推行下去是非常重要的”（Volery and Hackl，2010）。特别是，特许商强调道德共识的重要性，期待潜在的加盟商能够认识到“黑暗中对话”的目标并且渴望为社会做出贡献。此外，有适当的商业技能是重要且必需的。

到目前为止，已经有 20 多个国家的 140 个展览开始以这种特许经营的模式建立和运营（Volery and Hackl，2010）。

问题

1. 在本案例中特许商和加盟商各自有哪些资源和能力？

2. 社会特许商通过社会授权扩展其社会使命有什么优势？存在哪些潜在的风险？

3. 为什么社会创业者在考量合作伙伴的共同价值观方面，要比商业伙伴更加谨慎和细致？为什么社会创业者特别脆弱，容易受到伤害？

4. 一个成功的合作有什么特点？

第三编

社会商业：商业模式、社会营销、社会融资、社会创业战略与测量

第六章　社会企业的商业模式

苏珊·穆勒（Susan Müller）
圣加仑大学瑞士小企业和创业研究院

◇**学习目标**

完成这一章后，能够达到如下目标。

1. 解释什么是商业模式。
2. 比较商业企业商业模式与社会企业商业模式的异同。
3. 描述社会企业发现和创造机遇的典型领域。
4. 识别社会企业的创业机遇。
5. 描述社会企业家成功的商业模式案例。
6. 解释各种社会企业扩张策略和复制策略的主要特征。

一　导言

为什么社会企业有不同的商业模式？

为了解决社会问题，社会企业家提出并实施了各种有效的解决方案，如增加就业、提供基本医疗保障、将残障人士融入整个社区、缓解贫困以及应对气候变化的趋势等。面对严重的社会问题，社会企业家试图寻找解决对策并创造出各种商业模式来解决这些问题，一些社会问题在他人的眼里可能无法得到解决，但是社会企业家却能够想方设法去解决这些问题。毫无疑问，社会企业不是万能药，社会企业家也不能仅凭自身来解决人类面临的最为棘手的问题。经济领域的各种力量，无论是商业企业家、社会企业家、非政府组织、政府，还是国际组织，必须携起手来共同对付各种社会挑战。但是，在发展和实施各种非中央集权化的社会问题解决方案的过程中，社会企业能发挥重要的作用。

所有社会企业家都有一个共同的特点：他们为社会创造价值。价值的创造往往依赖于一家企业的商业模式。彼得·德鲁克曾经说过，一种商业模式必须能回答以下基本问题：一个公司能为客户提供什么价值？它是如何创造这种价值的？这个公司如何挣钱？社会企业的商业模式同样需要回答这些问题。和商业企业家一样，社会企业的商业模式也要解释它如何为顾客和受益人创造价值，如何提供产品和服务，以及如何获得收益。然而，社会企业的商业模式有别于商业企业的商业模式。以下几个原因说明了两者的不同。

1. 社会企业家追求的目标和商业企业家不同

商业企业家致力于价值的增值，而社会企业家却致力于创造的价值（Santos，2009）。这就意味着商业企业家要做的是为他们自己或利益相关者创造价值，而社会企业家却在为他们的服务对象或整个社会创造价值。对于社会企业家来说，获得盈利并非社会企业的首要目的，但盈利能促进社会企业完成其社会使命。

2. 社会企业家面临不同的创业机会

社会企业家经常能在与社会（即所谓的“第三部门”）打交道的过程中发现和创造机会。市场在社会层面往往是非正式的、不规范的、不可预测的，而且具有个人关系的特点（Robinson，2006）。

3. 社会企业家运用不同方法来实现机遇

社会企业家创办目标的不同导致了实现目标的不同方法。例如，社会企业家对于建立一个可持续的竞争性优势不感兴趣，相反他们想要提供一个可持续的解决方案（Santos，2009）；他们对于保护自己的想法或知识产权不感兴趣，相反他们希望自己的想法能传播到不同的地理区域和目标人群。

从上文论述的原因可以看出，社会企业家采用的商业模式在一定程度上和商业企业家采用的商业模式不尽相同。如果商业模式是创造社会价值的重要工具，而社会价值的创造又是社会企业的核心目标，那么我们就必须了解社会企业商业模式的机制。

二 社会企业家的机遇

一个孩子能否获得成功的教育往往取决于他的社会背景，甚至在工业发达国家也是如此。二氧化碳排放量增多造成太空大气层温度上升，并由此引发极端气候的出现，海平面上升导致许多地区被海水淹没。每天全世界有 2.9 万名儿童死于可预防或能治疗好的疾病。全世界有 1.44 亿名 5 岁以下的儿童营养不良，21 亿人每天用于维持生存的花费低于 2 美元。不平等的教育机会、大气变化、缺少基本医疗保障、营养不良、贫困等这些现实情况是令人担忧的，并且具有一定麻痹作用。然而，对于社会企业家来说，所有这些问题都为社会企业家创办新的社会企业提供了潜在的机会。在接下来的章节里，我们会描述这些机会的特点并向读者们展示社会企业家如何将挑战变成机遇。

（一）社会企业家创业机会的特点

自从 1998 年以来，施瓦布基金会就开始尝试去发现一批最出色的社会企业家/社会创业者，并为他们提供一系列有利于他们事业发展的人际网络。图 6－1 显示了由施瓦布基金会挑选出来的 195 名社会企业家所代表的领域。

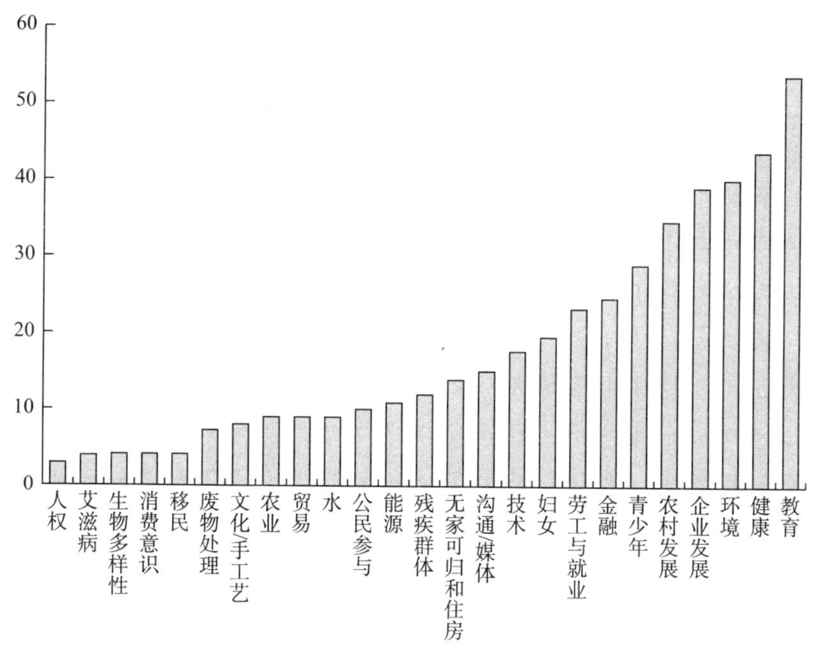

图 6－1　区分企业不同领域的活动

从图 6－1 可以看出，社会企业家在各种领域都很活跃，从教育、卫生保健（如艾滋病）到移民或人权等，可以说是包罗万象。社会企业家发现和创造的机遇与商业企业家发现和创造的机遇在性质方面有什么不同？如上所述，社会企业家获得的机会有其特殊性，因为它们往往出现在社会领域市场。社会领域提供了造福社会的服务与产品，这个市场的特殊性体现在两个方面。首先，社会领域的市场是“社会性的”，这意味着他们具有社会影响力；其次，他们受到正式和非正式因素的强烈影响，同时也受到社会和制度因素的影响。因此，社会企业家的经营环境在管理和监督上是非常严格的（Zahra et al.，2009）。

在非正式的和缺乏规范的市场，私人伙伴关系变的很重要。一个社会企业家如果不愿意扎根于他所服务的社区，也不愿意找一个合作伙伴以弥补这一劣势，那么他就可能会遭遇事业的失败，即使他有可能帮助受益人（Robinson，2009）。关于创业机会的发现和创造，Robinson（2009）确定出以下比较常见的模式。

一是在他们自认为熟悉的社会和体制环境里，成功的社会企业家能发现创业的机会；

二是在对创业机会进行评估时，成功的社会企业会考虑到社会和体制方面的因素；

三是社会企业家直接解决社会和体制问题，他们把消除社会或体制方面的障碍作为自己的组织目标。

（二）社会创业的机会识别

机会的识别是所有创业活动的出发点。但为什么有些社会企业家能够发现问题并开始采取行动，而另一些企业家却没有呢？从企业家如何发现社会机会、如何利用社会机会以及他们如何从广义范围影响社会三个角度出发，Zahra 等人（2009）将社会企业家分成三种类型。通过借鉴哈耶克（1945）、柯兹纳（1973）和熊彼特（1934）等人的研究，Zahra 等人（2009）提出了社会企业家的三种类型。这三类企业家的区别主要体现在他们解决社会需要的方法、获得资源的方法以及识别机会的方法三个方面。

1. 社会修补匠

第一类社会企业家被称为“社会修补匠”。这个名称来自哈耶克（1945）。哈耶克认为，机会的发现和实践只能发生在地方一级。社会修补匠类型的企业家利用任何可利用的资源解决他或她正面临的问题（Weick，

1993）。想象一下 Mac Gyver（美国电视剧中的主角）是如何用身边常用的工具得到一个绝妙的逃生办法的。在这之前，很多人都认为，无论他想什么办法，都没有办法逃出去。同样，社会修补匠类型的社会企业家也可以通过使用现成的可利用的资源，来解决地方上小规模的社会需求。

对这一类社会企业家而言，其范围可能会受到限制，他们也许不打算扩大其经营规模以及将事业拓展到其他地区。然而，他们在社会中发挥的重要作用不容忽视。许多地方性的社会需求只有地方性的社会企业才能了解并去解决（Zahra et al.，2009）。

社会修补匠类型的企业家如何识别和实践机会？他们对当地环境和可利用的资源非常熟悉。当地以外的企业家无法识别这些机会，因为它们缺乏看到和解决问题所需的当地人才具有的常识。社会修补匠类型的企业家可以利用在当地的经历并动用自己的关系。然而，他们可能看不到自己的知识领域以外的机会，并有可能对提高其活动范围没有兴趣。

2. 社会建构者

社会建构者专注于解决市场失灵问题，他们关心的是当前没有得到足够重视的社会需求问题，试图为广泛的社会体系带来改革与创新。Zahra 等（2009）以睿智基金为例来说明这类企业家。睿智基金是一家非营利企业，它为企业家提供系统的、可扩展的解决方案，以缓解社会贫困问题。睿智基金的出现给社会企业的支持体系带来了很大的变革。与社会修补匠类型企业家不同的是，社会建构者类型企业家关注的是更加广泛的社会问题，他们的发展更加有组织化，他们的社会解决方案也更容易得到扩展。这类社会企业在社会中发挥着重要的作用，因为以营利为目的的企业可能缺乏解决类似社会问题的动力。

社会建构者这一概念受到了柯兹纳的启发。在他看来，企业家能识别机会，并不一定是由于他有相关的专业知识，在更大程度上是由于他有发现机会的敏感性。社会建构者型企业家甚至可以是某一行业的局外人，由于意识到现有的经济行为参与者（企业、公共机构、非政府组织等）没有充分关注某一社会问题，从而在这一行业发现了商机。

3. 社会工程师

社会工程师型的企业家能带来最高水平的变革，他的目的是通过革命性的变革，以改善系统性的社会问题。社会工程师能够发现复杂的社会问题；这些社会问题有可能是由于制度不健全而造成的。社会工程师尝试建立不同的社会结构来解决这些系统性问题。

社会工程师概念的理论基础来自熊彼特关于“创造性的破坏”的论述。格莱珉银行的创始人穆罕默德·尤努斯就可以称得上是一位社会工程师。他意识到孟加拉国穷人贫穷的根本原因，是这些人无法还清高利贷者给他们提供的利率高昂的贷款。而穷人之所以向高利贷者借贷是因为他们被正规的金融机构拒之门外。要向正规金融机构贷款，农民们需要提供抵押品，而这正是他们所欠缺的。通过建立新的金融机构向穷人提供小额贷款，尤努斯改变了穷人借贷难的局面。他的社会企业一举改变了金融行业的体制格局。

社会工程师类型的企业家可以对一个国家，甚至对整个世界都带来深远的社会影响。他们发现现有社会结构的漏洞，并代之以新的社会结构解决了原有社会结构带来的社会问题。因此，他们是掀起社会变革的重要力量。

（三）具体案例：社会企业家如何把问题转换成机遇

如前文所述，社会面临的问题就是社会企业家的机会。本文为读者们提供了一些社会企业家如何把社会问题转化为机遇的例子。

1. 使无业青少年进入就业市场：就业工厂（www. jobfactory. ch）

问题 青年失业现象使他们无法获得必要的工作资历，这就妨碍了他们未来的职业前景，同时也是瑞士政府的负担。据就业工厂预计，每个失业的年轻人每年花费为 4. 7 万美元。

机会识别 罗伯特·罗斯是就业工厂的创始人，创办就业工厂之前从事类似领域的工作。他创办了一家名为 Weizenkorn 的公司，这家公司后来成为瑞士雇用有心理问题的年轻人最多的公司。许多年来，他意识到不仅是有心理问题的年轻人找不到工作，并因此丧失了希望，而且几乎所有有缺陷的青年人都遇到了相同的问题。这就是他为什么要创办就业工厂的原因。

商业模式 每年有 300 名年轻人获得在就业工厂实习 6 个月的工作机会。在此期间，他们可以获得适合自己的工作技能。就业工厂有 15 个店，这些年轻人就在这些店里上班，包括服装店、乐器店和木器店等。就业工厂的所有门店都是注册成立的公司并保持收支平衡（年销售额 1200 万欧元）。实习员工都要接受有针对性的辅导，以突出他们的优势，并指出和纠正他们的弱点。这些辅导项目的经费来自个人捐赠和公共部门。通过在就业工厂工作，年轻人能为将来的一些学徒性工作做好准备。

影响　该公司从2000年成立以来，已为2000名失业青少年提供了各种实习项目。八成参加者都能够找到一个正规的学徒工作（施瓦布基金会，2011）。

2. 消除贫困：孟加拉格莱珉银行（www.grameen-info.org）

问题　在孟加拉国，有78%的人生活在贫困线以下，这意味着他们每天的生活消费不足两美元。穷人往往陷入向高利贷者借钱、又不得不支付高昂利息的恶性循环之中。该国的穷人连可以抵押的物品也没有，因而无法向传统的金融服务机构申请贷款。

机会识别　尤努斯曾经和一位生产竹凳子的贫困妇女交谈，并试图找出导致她贫困的原因。尤努斯发现，她对放高利贷者的依赖，以及高企的贷款利率使她无法摆脱贫困。尤努斯借给她一笔钱，让她还清欠放贷者的债务。这位妇女还清了贷款，用尤努斯借给她的另一部分钱购买了一批原材料，一段时间后她就把尤努斯提供给她的这笔小额信贷还清了。尤努斯又以同样的方式给这位妇女的几个同村人提供小额贷款，收到了相同的效果。这个案例说明，有时候机会识别不是基于自己的贫困经历，而是在于观察和验证。

经营模式　穆罕默德·尤努斯成立了自己的金融机构，专门为孟加拉国的贫困妇女提供小额贷款，同时还取消了贷款抵押。成功的关键因素是由贷款者自我选择另外4名贷款人组成一个小组，共同为这笔贷款承担责任。如果一个成员在每周的分期付款中无法偿还贷款，那么其他成员将给予偿还。因此，这个5人小组实际上是作为一个“社会抵押品”而提高偿债率。

影响　在2009年，贷款人数为643万人（Grameen Bank，2011）。穆罕默德·尤努斯的商业模式在全球范围内得到了普及。

3. 应对气候变化：爱如空气有限责任公司（www.atmosfair.org）

问题　气候变化是我们面临各种环境问题的诸多症状之一。乘坐飞机旅游是导致温室效应的原因之一。爱如空气公司，作为一家位于波恩的非营利性有限责任公司兼慈善机构，为客户提供了抵消其因乘坐飞机而带来的气体排放的办法。

机会识别　爱如空气公司的创始人，迪特里希·布罗克哈根博士，是一名物理学家和环境经济学家。根据他的估计，空中旅行是造成全球变暖的一大因素，其气体排放占气体排放总量的10%。布罗克哈根博士创立爱如空气公司的想法来源于他对缺乏强制性环境监管的愤怒和无奈。如果有强制性的法规，那么我们至少可以扭转不断增长的二氧化碳排放趋势，并走上与减排目标一致的良性发展道路。出于为政策制定者提供依据的目的，并让消费者更了解空中旅行对气候变化造成的负面影响，布罗克哈根博士创办了爱如空气公司，作为一种最佳的自愿参与的环保方式。

爱如空气公司的创办可以说是一个科研项目的延续。这个研究课题由德国联邦环境署、环境与发展组织“德国观察”以及 Anders Reisen 论坛三方共同资助。Aners Reisen 论坛是由德国各旅行机构构成的一个行业协会组织，该组织一直致力于促进旅游发展的可持续性。该研究项目的结果表明，在不影响环境完整性的前提下，自愿性质的抵消体系是一个可行性方案。爱如空气公司的创办资金来自捐赠和创办人的个人资产。

经营模式 爱如空气公司提倡二氧化碳自愿补偿，旅客们可以抵消他们乘坐飞机所产生的温室气体。公司的网站上有“排放计算器”，旅客们可以用它来计算他们坐飞机所带来的气体排放量。排放计算机还会显示用来抵消相应气体排放的具体金额。旅客将这笔钱作为捐款交给网站或旅行社。这些捐款将投入用于发展中国家的一些投资项目，以减少等量的温室气体排放量（如利用太阳能和水电的项目）。爱如空气公司使用一定比例的捐款来支付行政费用，但是行政方面的成本并不高。该公司 2009 年度报告显示，公司有超过 90% 的捐款投入一些与气候保护有关的项目。爱如空气公司不接受公共资金。

影响 在 2009 年，该公司收到了约 220 万欧元的旅客捐赠。其参与投资的与气候保护有关的项目在 2020 年可以减少 76 万吨的二氧化碳排放。

4. 整合精神疾病康复者：飞马有限公司（www. pegasusgmbh. de）

问题 在通常情况下，精神疾病患者不能找到一个“正常”的工作。这一类人通常在社会项目中工作。对于政府来说，社会项目投入很大，而且在培养患者的自信心方面无能为力。

机会识别 飞马有限公司的创始人弗里德里希·基辛格是一位心理学家。在成为一名社会企业家之前，他启动了一个综合性研究项目，旨在帮助患有精神疾病的人，如抑郁症、精神分裂症或其他精神疾病，能成功地在初级劳动力市场获得一份工作。该项目由欧洲社会基金资助。由于很多公司不愿意雇用有精神疾病的人，该项目最后以失败告终。但是，佛里德里希·基辛格并没有放弃，而是自己一个人成立了一家为精神疾病患者服务的公司（Brand eins，2008）。

经营模式　飞马有限公司共有100名员工，其中14%是精神病患者。该公司提供的业务有设备管理、餐饮、行政服务和老年人服务。该公司的多元业务使其能雇用具有不同技能的员工。精神疾病患者也由于他们的个人资质而被公司聘用（Pegasus，2011）。

影响　精神疾病患者获得建立自信心的机会，因为他们是在一个与正常人一样的环境里工作，而不是在政府社会项目的"受保护"环境里工作。从另一个角度来看，该公司里其他没有精神疾患的员工也学会了如何为那些有精神疾病的同事提供帮助和支持。该公司的年营业额为300万欧元，足以做到自给自足。公司获得的利润会继续用于投资，以使公司得到发展和壮大（Pegasus，2011）。

上述案例表所表述的内容可用表6－1表示。

表6－1　社会企业如何识别和处理问题的案例

公司	社会问题	机会识别	解决方案
就业工厂（瑞士）	年轻人的失业问题	亲身经历：社会企业家在与之相关的领域工作	雇用陷于失业危机的年轻人在就业工厂中实习，并且提供相应的职业辅导
格莱珉乡村银行（孟加拉国）	缺少规范的金融体系，人们陷入向高利贷者借贷的恶性循环中，并支付高利贷利息率	通过与穷人的对话发现机会，并经过小额贷款的实验，他发现这是一个帮助穷人脱贫的好办法	向自由结合的女性借贷小组提供小额贷款，且不需贷款抵押
爱如空气公司（德国）	二氧化碳排放造成的气候变化问题	从一个调查项目中获得机会，该项目是寻求一种自愿性弥补二氧化碳排放过量的方法	为空中旅行提供自愿二氧化碳排放补偿，捐款用于减少相应数量二氧化碳的环保项目的投资
飞马有限公司（德国）	精神疾病患者难以找到正常工作	一个由欧盟下属机构发起的为精神疾病患者开发就业市场的项目，因企业不愿招聘这类员工而失败。公司创始人最终建立自己的公司。在他的公司里，有心理疾病的人可以找到自己胜任的工作	为精神病患者提供可以充分利用他们技能的不同岗位的工作。公司与精神病治疗专家有密切合作

三　社会企业商业模式的鲜明特色

有关文献对商业模式的定义并没有达成一致，不同的定义提供了构成商业模式不同的组成要素。但是，有三个元素通常被认为是商业模式的基本成分（Stähler, 2001）。一是价值主张。主要描述了一家公司为客户及成员创造的价值。一个明确的价值主张需要回答以下问题：谁是我们的客户？我们为客户提供什么样的工作？我们为客户和成员创造了什么样的价值？二是价值建构。主要描述了如何提供产品和服务，即如何创造价值。这一命题包括价值链、核心能力和合作伙伴，最后是将产品和服务送达客户端以及与客户交流的配送沟通渠道。三是盈利模式。描述收入的来源以及基于价值架构的企业成本结构。

图 6-2 显示了商业模式的几个重要组成成分。商业模式成分分析的关键在于各成分的完美结合。下文将提到的一个组织——阿拉文德（Aravind）眼科医院，是很好的例子。这个企业有一个连贯的商业模式，成分与成分之间环环相扣，配合紧密。所有三个要素之间的相互作用还将在业务计划书中得到进一步的说明。

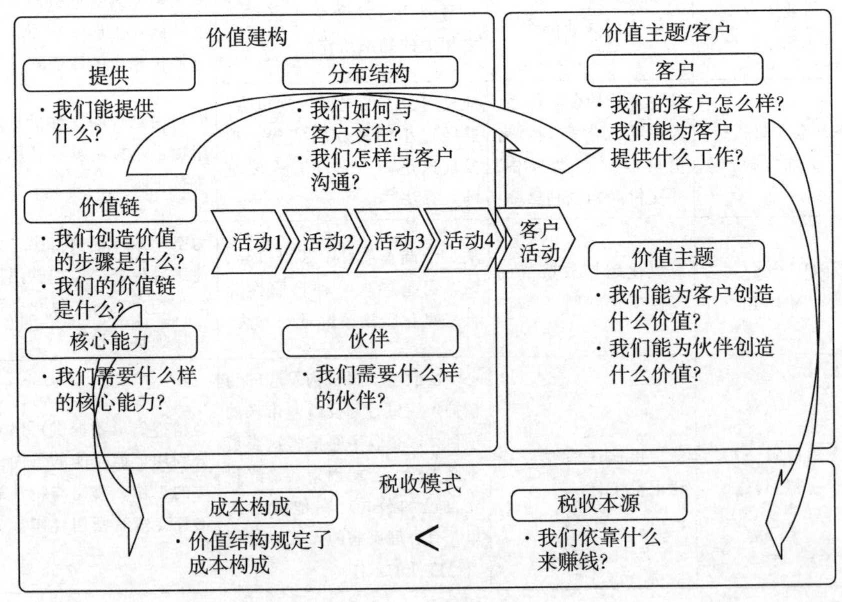

图 6-2　商业模型

与商业企业一样，社会企业也有定义商业模式的三个主要因素。他们必须明确自己的价值命题，确定企业如何创造和传送产品或服务的方法，以及如何建立一个可持续的收入模式。然而，正如我们在本章第一节所提到的，由于社会企业和商业企业的不同，社会企业商业模式的发展和实行与商业企业也有不同之处，社会企业商业模式有其自身的一些特点（见表6－2）。

表6－2　社会企业、商业企业以及传统非营利组织商业模式的特性和原则

商业模式组成成分	社会企业商业模式	商业企业商业模式	传统非营利组织商业模式
价值主张	创造社会价值 寻求基本人道主义和环境问题的解决办法 从根本着手解决社会问题 提供复杂社会问题的系统解决方案 促进社会改变	不同的价值主张，通过满足市场的需要，保证经济收益	与社会企业相同的价值主张以迅速缓解社会困境为目的，而不能从根子上解决问题
价值建构	提供创新的调动资源策略（合作关系、协同创造、志愿者支持） 各利益方积极参与产品的设计和创造	取决于公司的实际目标	通常是项目性质的介入。随着项目的完成，员工会转而投身下一个项目
营利模式	运用各种资金来源 通过创造收益的商业模式以造福社会 价格差别	以利润最大化为目标的收益模式	通常依靠捐赠，国家或者慈善机构的拨款

下面，我们将详细描述社会企业、商业企业和慈善机构商业模式的区别。

（一）价值主张

社会企业家的价值主张最突出的特点是他们志在改善社会和环境问题的使命。社会企业家通过创建社会企业提供基本的人道主义服务，更公平地分配稀缺资源，或通过开展环境保护行动以造福于后代（Seelos and Mair, 2005）。成功的社会企业家注重标本兼治，他们不仅要治理社会问题的表面症结，而且要消除这个问题的根本原因。

相反，传统的企业家从另一个角度看待市场机会。他们需要回答的问题是哪些市场可以提供能给他们带来丰厚利润的目标客户群体。实现最大经济效益通常是他们最重要的动力。然而，大多数企业家并不仅仅是出于经济原因而创立他们的企业。相反，商业企业家还希望通过创办企业来实现自己的抱负，开发自己的产品，并享受自己当老板的自由。

传统的非营利组织与社会企业的相同之处在于两者都致力于解决各种社会问题和挑战。但是，很多非营利组织往往只提供即时的救济，而不是去解决问题的关键。例如，一家非营利组织为一些社区提供旧衣服、金钱或食物以缓解这些社区的一时之需，但不能解决这些社区的根本问题。在紧急状况下，它们的努力无疑是正确的。但是，如果这样的援助成为一种常态，就可能导致社区民众对此的依赖性，从而成为他们自食其力的障碍。因此，这种援助不利于社区内部结构的改变，而正是这种改变才能使社区做到自力更生。

（二）价值建构

通过合作伙伴和各受益方的共同参与来创造产品和服务，是社会企业价值建构的基础。这样做可以达到两个目的：第一，合作伙伴和受益者的参与能够帮助克服资源的不足。和商业企业家不同，社会企业还必须对付资源有限的严酷现实，它们只有通过建立合作式网络将志愿者、商业和非商业的合作伙伴结合在一起才能克服这一障碍（Grichnik，2010）。因此，具有创新意义的资源调动对于社会企业而言是一个重要的手段。第二，合作伙伴和受益者的参与能唤起一种责任感。例如，如果社会企业家采取合作的原则与合作方和共同受益人共同设计和开发产品，那么他们生产的产品或提供的服务就更有可能满足受益方的需要，而且使产品得到推广和应用的机会大大增加。

诚然，复杂的合作伙伴关系在商业企业也是如此。然而，这些关系的性质是不同的。一般情况下，商业企业的合作伙伴职责清晰，而且受到有法律效应的合同的约束。与此相反的是，社会企业会在一个共享愿景的基础上建立它们与合作者之间的关系。为了达到这一目的，社会企业家必须具有鼓舞人心的领导才能，将合作伙伴牢牢地凝聚在一起。

（三）营利模式

社会企业的收益模式比较复杂，而且它们有复杂的资金来源。为社会企业服务的施瓦布基金会根据各企业的财务运营模型把社会企业分成三种类型（施瓦布基金会，2011）。

1. 杠杆式非营利企业

社会企业家推动各项企业革新，以解决因市场失灵或政府的失职而没能解决的社会问题。社会企业与私营组织和公共组织的合作，并与它们共同推动和促进企业的革新。社会企业对外部慈善资金有一种持续的需求。但是，它们长期可持续的发展往往要依靠合作伙伴的支持，因此社会企业必须维持合作伙伴对它们的兴趣。

2. 混合式非营利企业

这一类企业同样遵循非营利的做法。不过，该组织也通过出售商品和服务，在一定程度上收回部分成本。其他资金来源包括公共和慈善资金、补助、贷款或股权。

3. 社会式经营

这一类社会企业创造营业额和利润，从而得以在财务上自我维持。财务盈余会用于再投资于造福社会的项目。利润最大化和财富积累不是企业的首要目标。

虽然有些社会企业的（部分）资金来自捐赠、国家或慈善事业拨款，大多数企业更倾向于通过自己获得收入以降低他们对外部资金来源的依赖。这也是社会企业与传统非营利组织的主要区别。传统非营利组织的主要资金来源就是捐赠、国家或慈善机构的拨款。

由于社会企业商业模式的核心在于不断增加社会价值，它们可能会使用价格差异的方式将它们的产品和服务提供给那些原本无力获得这些产品或服务的人。

商业企业的目标是增加股东的收益，而社会企业试图将自己创造的利润用以发展和壮大自己的企业。

（四）案例

阿拉文德眼科医院是社会企业经营模式各组成成分连贯衔接的典范。作为一家社会企业，阿拉文德眼科医院的目的是“消除不必要的眼睛失明”。Venkataswamy 医生是阿拉文德眼科医院的创办人，她采用麦当劳的经营理念，用标准化的方法为白内障病人提供相同的治疗服务。白内障手术是一种简单的手术。医生通过这种手术，将病人眼睛中已混浊的晶体换成透明的人工的晶体。如果不及时治疗，白内障就会导致失明。2006 年，全世界有大约 2000 万人因白内障而失明，这些人中约有 80% 是来自发展中国家。作为治疗白内障的专业人员，Venkataswamy 医生觉得，既然麦当劳可以用相同的方法和效率在全世界范围内生产汉堡包，那么她为什么不能用相同的理念来给白内障病人施行手术呢？最初医院成立的时候，Venkataswamy 医生只有 11 张床位。而今天她的医院已经发展到 6 家，成为完全独立的每年可以做 30 万例白内障手术的医疗企业。

阿拉文德眼科医院的成功关键在于其标准化的工作流程。来自偏远村庄的病人在眼科营地接受眼睛检查，然后需要接受白内障手术的病人被送到医院。训练有素的工作人员护理人员照顾病人并做好术前准备，与此同时，医生们准备好为病人实施手术。这家医院专门治疗白内障，因此每位医生一年平均可以做 2000 例手术，这个数字是传统医疗方式下的眼科医生或医院手术量的 10 倍。

流畅的工作流程使阿拉文德眼科医院有能力采取价格差异的策略来应对病人的不同经济实力。如果病人付不起钱，他们仍然会得到治疗。大约 40% 的患者可以支付他们的手术费用，而这部分人缴纳的手术治疗费用足以涵盖该医院所有病人的费用。阿拉文德眼科医院甚至还有了部分盈余。然而，医院的利润没有发给医院的所有人，而是用于医院的发展壮大。对于能支付手术费和不能支付手术费的患者，医院都一视同仁。图 6－3 描述了阿拉文德眼科医院的商业模型。

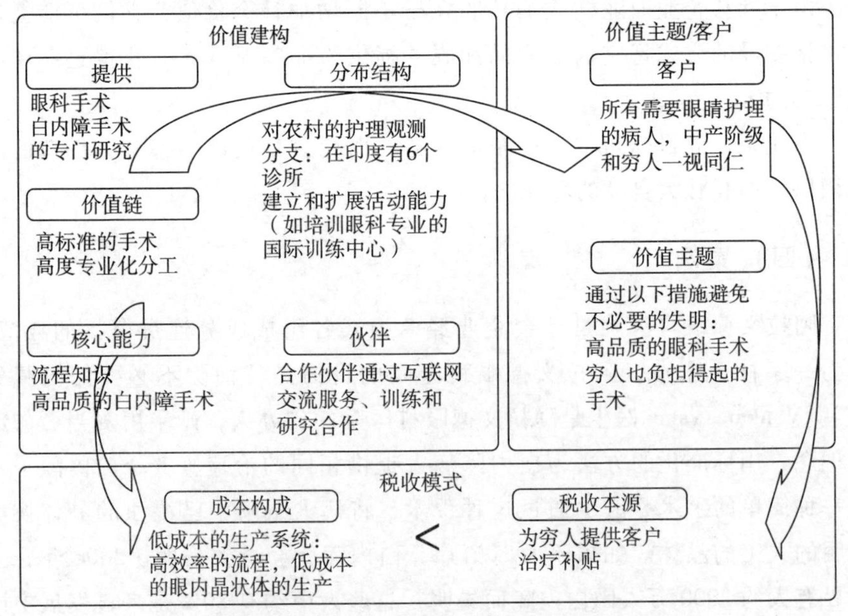

图 6－3 阿拉文德眼科医院商业模式

四　社会创业商业模式的设计原则

社会企业家建立了多样化的创新商业模式。然而，似乎有很多适合创造社会价值与创业的方法和原则，以下从四个方面介绍这些原则，并举例说明。

（一）解决社会问题的根本原因

社会企业家注重从根本上入手来解决社会问题，他们希望带来系统和持续的变化，从而获得影响力。要做到这一点，社会企业家必须理解复杂的社会问题，否则他们很难把握社会问题的核心，从而解决这些问题。

阿古帕拉维达是一家致力于为尼加拉瓜偏远农村地区的百姓提供洁净饮用水的组织。这家公司明确提出要从根本上解决饮用水问题。公司的价值主张是让村庄的每一个家庭都能获得安全饮用水。缺乏卫生保障的饮用水会导致严重的疾病，因此极有可能是世界范围内最大的单一健康问题。如果能为村民提供安全饮用水，那么村民的健康状况将很快改善。

健康石公司是一家总部位于波士顿的社会企业。该组织的创始人是马克·赛贝尔。和阿古帕拉维达公司一样，马克·赛贝尔也想要找到问题的核心所在。他通过提高并普及民众在健康方面的知识来达到预防疾病的目的，而不仅仅是治疗疾病。赛贝尔是一名医生，他谱写了许多与健康有关的儿童歌曲，并组织这方面的表演。但是，这些关于糖尿病、刷牙或 H1N1 流感的儿歌，如果没有引起儿童日常行为的改变，就不会具有任何实质性的效果。因此，为了提高他的歌曲的效果，赛贝尔医生试图把不同主题的健康歌曲与和这一主题有关联的目标人群联系在一起。例如，厌食症在年轻女性中是比较常见的，因此赛贝尔就让一个年轻的女孩来唱他写的有关厌食症的歌。通过这种方法，目标群体会因为歌曲的传播受到影响，并更有可能为预防某种相关疾病而采取措施。

（二）受益者赋能授权

对受益者的赋能授权是社会企业实现目标的关键手段。穆罕默德·尤努斯创办格莱珉银行的目的是消除贫困。但是，他没有依靠募集捐款，并将捐款发放给穷人的方式来消除贫困。相反，他将权力交到了受益者手里。

通过为贫困的人提供无须抵押的小额信贷，他为穷人们提供了摆脱贫困的机会。格莱珉银行的成功充分表明，穷人有自己的想法、动机和技能，他们能依靠自己的双手来改变贫穷的面貌（Mohan and Potnis，2010）。不幸的是，他们无法得到启动致富之路所需的资源。

（三）协同创造

协同创造意味着在产品和服务的设计、生产或输送等方面，社会企业都可以和目标群体共同合作，而这种合作是社会企业经常利用的宝贵资源。协同创造有两大优势，首先，社会企业家可以获得稀缺资源；其次，目标群体的参与是保证社会企业价值主张具有持续性的先决条件。

例如，苏黎世枢纽是一家为社会企业家服务的协同合作组织。该组织成立于2010年，创办人采用的是融资和办公空间协同合作的原则。苏黎世枢纽用来建设办公区，并为办公区提供办公装备所需的部分资金来自一些小额贷款。提供贷款的是那些赞同苏黎世枢纽创办目的、并相信该组织会获得成功的人。贷款提供者也就是所谓的“众筹”。苏黎世枢纽会在指定的日期将贷款还给各位贷款人。同时，为了获得“众筹”的贷款，苏黎世枢纽创办人还会组织各种活动并邀请人们为他们的办公室建设提供贷款。

另一家采用协同合作原则的社会企业就是上文提到的阿古帕拉维达公司。以下是该企业的价值建构：这家公司去过许多村庄帮助当地社区建设自身重力流输水管道系统，这种管道系统可以为村庄里所有的家庭提供安全饮用水。在建设输水管道之前，该公司需要得到村里所有家庭的承诺：积极地为管道建设出力。即使得到所有家庭的承诺可能需要三四年之久，在没有得到书面承诺之前，公司是不会启动输水管道的建设。

阿古帕拉维达公司提供材料，村民们帮助输水系统的建设。这种方法有多重目的：该组织可以利用最少的资源；同时，受益人将接手项目的所有权以及将来的系统维护和维修的责任；此外，与村民的协同合作将增加村民对输水管道建设这种干预的接受程度。这一点是很重要的，因为安全饮用水系统不仅是一个技术干预，同时需要村民在行为方面发生有效的变化。如果采取了其他卫生措施，获得安全用水的影响就会更大。否则，干预的影响是有限的。

比尔·麦奎尼是一名支持阿古帕拉维达组织安全饮用水计划的美国人。他通过农村的饮用水公司为阿古帕拉维达提供帮助。比尔·麦奎尼介绍了另一项协同合作的效果。输水系统项目的成功建设有助于增加村民们对自己能力和技术的信心。在输水系统建设之前，各乡村社区往往会先完成其他一些项目，如建设街道或改善学校建筑。因此，协同合作可以在各个层面造成影响。

（四）价格差别和交叉补贴

社会企业家要增加社会价值，这通常意味着他们试图满足那些不能够支付产品或服务正常价格的人的需求。价格差别和交叉补贴这两个原则可以应对这一挑战。阿拉文德眼科医院是应用这些原则的典型社会企业。如本章第三节所描述的一样，阿拉文德眼科医院的目标是消除不必要的眼睛失明。该组织专注于标准化的眼科手术。约 40% 的患者能够承担手术的费用，这 40% 能够覆盖所有患者治疗费用。如果医院为每个人提供免费的眼科手术，公司就不能以可持续的方式提供服务，而且还需要依赖资金的帮助。另外，如果阿拉文德眼科医院不能为那些无法负担治疗费用的病人提供治疗，那么它就无法实现自己消除不必要的眼睛失明的社会目的。因此，在这家医院，有支付能力的病人会把治疗费用交给医院，而医院又把这笔钱用于补贴那些没有支付能力的病人。这种交叉补贴方式保证了医院能够实现自己的创业目标。

五　企业复制和拓展

为了解决大规模的社会问题，社会企业需要复制或扩展他们的解决方案。大多数情况下，社会企业家使用“复制”这个词来表示普及或在别的领域采用它们的经营模式；“拓展”主要是指社会企业显著的组织规模扩大和中央协调能力的增强（Dees et al.，2004）。复制和拓展两大策略是指社会企业家将他们的事业延伸到其他地域范围或者将他们的产品和服务延伸到新的目标群体。

Dees 等人（2004）认为，社会企业家经常遇到扩大规模的瓶颈。在许多情况下，扩大规模的过程是缓慢的，尤其当我们衡量需要解决的社会问题的重要程度时。Dees 等人建议企业家要首先明确他们的创新是什么，以确定他们拓展企业的内容，并确保这种创新是否具有可转移性。他们还应能回答以下问题。

“是什么使他们的方法与众不同？对他们的成功至关重要的是什么？哪些内部或外部因素起着关键的支持作用？在不牺牲影响力的情况下，他们可以改变什么？核心要素是否在其他环境同样有效？这些要素很容易沟通和理解吗？他们是否依赖于不常用的技能或条件？”（Dees et al.，2004）

如果社会企业家意识到他们已经处在复制的阶段，他们必须决定拓展或复制的策略是否适合他们的情况。可能的拓展方式包括以下概念。

（一）传播

传播原则可能是最容易的策略。这意味着，社会企业家传播了他的创新，也就成为一个榜样，或起到了催化的作用（Dees et al.，2002）。传播可以与资源开放策略进行比较，资源开放方法即向公众提供某种资源。有一种说法是社会企业家对保护他们的创业想法不感兴趣，他们反而很乐意普及他们的想法，以便让更多的人能运用他们的做法。由此可见，传播这一概念和这种说法是相符的。

日本农民高雄古野是一位成功遵循这一策略的社会企业家。高雄古野创办了“鸭子革命”企业。在20世纪70年代，他把农场变成了有机农场。作为一个农民，高雄古野长期以来都是用手清除田间杂草，后来他发现了用艾伊娜岛鸭子来保护水稻的传统方法。高雄古野不需要使用化学农药，他养的鸭子不仅吃害虫，而且鸭子在田间走动时就能将杂草踩进土里。高雄古野通过试验改进了这种方法。例如，他通过实验确定了鸭子在多大时放到田里、放多少鸭子对稻田的保护效果最好。为了传播他的知识和方法，他出版了《鸭子的力量：综合水稻种植和鸭子的养殖》一书。此外，他还举办讲座，并与农业组织和政府合作。受他的影响，日本和其他亚洲国家的7.5万多名农民已经采用了这一方法。

（二）加盟

加盟是指母公司与一个或多个合作伙伴保持长期合作的关系，合作伙伴负责在地方层面的实施。加盟的概念可以分成三种类型：合资企业、授权经营、社会特许经营。

1. 合资企业

在合资企业中，两家或更多的合作伙伴共同成立新公司。不同的合作伙伴可以带来不同的东西，包括专业知识或无形资产。合资企业可以把各合作伙伴的优势聚合在一起并共同承担相关的风险。如果事业顺利的话，合作伙伴可以达到规模经济和协同效应。一个潜在的不利因素是，对企业中央集权式的控制可能会对公司的创业行为产生消极影响。

2. 授权经营

授权意味着持有授权人的权利使用社会企业的知识产权。授权协议允许被授权人使用社会企业的技术创新、项目包装或公司的商标名称。

3. 社会特许经营

社会特许经营是运用商业特许经营的理念和逻辑，以实现社会目标。特许人和被特许人之间的合同/协议是合作的基础。特许人负责提供加盟的整体服务，其中包括品牌、关键处理过程、对被特许人的教育以及特许概念的进一步延伸。一个成功的社会特许经营的例子是“黑暗中对话”展览。在展览中，盲人或有视力问题的导游会带领参观者通过一个完全黑暗的环境。参观者学会依靠其他的感官，并且增强了对盲人生活的理解。“黑暗中对话”展览始于 1988 年，已经在欧洲、亚洲和美洲 30 多个国家和地区的 160 多个地方进行展出。超过 600 万参观者体验了该展览。该项目一共聘用了 6000 名员工，这些人中的大多数是盲人或弱视者（施瓦布基金会，2011）。

（三）分支机构

这是指经营活动在一个社会企业的分支层面进行。一般情况下，所有分支机构共同建立一个法律实体。分支机构的存在既保证了中央的协调统一，也实现了基层的责任。一般而言，这一策略需要大量的社会企业资源。如果成功是高度依赖于特定的处理过程和质量标准，那么分支机构不失为是一种较好的策略（Dees et al.，2004）。这种类型的例子是格莱珉银行。该银行从成立以来已经向超过 800 万个客户提供了贷款。格莱珉银行的成功要诀之一就是贷款是由银行设在当地的分支机构提供的。这确保了处理贷款的服务质量，而且使银行的员工更加接近客户。

需要注意的是，拓展或复制一个商业模式需要时间和成本资源，甚至传播一个创业都需要消耗时间和资源。正确的策略取决于相应的想法和商业模式。例如，如果一个商业模式的成功取决于一些容易理解的关键因素，那么传播这种商业模式就是最好的选择。但是，如果需要详细解释某些重要的经营过程，那么具有严格的质量控制过程的社会特许经营可能是更好的选择。表 6 -3 归纳了不同选择的优缺点。

表 6 -3　扩张策略的优点和缺点

方式	优点	缺点
传播	低成本 能快速传播到其他地区的观点/思想 适合本土的观点/思想	低控制
合资企业	与具有不同优势的合作伙伴合作，能够获得更好结果 风险共享 达到规模经济和协同效益	集中控制能够降低企业的自主行为
品牌授权	无大规模的资金要求 通过许可/授权盈利 价格差别	对产品生产和运输的失控 执行特许权协议的难度
社会特许经营	品牌一致性 无大规模的资金要求，加盟商自己投资 鼓励和支持特许经营者的企业精神	社会使命被严格执行很难控制
分支机构	质量控制 努力提高标准 加强组织学习 接近目标群体	经常需要大规模投资

六　案例研究

2010 年 5 月，Chancen Werk 公司的联合创始人之一 Murat Vural 和 Erkan Budak（该公司科隆办公室主任），坐在位于科隆的办公室里讨论他们公司的未来。在过去的几个月里，参加者的数量增加了，两个人都对公司项目的影响力感到满意。通过参加他们的项目，学生们可以了解如何在学业和生活两个方面都取得成功。在参加这个公司项目的学生中有超过一半的人已经提高了他们的学习成绩。

Chancen Werk 公司的经营理念已经通过了实地测试。Mruat 和 Erkan 想将他们的项目向德国所有的学校进行推广。然而，他们不知道如何扩张他们的事业。他们手头没有多少资源，他们知道，在他们拓展事业或复制经营模式之前，公司的收益模式和组织结构都需要改变。他们知道有很多工作都在等待他们。另外，他们希望为每位参加他们项目的孩子提供改变自己未来生活的机会。这一想法激励着他们继续走下去。

（一）问题

“高中会考文凭”几乎是德国大学的入学证书。父母有大学学历的孩子通过“高中会考文凭”的概率比那些父母没有大学学历的孩子要高很多。因此，在德国，社会背景在很大程度上决定了一个孩子教育的成功与否。作为鲁尔波鸿大学的博士候选人，Murat Vural 曾经经历过教育的不公。因此，他决定要让移民的孩子避免在学校和生活中出现失败情况。后来，他扩大了受益人群的范围，从最初的移民子女扩展到社会背景不佳的孩子。

（二）具体想法

2004 年 6 月，Murat 和 10 名同学创办了“教育及学生支持跨文化协会”，后来该学会更名为“IBFS Chancen Werk”。为了增加移民子女的教育机会，Murat 建立了“教育链”以吸收正面的榜样。该活动提供了一个课后辅导计划，让孩子们获得在学校和生活中取得成功的方法。

被称为“学生帮助学生”（SHS^2）的教育链是这样运作的。

第一，自愿性质的学校协调员负责在一所学校进行项目监控。学校协调员负责做协调、成员支持和团队领导工作。

第二，1 名大学生帮助 8 位年龄较大的学生进行考前预习。该学生由 Chancen Werk 公司聘用并支付薪水。

第三，年龄较大的学生不必为大学生的辅导支付费用，但是他必须给比他更小的孩子提供家庭作业辅导。这 8 名年龄较大的学生被分成两组，每组由 4 名年龄较大的学生和一名大学生构成，他们负责 16 名年龄较小学生的作业辅导。每一组学生每周起码要辅导一次，每次 90 分钟。这意味着，16 个年轻的学校学生每周接受两次辅导，第一次由第一组提供的，第二次由第二组提供。

第四，年龄较小学生的家长每月要付 10 欧元的参加辅导费用。每月 10 欧元的费用比起那些商业辅导机构的收费要便宜得多，而且也在低收入家庭的承受范围之内。

第五，学习模范的影响。虽然雇用了 3 名有偿的大学生，但是有 24 名学生（16 名年龄较小的学生和 8 名年龄较大的学生）从这种模式中受益（见图 6－4）。

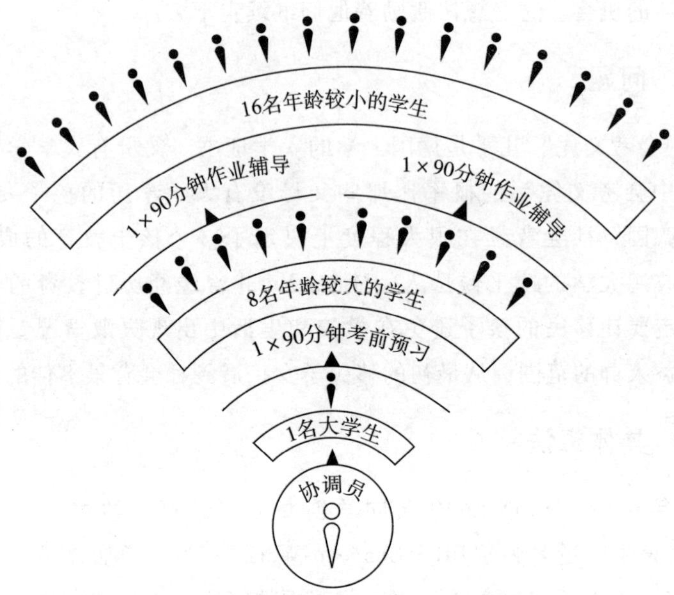

图6-4 学生辅导学生教育链模式

使用学习模范的经营模式是 Chancen Werk 公司成功的主要原因。首先，Chancen Werk 公司雇用的大学生本身就来自困难家庭，他们的经历证明，即使一个人来自底层家庭，同样可以取得学业的成功。这种做法无疑是成功的，如果你和另一个人有相同的境遇，你更有可能把他的特点当成自己的特点，“如果他能做到，我也能做到”。困难的家庭状况也因此不能被当成一个借口了。此外，为年龄较小学生提供辅导的年龄较大学生不仅可以得益于他们接受的辅导，而且可以从辅导年龄较小的孩子的经历中获益。学习小组模式为所有参加辅导的孩子提供了受到赏识、得到认可并证明自己能力的机会。

（三）实施

该组织的第一次合作开始于 2004 年 8 月，合作的学校是位于德国卡斯特罗普-劳克塞尔的一所综合学校。今天，Chancen Werk 公司的合作学校达到了 8 所之多。总的来说，3 名受薪员工和大约 50 名大学生可为 400 名左右的学生提供辅导。

每一所学校可以采用 6 个以学生辅导学生的项目。如果一个学校有 4 个学生辅导学生项目，那么这个学校将有 32 名年龄较大的学生和 64 名年龄较小的学生接受辅导。一个自愿性质的学校协调员负责合作学校的项目管理和实施。学校的协调员由一名城市协调员进行监督和支持。城市协调员负责所有6所学校的项目介绍、实施和进一步发展。他为学校协调员提供支持，聘用合格的大学生，并接触当地组织和协会。

为了获得成功，Chancen Werk公司不仅关注对孩子的辅导，同时也在学校、学生和家长之间发挥桥梁的作用。例如，Murat意识到学校与家长之间的沟通有严重的脱节。一些父母经常不来参加学校举办的家长之夜活动。为了改变这种状况，Chancen Werk公司的员工打电话给学生父母并以个人身份邀请他们参加学校的活动。一个电话可能需要10~15分钟，但家长参与的增加说明了他们项目的重要性。由于语言经常成为沟通的障碍，因此Chancen Werk公司的员工常用学生父母的母语和他们进行交流，如阿拉伯语、土耳其语或其他语言。沟通的关键是说服家长让他们的孩子参加他们的辅导项目。

在该组织的经营模式得到复制或拓展之前，它必须重新审视自己的收益模式。目前，该组织的资金来源还是依赖捐款（见表6-4）。

表6-4　收入和费用 SHS^2 模型

辅导者	受惠者	接受每月的辅导	每90分钟辅导学生的报酬	每月费用	每月收入
1名大学生	8名高年级学生	4次90分钟考前辅导	30欧元	120欧元①	
两个由1名大学生和4名高年级学生组成的团队（每个团队每月提供4次辅导）	16名年龄小的学生	8次90分钟家庭作业辅导	15欧元	120欧元②	160欧元③
合计				240欧元	160欧元

注：①30欧元×4次×90分钟辅导=120欧元；②15欧元×8次×90分钟辅导=120欧元；③16名年轻学生×10欧元会费=160欧元

然而，学生在上学期间产生的花费在某种程度上可以在假期得到弥补：会员费是以年为单位支付，而课程辅导只在学生上学期间提供（9个月/年）。因此，假期时是不需要支付工资的。此外，学校对项目的需求是相当大的，几乎所有学校小组的数量都达到了最大化。

每个学生辅导学生模式的年收入可以用以下公式计算：

年收入 = SHS^2 模式总数 ×16 名学生 ×10 欧元 ×12 个月

Chancen Werk 公司是慈善机构，因此享受了免税。目前该协会雇用了 3 名员工和 19 名志愿者。除了上面提到的可变成本，还有其他一些花销，这些花费与所实施的学生辅导项目无关（如人头费、行政管理费、学生培训等）。

（四）未来计划

该组织正在考虑将现有模式拓展到其他学校。Murat 希望更多来自困难家庭的孩子都有机会从 Chancen Werk 公司的辅导项目中获益，无论他们是否为移民的子女。出于拓展的目的，Chancen Werk 公司的收入模式和组织结构都要作相应的调整。该组织的创办人正在思考改变经营模式的各种选择，以使所有的辅导项目都能支付成本。

选项 1　将每个参与者的月收费提高到 15 欧元。

选项 2　改变年龄较大学生和年龄较小学生数量的比例。

选项 3　以上两项的相应变动。

增加收费和改变辅导者与学习者之间的比例都有自己的缺点。因为 Chancen Werk 公司目标人群为来自社会底层家庭的孩子，收费的增加可能会减少参加辅导项目的孩子数量，因为他们的父母可能无法负担这笔费用。无论如何，Murat 和 Erkan 都想避免这种情况的发生。此外，他们也不希望辅导小组因学生比例的改变而影响学习辅导和监督的质量。Murat 和 Erkan 还在研究组织结构的替代方案，如社会特许经营制度、建立分支机构或战略伙伴关系。

问题

1. 利用商业模式图（见图 6－2 和图 6－3）来描述 Chancen Werk 公司的商业模式。如果你面临 Murat 和 Erkan 相同的状况会怎么做？

2. 你会怎样改变 SHS^2 模型？你的建议以及优点和缺点是什么？

3. 你如何改变总体商业模式以增加该组织的效率？

4. 你会遵循什么类型的复制或拓展策略？你可以使用在第五章中提供的信息来回答这个问题并证明你的建议。

第七章　良好的销售：社会企业营销的巨大前景

威碧卡·拉斯姆森（Wiebke Rasmussen）
波鸿鲁尔大学营销系

◇学习目标

完成这一章后，能够达到如下目标。

1. 对营销在社会企业中的特殊性形成清晰的认识，特别是与商业营销以及非营利组织营销的关系。

2. 在整合营销概念框架下理解系统的营销方法。

3. 描述营销理念的典型流程和步骤。

4. 了解一个营销理念单个流程步骤的典型任务和挑战。

5. 意识到鉴于交付的特定服务或产品，社会企业需要个性化的营销方式。

一　导言

企业负责人需要考虑哪些潜在的商业功能应当被重点关注，特别对中小型社会企业而言，可供使用的劳动力是稀缺资源。因此，我们开始（并不得不保持）在全球范围内讨论，市场营销作为重要的商业职能，以确保一个企业的生存能力和盈利能力。接下来，我们将转向社会企业，他们当然也可以从适当的营销中获利。现在的问题是，“适当”是什么意思？鉴于现实生活中可能有许多不同形式的社会企业，用单一的营销方式契合所有类型的组织，这是很难管理和实现的。因此从这一点来说，更重要的是获得营销理念的想法，使潜在的利益相关者和社会企业的营销措施及营销组合要素更加接近这一想法。

那么，什么是营销呢？营销包括很多决策（Varadarajan，2010），例如交换过程的设计、市场目标的定位和执行等，这些决策指导精准的营销行为以确保将产品和服务有效地给予客户。营销要求花费大部分精力去发现目标受众的需求，然后通过创造并交付商品和服务来满足他们。因此，营销应该能够识别潜在客户，能够提供吸引客户的产品和服务。此外，营销措施的目标是提高公众对一个产品或者组织的认知，并成为吸引消费的一个诱因。这种观点认为，营销是一个重要的业务功能，来确保该组织销售其产品，从而产生利润，然后越来越接受一个整体的概念，即确保以客户和市场为导向的观点应用到所有组织活动中。尽管营销研究人员将关键作用的部分放在保证销售和利润方面，营销还是面临偏见。有些人可能会说，营销是想方设法花钱，其最主要的产出是无形的，因此很难测量产出的效果，例如客户的忠诚度或品牌形象。此外，最终的效果是由直接的营销而产生的还是其他活动的副产品，或仅仅只是个巧合，这些是很难进行测量的。举个例子，在过去，市场营销措施总是将注意力放在提高客户满意度上，尽管这看上去是个合理的方法，如果提升满意度确实能够增加销售，但目前还不清楚一个具体的营销措施是否会真正影响客户的满意度。其他对营销的偏见可能会说“营销是操纵”或者“营销是不道德的”，这种观点的目的是说服人们不需要营销就能购买产品。例如，我们都会读到一两次关于保险代理公司处置人寿保险给退休人员的信息。然而，有道德的营销者是（我们假设这些是大多数）吸引消费者关注先前未意识到的潜在需求。

唤起消费者的深层动机——对于怀有社会使命的组织来说是非常重要的营销概念。当谈到商业营销活动和非营利营销活动的区别时，经常被使用的一句话是：“为什么你不能像卖肥皂那样去卖你的兄弟?”（Kotler & Zaltman，1971）。对于这个问题的回答并不容易。虽然商业营销的一些原则可以被转移和运用到非营利部门和社会组织，但决策者需要了解的事实是，第三部门中的营销手法要承担关于市场研究、策略和营销组合的精确设计的特殊性。对所有内部和外部的利益相关者的利益和期望进行区别对待是必要的（如支持者、受益者或一般公众），以实现组织多样化的目标（Bruhn，2005）。

近期，在非营利组织中，营销在与不同利益相关者建立长期和有价值的关系中的作用获得了认可。然而，如何把营销成功地在社会企业进行实践，这一核心问题至今还不知如何解决。部分原因是基于社会企业很难形成一个同质的组织群这一事实。社会企业各有不同的社会目的，以及各自多样的运作方式。Dees（2001）举例介绍了社会企业的连续性，他按照组织在商业交换中的社会目标，以及社会目标的重要性进行分类。特定的营销措施的许多特点还取决于其所在价值链的位置，在这一价值链中社会企业家的目标是创造社会价值。因此，本章对于社会企业中营销的介绍只是浅层次的，这也意味着推广这些营销手法应当谨慎地进行。下面将会让读者了解在社会企业环境中与营销相关的问题。

本章将要阐述的问题如下。

1. 为什么营销对于社会企业如此重要？

2. 在社会企业中营销有什么特殊性？

3. 社会企业在制定一个营销理念时需要考虑什么？

二　为什么营销对于社会企业如此重要

社会企业部门的多样化和特殊性意味着这些组织可以很明显地从市场营销的努力中受益。一些研究人员指出，发生在第三部门的竞争很难与发生在企业客户市场中的竞争相比（Heister，1994）。但依然存在这样的问题，即第三部门的活动常常需要通过运用营销手段来调动人们的意愿并做出贡献。因此，有社会使命感的组织的营销着眼于当前的捐助者（目的是建立忠诚度和更高的“新股分红”）、以前的捐助者（目的是使其重回）以及未来潜在的捐助者（目的是说服他们提供）。当为一个有社会使命的组织制定营销策略时，这些目标要明确地表达出来，着眼于宣传措施以提高拥护者的认知。

其他研究者认为，第三部门是一个特别具有竞争力的市场，因为有社会使命感的组织强烈依赖于财政拨款和捐助。这个推论的一个核心论点是即使是在工业化国家，社会需求也正变得越来越具有挑战性。因此，为了迎合这种需求，非营利组织和慈善机构的数量也在快速增长（Liao，Foreman and Sargeant，2001）。与此同时，政府财政资金维持非营利组织和社会使命企业的资金已接近极限（Bendapudi et al.，1996；Hibbert and Horne，1996）。虽然第三部门的举措针对不同的社会需求，但它们显然面临来自资金的竞争（Small and Verrochi，2009）。任何一个组织，如果其目的是要在第三部门保持一个成功的角色，都应当采用合适的营销策略使自己在竞争中脱颖而出，建立或保持公信力和良好的声誉。此外，可用资金减少带来的竞争加剧，迫使非营利组织和社会企业积极募集慈善捐款，招募志愿者并且为了创建一个值得信赖的形象来说服支持者传播其好口碑，这是既省钱又是非常有用的交流方式。因此，有社会使命的组织不得不在他们的管理决策中体现出更高的市场导向性，因为他们需要支持者的有限财力和时间资源、媒体关注、争取政府预算、人才和志愿者、公众对于使命的认识和组织本身（Andreason，2002）。这同样需要有社会使命的组织发起客户/市场导向并且建立品牌形象，从他们的竞争对手中脱颖而出。以客户为导向主要侧重于识别和服务客户需求，以市场为导向在竞争环境中是更广泛、更合理的概念，因为它在任何组织内部的决策和流程中都反映了市场相关（即类似的竞争者为导向）的观点。这种市场导向帮助有社会使命的组织成为更有效和高效的组织，从而提升了社会价值（Zietlow，2001）。

三　社会企业营销的特殊性

作为对获得支持的要求增长和公共资金减少而产生的矛盾状态的反应，非营利部门被迫开辟新的和获得更多商业资金的策略。例如，一些非营利组织在商业情景下通过提供商品（即通过出售绶带或提供品牌赠品）来丰富他们的筹资策略，积极与商业公司推出因果相关的营销策略等。Dees（1998）表示“新的促进商业的时代精神已经获得了营利措施，在非营利领域更容易接受”。因此，为了达成社会目标而应用商业策略的社会企业现在成为被第三部门接受的成员。

然而，在非营利环境中直接采用以营利为目的的措施时可能会产生误导，社会企业家需要小心翼翼：单纯依赖非营利措施或依赖商业营销措施会忽略社会企业的特殊性。事实上，社会企业这种在纯商业和社会组织之间的混合组织形式，同样面临因为他们的业务，需要应用和整合商业技术和非营利营销技术所带来的挑战。因此，建议社会企业应运用商业的营销概念和营销工具（Andreason，2002）。如此，它也不会让人感到诧异：工具和方法的混合应用于单一的社会企业时，需要为任何一个组织进行单独的评估。

盲目追求社会企业的特殊性会威胁到企业的成功。例如，社会企业经常嵌入本地情景中，因此他们只拥有非常有限和狭窄的市场空间去运作，在这种情况下，社会企业尤其容易面临挑战。此外，社会企业家倡导的价值主张应当影响他们营销活动的具体性质。同样，社会企业家和非营利组织面临着同样的命运，潜在的资金和资源提供者经常不愿意为某种社会需求做出贡献。鉴于这种起初不愿意贡献的情况，关键是让人们觉得当他们进行捐赠时，他们可以满足某些方面的（无意识的）需求。这就构成了推动有社会使命的组织的主要任务之一。私人、公共赞助商和捐赠者是主要的利益相关群体，这一点是社会企业必须关注的。因此，对许多非营利组织的管理人员来说，营销等同于筹款。但社会企业的存在并不只是为了募集资金。事实上，从支持者那里收集上来的资金（在大多数情况下）只是一个手段而不是目的。

在竞争激烈的商业市场中，企业必须决定创造哪种价值、如何创造、在哪种情况下给客户提供价值以及如何将价值主张传达给市场。同样地，一个社会企业的主要目标实际上在服务于自己的使命，这主要是指服务受益者。因此，社会企业需要接近受益人群让他们对产品有所了解，他们可以接触这个实物产品或服务。因此，对受益者的市场销售也很重要。这里就会涉及另外一个挑战：社会企业甚至可能服务于抽象的目标，例如环境等。在这种情况下，受益人群包括整个社会，并且销售类似于社会营销策略，其目的是促进个人行为的改变以服务总体目标。

因此，我们可以总结社会企业既需要兼顾时间和资金的捐助者，同时也需要接近受益者。可以说，尽管社会企业在市场中有具体的差异化表现，他们需要表现出双向营销措施，包括采购以及销售营销策略（见图7－1）。采购包括一些活动，这些活动要确保提供源源不断的必要资源，例如劳动力或资金支持，然而市场营销是针对真正好的客户进行定位（协助社会企业、受益者和中介机构建立其与受益人之间的联系）。

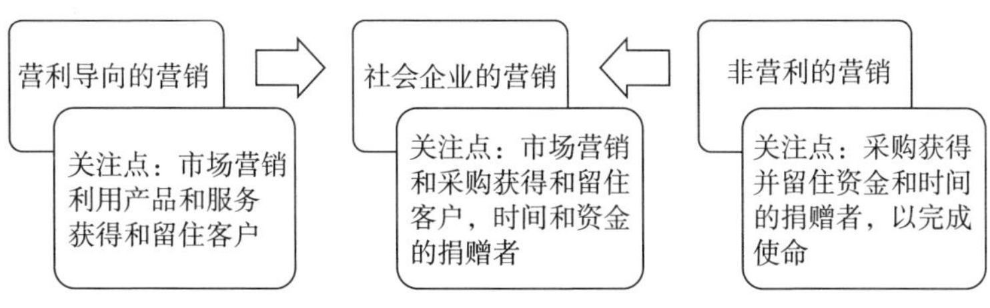

图7－1　社会企业中的营销聚焦

换一个说法，社会企业跟非营利组织是相似的，因为追求的社会使命就是引导（或者应该指导）所有跟业务相关的活动，同时获得可持续的收入只是公司众多的次要目标之一，并且应当保证业务的可行性。这意味着社会使命至上（Dees，1998）。为了支持这种说法，社会企业经常发现资金的来源成为他们活动的瓶颈，就像非营利组织那样。同时，由社会企业提供的产品或服务需求通常是无处不在的，因此可能（此处特别强调）相对需要较少的注意。

四　制定营销概念体系

（一）营销概念的要素——基本框架

在一个社会企业中实施营销概念的流程是一个复杂的、连续的过程（见图7－2）。作为初始步骤，社会企业家需要对目标市场进行细致筛选（市场分析）。这完全是有道理的，在市场内的任何一个成员都需要知道他将要在什么条件下进行工作。考虑到产生的市场信息，组织需要检测自身的能力、潜力和外部能力，针对面临的挑战做好必要的准备，制定合理的营销目标。这些目标是奠定竞争策略的基础，这些竞争策略反过来也造就了精确的营销计划和实施方案满足这些目标。通常，大批的计划和应用措施被称为营销组合。如果没有对结果指标的控制，任何规划过程都是不完整的。如果事后取得的成果达到了计划的目标，同时该组织也认可这样营

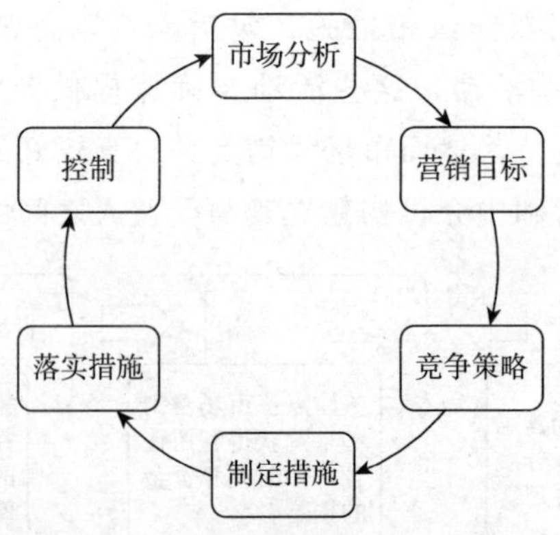

图7－2　一个全面的市场概念的要素

注：Meffert，Burmann 和 Kirchgeorg（2008）的自绘图。

销是一个很好的方式，这意味着控制是必要的。这一基准任务提供了关于如何做好社会企业，切实实现其任务的现状以及相关信息，特别是在设定营销目标方面。这些信息产生于控制阶段，然后作为输入信息被应用于接下来的市场分析和目标制定。换句话说，策略贯穿于业务的整个过程，因此营销策略应当被定期质疑和修正。面对市场环境的变化，比如新的竞争者或新法规的出现，这些质疑和修正不仅是必要的，也是对客户在产品或服务上的需求变化的合理回应。

（二）市场分析

进行市场分析对于一个新创企业的初始阶段是特别重要的。迈克尔·波特的竞争力理论认为，有必要通过评估组织的环境来分析组织正面临的压力。正如上文所述，市场导向通常是被所有企业接受的原则，特别是市场营销。然而，一个市场导向性的组织怎么能够缺失关于它们要服务的市场知识呢？因此，社会企业需要汇总关于市场环境的信息，即关于它们的客户、它们各自的需求以及法律和结构框架内的市场环境。任何一个组织都需要形成一个关于市场状况的观点来指定其目标。

分析市场应当有整体的观念。对市场状况的实际分析应当包括对组织正面临的内部环境、外部环境和外部因素的分析。内部情况包括组织内当前的技能和结构这类的东西。事实上，一个组织应当了解市场中类似的服务方式的情况。市场环境代表着例如整体融资环境、与其他组织的对比分析、对小众或特殊竞争力的分析等内容。外部因素包括社会企业致力于缓解社会问题的严重程度，此外还有经济因素，例如一次性税前扣除捐赠资金等。

通常，这些信息由 SWOT 框架统一进行分析，这能让组织评估自己的优势和劣势（内部视角）以及外部影响方面面临的机遇和威胁。

市场研究专门处理关于市场规模和预期趋势的信息收集工作，与此相反，营销研究重点在于仔细审查客户或者更一般的站在利益相关者的立场。社会企业的瓶颈是整合支持资源的能力，并说服它们产品或服务的受益者。要做到这一点，社会企业要形成关于激发支持者的资金和时间捐赠的观念。与此同时，社会企业必须证明他们所提供的产品或服务能够满足受益者的需求，因为这可能是一个吸引支持者支持自己组织的论据。同样，对社会企业来说，为受益者提供他们所缺乏的产品和服务也是同等重要的。对受益者分析的挑战有时受益者并非没有感觉到，需要把产品或服务放在首位。Dees（1998）提到了一个社会企业的生动例子，这个社会企业对有虐待配偶行为的家庭提供咨询帮助。像传统的社会营销那样，社会企业往往提供受益者并不认为能满足他们首要需求的产品和服务。

市场分析是关于收集竞争对手和利益相关者的信息。社会企业家的主要目的是为提供服务的受益者创造优越的社会价值。然而，一个社会企业家在竞争的市场环境中也需要成功地吸引资源，如资本、劳动力、设备等(Dees, 1998)。因此，一个细分社会企业利益相关者的宽泛标准将他们划分为受益者（Kotler and Andereasen，2008；称其为“客户和公众”)、支持者、利益相关者和管理者四个类别。由于非营利组织需要针对不同的利益相关者，这对社会企业来说由社会导向替代传统的市场导向，似乎更能体现其不拘一格的目标体系（Sargeant，Foreman and Liao, 2002)。如上所述，营销目标和措施应当聚焦于两类主要的客户：他们服务的接收者（即受益者）和支持者，社会组织依赖他们所提供的必要资金和时间资源（Yavas，Rieccken and Babakus，1993)。

然而，虽然客户被划分成支持者和受益者，承袭了非营利组织和社会企业的重要概念，但主要的划分部分并不是同质的群体。事实上，不同的个体对于慈善需求有不同的要求。更精细的划分应当按照社会人口统计指标（性别、年龄、职业)、社会经济指标（收入）和心理指标（情感态度和价值观）来确定哪些代表相对同质的群体。这种同质化更能使人们对某些营销手段（推广、定位、定价和分销）做出回应。

关于对支持者群体的进一步划分，一个普遍的方法是将私人投资者与公众投资者进行区分，将资金捐赠者和时间捐赠者进行区分，等等。资金捐赠者将不会收到补偿他们资金捐赠的物品，同时志愿者将不会为他们的时间捐赠获得市场化工资的报偿。因此，这种对动机进一步划分是有用的。支持者帮助组织可能有不同的动机考虑。非营利研究机构在对帮助者动机的一项长期分析之后，揭示了他们在组织中扮演的角色，除了给予后的温情效应（因捐赠而产生的愉快感受）外，还有作为手段性的动机（声望或职业前景)。Clary 和 Snyder（1992）进行了解志愿者动机的功能研究，Bekkers 和 Wiepking（2007）对基于不同动机推动慈善捐赠做了进一步研究（Harbaugh，1998；Seoetevent, 2005；Shang and Croson, 2009)。这些特征使得组织更加重视满足捐赠者的其他非物质动机。从人口统计划分情况来看，30 岁左右的女性具有相似性，她们基于价值导向的观点愿意对捐赠活动有深入的了解。虽然这种方法同意对客户市场进行细分，并且基于此开发有效的推广策略，但这些方面都很难均衡的识别提供服务。可以想象，收集关于态度和价值观的信息要比（仅仅）收集可观察到的方面例如性别或年龄要更加富有挑战。问题存在于执行阶段，即使组织实际上已经设计出能够更清楚地进行市场划分的工具，它仍然不知道利用哪些渠道能够获得正确的划分。

受益者包括任何一个有社会使命的组织的主要客户群。需要注意的是，社会企业家与客户（产品或服务的消费者或潜在消费者）的关系同商业企业家和客户的关系只有很少的共同点，这个差异是非常重要的。社会企业的受益者往往只拥有很少的或没有可供他们处置的资源，因此缺乏替代品。可以说，社会企业的受益者几乎没有处置任何市场能力。“因此，在消费者通过美元投票的市场机制中几乎不存在社会企业家”（Austin，Stevenson and Wei-Skillern，2006）。相反地，支持者会补贴产品或服务。因此，这样的现象并不奇怪：很多社会企业视他们的捐赠者尤其是资金捐赠者为他们主要的客户。由此可以清楚地得知：捐赠者和受益者都是营销措施的目标，但却是两个不同的概念。

（三）营销目标

在接下来的步骤中，任何一个组织都要制定其营销目标，旨在通过应用营销工具指导营销行为，达到目标。现在的问题是：“什么是我们想要得到的营销结果？”几乎没有一个企业遵循相似的战略营销目标。根据社会企业所处阶段的成熟度，其战略营销目标也不同。创立初期的社会企业应当先着眼于提高自己的业务与水平、产品质量和服务的知名度。然而，基于最近的一项由第三部门（OTS）所做的研究显示，缺乏知名度不仅仅是组织在初始阶段面临的问题，只有 28% 的受访者能够说出一个社会企业的名字，47% 的受访者不知道任何一个社会企业。知名度是公众与组织接触的前提。所以说提高知名度不仅是“社会组织在拓展经验时最需要的资源”（Self，Wymer and Henley，2002）或“基本的生存机制”，而且还会最终刺激捐赠收入（Grace and Griffin，2006）。紧随其后的是，任何一个成功建立充分知名度的社会企业的营销目标，是要在市场中创造和保持一个积极的形象，这对于具有社会使命的组织来说更加重要。例如，一个社会企业基于守信用，建立自己的企业并且获取社会效益。非营利组织的研究表明，组织在特定群体眼中的形象会影响它们接受的捐赠（Bennett and Gabriel, 2003）。一个组织成功达成其使命可以被视为这个组织地位的一个指标。非营利组织的有效性，就是证明合理使用捐赠，被发现能够逐渐获得捐赠者的信任（Tonkiss and Passey, 1999）。只有当捐赠者认为组织在有效地履行其使命，他们才会对给组织提供帮助而感到自豪感。反过来说，自豪感已经被确认为引发心理和行为参与的主要驱动力之一。

此外，人们需要确认他们捐赠资金和时间的组织具有值得信赖的特征。以往的研究集中在非营利部门中，研究表明信任扮演了非常重要的角色。这是基于这样的事实：非营利组织的实际表现是很难观察到的——非营利组织提供的信任产品。因此，投资者只能有限地监视慈善捐款是否被有效地使用或者被挪作他用。因此营销对提供组织活动和成功信息负有责任。请记住："客户对公司的了解会影响他们对公司产品的态度"（Brown and Dacin, 1997）。信任作为建立持久关系情况下的代理机制，明确监视对方是不可行的。持久的关系需要双方共同维持。客户欣赏与某些供应商的信任关系，因为这有助于他们减少未来的替代品从而简化信息处理，实现更高的一致性决策，并且降低未来选择的风险（Sheth and Parvatiyar, 1995）。例如，对于维持现有的并进一步促进关系，利益相关者的满意度是至关重要的（Arnett, German and Hunt, 2003；Swan, 1989）。并且社会企业可以节省成本，因为相对于建立一个新的关系来说保持关系成本更低。

另外一个激发支持者参与的主要驱动因素是尊重，这反映出他们觉得自己是组织的宝贵成员（Bozeman and Ellemers, 2008）。激发尊重是内部营销策略之一，这解决了组织内部利益相关者即员工和志愿者的需求。Kotler（1991）指出应当实施内部营销策略以确保员工和志愿者对他们的工作保持积极的态度，特别是服务营销人员。内部营销策略的目的是增进组织与其员工和志愿者的关系，它对于大部分缺乏资金支持而支付标准市场工资的社会企业来说尤其重要。事实上，在大部分情况下，社会企业只能通过提供除了资金之外的更宽泛的"利益"来吸引员工。

（四）竞争战略

针对市场分析（包括市场和市场营销研究），整体业务目标（组织任务）必须被定义为指导方针的战略、战术和操作的市场营销目标。其中必须牢记的一点是：只有当所有其他业务职能的活动由该组织进行业务指导，组织才可以确保其顺利进行。任何业务功能都应该有助于实现这些目标，如果该组织认真遵循以市场或者社会为导向的方法。一致的营销目标用于以精确的竞争战略为基础的组织。波特对竞争战略做了区分，即差异化战略（为客户提供附加值）、成本领先战略（能够在销售同类产品时比竞争对手获得更大的利润率）和聚焦战略（在有限的市场中运用多种战略中的一种）。

所选择的竞争战略，是由营销目标、组织内部功能和市场条件决定的，营销策略将需求转移到实践项目中。Varadarajan 在 2010 年曾经为市场战略下定义为“一个组织集成的决策模式”，确定其至关重要的选择如产品、市场、营销活动、资源的创造、沟通和交付的产品，为客户提供价值，从而使组织实现特定目标。El-Ansary 在 2006 年指出“它是一个细分市场、目标确定和差异化战略的集合体，旨在创建、交流并提供报价到目标市场。”定义一个营销策略可能非常困难，社会企业比传统的非营利组织或商业组织更为困难，因为后者主要关心的底线单一的。然而，社会企业需要关注社会使命和财务的可行性。因此，营销的目标不仅要确保财务的可行性（通过增加销售或增加基金募集），也应该告知潜在的捐助者和公众社会企业对社会使命的贡献和成功。

（五）措施——计划和实施

随后，社会企业家面临的挑战是设计营销组合（以及后续的实施），这有助于实现既定的战略。市场营销组合是一个统称，包括产品、价格、促销和渠道（统称为营销 4P），针对一个特定的产品或目标群体定位。当然，这需要落到实处。如上推断，社会企业面临双重的营销观念：一个是实际消费者的产品或服务（销售营销受益者），另一个是针对组织的金钱和时间的支持者（获取、融资）。以下将会对两个营销概念更详细地阐述，对营销组合给予精确定义（见图 7 - 3）。

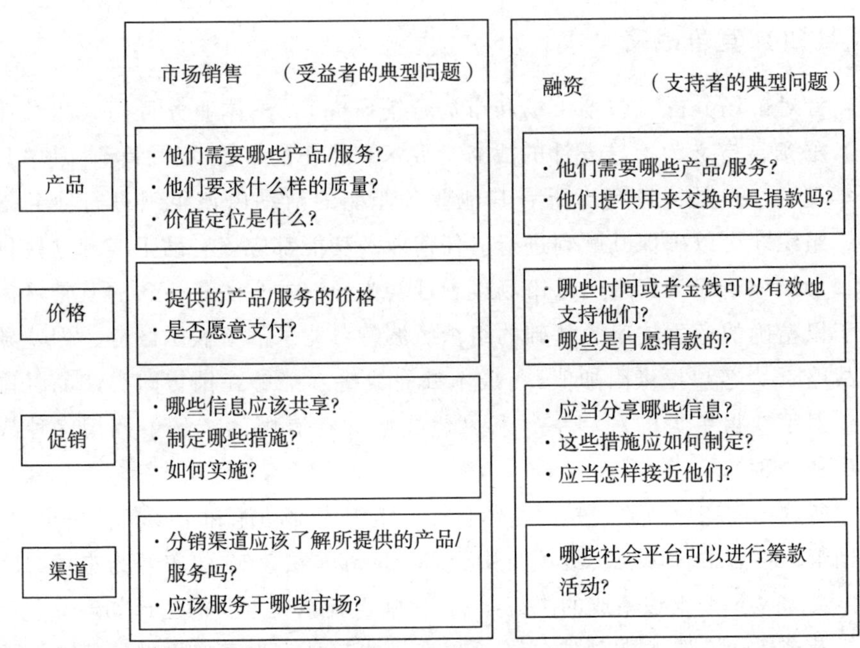

图 7－3 营销组合针对受益人（市场销售）和支持者（融资）设定的框架

1. 筹款与募集资金

筹款是一个十分重要的活动，社会企业的目标是接近（潜在的）支持者并说服他们与该组织合作。筹款通常被理解为捐款，但更广泛的筹款概念包括资源回收活动，建立赞助关系等，包括非金融贡献，比如时间上的投资。

按照以上提供的一般营销概念，筹资目标是采取任何措施的基础。这些目标，一方面应该真实反映组织的财务和时间需要，进行外部分析（受益人的需要）和内部分析（组织已经掌握的资源）；另一方面对社会企业和任何其他组织一样遵循社会使命是很重要的，这些资源都有精确的投资目标。在后续步骤中，组织不得不限制其筹款活动的营销预算。最后，募集的资金应该大大高于投资于这些活动的资金，足以满足社会企业既定的目标。这同样适用于捐赠时间的志愿者。吸引志愿者的努力应该得到价值补偿，这样做能给组织或受益人带来责任。为了满足计划过程的基本概念，筹款活动应安排在一个确定的时间段，并且应该告知参与者在实现目标方面的责任。在任何合格规划中，筹款战略是确定的（或者至少暂时是确定的），通过操控和运用方法以达到筹款目标，或积极影响公众对组织的认知。

选择特定的方法筹集资金进行投资组合多样化的战略，它实际上是社会企业所定义的目标，这符合最佳策略。直观地理解，争取额外捐助者的目标需要不同的融资方式，用来改善非营利组织的目标声誉或增加可见性。因此，融资战略的选择应该与组织所处的发展阶段相协调并接受挑战。因此，市场营销组合也需要反映特定的筹款目标。在这一点上，只有在融资环境内如何设计市场营销组合元素的最初想法中可以提供。然而，如上所述，所有的筹款活动应该与支持者建立持久和信任关系，也就是说，措施应该反映对关系的关注，而不是交易本身。对捐赠者的额外关注，使其贡献金钱或时间的可能性有所上升。关系营销确保活动目标的特定领域金融捐助者。关系营销的目的是确保捐赠者达到一定的捐助额度，不使赞助商流失，或减少对组织在时间和资金上的贡献，并且使捐助者提升到一个更高的水平（“升级”，这意味着捐助者增加他们的时间或资金的参与程度）。

（1）产品

事实上，社会企业的支持者得不到实际的物质利益，以回报他们的时间投资和资金投资。不过，社会企业需要考虑细分产品政策的策略。一个社会企业需要确保金钱和时间捐助能够使捐助者感到满意。这有时与心理契约是一致的，反映了捐助者的时间和金钱不仅可以给予也可以接受（Farmer and Fedor，2001）。金融捐助者支持社会企业的一个动机可能是关于合作的公开声明。伴随着这种炫耀性付出，人们旨在向公众展示他们的贡献（Grace and Griffin，2006）。因此，作为存储资金的回报，捐赠者作为一个慷慨的捐助人，从多样化的渠道获得服务。Howle 等人在 2005 年曾经提出“产品等效”志愿者，一个“产品等效”志愿者可以被指定为不同类型的志愿任务，满足不同动机的志愿行为（Houle et al.，2005）。一个组织提供给志愿者的合理激励可能是物质奖励的形式，或者提供所需的技能及证书（Puffer and Meindl，1995）。动机和感知到的奖励的一致性会积极影响志愿者的角色认定、其在该组织中的身份以及活动，从而影响其满意度和服务期长度。

（2）价格

当然，定价不在志愿活动中发挥直接作用，价格反映价值交换的关系。因此，组织配合志愿者应该确保这些志愿者体验高成就动机，通过他们的活动可能会增加时间投资的可能性。如同在商业环境中，问题是价格在什么程度上是一个组织所允许和让步的。

关于筹集资金，谈论价格这或许有点出乎意料。捐款没有所谓的市场价格，在大多数情况下，捐赠者可以决定自己捐助的数量。区分捐赠和赞助的差异在于捐赠本质上指定特定商品（如货币）进行交易，而赞助则是协议制定特定产品（比如赞助商的商标印在传单）。社会企业和非营利组织不可能如此幸运，如果他们没有得到任何基金的支撑，即使只募集了较少资金，肯定也比没有强。然而，如上所述，筹集资金必须确保筹款目标以特定的项目结果形式实现。因此，社会企业应该确保筹款活动要求的金额合理（因此必须要仔细研究），达到满足组织必要的资金和时间。非营利组织的研究显示，不同的“价格”策略有助于提高募集资金的数量。还有一些非营利组织把捐助设置在商业交易框架体系内，比如他们提供一个小物品作为交换，类似于捐赠丝带或明信片（Briers，Pandelaere and Warlop，2006）。在这种情况下，适用互惠的社会规范，人们想通过公平的捐赠得到回报。这样就变得清晰了：这个“定价”策略特别适合那些仅仅是感兴趣增加其捐赠基础、对小额捐献感到满意的组织。同样，非营利研究讨论了一些细微的捐款，通常遵循的座右铭是“一分钱也会有所帮助”，同样有箴言说“任何贡献都是合法的”。相反，另一种定价捐款方法发挥了作用，表明社会企业合理捐赠到底应该是什么样子。因此，潜在支持者可能形成一个从社会企业视角的充足捐助的观点和想法（Fraser，Hite and Sauer，1988）。然而，问题依然存在，如何设置最佳刺激点以刺激重大的捐助贡献，对此组织应该格外小心，不要设置太高的捐赠门槛，因为支持者可能认为成本过高，这可能会抑制捐款；相反，如果刺激点设置过低，则很难区分哪些是未详细说明的请求或支持者的自愿行为（后者是支持该组织的最大可能性）。然而，社会企业也建议与有能力的资助者建立融资关系，因为社会企业往往缺乏基础设施和资源去接触众多潜在的捐助者。

（3）促销和渠道

促销包括集合各种沟通手段和选择适当且具体的措施，服务于既定的目标群体和营销目标，培养组织与其支持者之间的和谐关系对组织而言尤为重要。沟通策略是确保与员工、支持者、公众潜在的捐赠者和其他利益相关者与组织建立和维护关系。这里需要解决的问题：一是如何设计沟通信息传达到支持者，二是使用哪些沟通工具和载体。

机构和主要捐助者是社会企业的基本资金来源，这种方法与 B2B 方法比较类似——需要确定特定情况下的潜在资助者，并应该清楚需要资金详细细节。传统的传播工具像电视广告或消费者杂志将超过社会企业促销预算，也是社会企业不感兴趣的。尽管缺乏资源，社会企业和非营利组织也知道，太多针对志愿者和捐助者的广告可能被视为价值和资源的浪费，进而影响该组织的吸引力。促销应该专注于特定的措施和手段，比如通过直接接触的博览会、例会、社交聚会、筹款活动以及发行简单信息材料。研究发现（实践往往证实了这一观点）大多数人并不主动捐献时间或金钱，直到他们被一个组织或一个朋友唤起。这明显表明促销和渠道是大多数社会企业建立企业对企业之间关系不可缺少的策略和手段。

在市场研究中确定的动机结构理论有助于设计精确的信息或广告。并且，对于非营利研究的成果也可以采纳，例如如何呈现/传递信息。广告设计负责人常常利用情绪感染效应，曾经有学者研究发现，在海报上的悲伤故事能引起观众的悲伤反应，因为它至少能够唤起一点同情之心（Small and Verrochi，2009）。旨在唤起同情的信息能影响人自愿选择的积极性，提高捐赠目标和捐助规模。尽管这是一个有用的发现，但是大多数慈善机构仍然避免扮演悲伤的受害者。另外，2003 年 Small 等人的发现认为，相对关于受害者抽象的统计数据，讲述受害者个人的悲惨故事更能唤起潜在支持者的同情心（Small and Loewenstein，2003）。事实上，上述两个发现指向的是同一个模型，个体如果具有高规范动机，那就应该提供高价值的奖励作为回报。因此，管理者应该针对不同动机的潜在支持者选择有说服力的信息，满足并唤醒他们的动机（Clary，Snyder and Ridge，1992）那些目的在于通过志愿服务来实现合理动机的人们，例如不求回报地帮助别人，更有可能会对激励做出反应，这种激励意味着他们执行任务是出于正当理由。

正如上面所阐述的，捐款是信用产品。由于是信用产品，人们无法准确评估产品或服务的质量。因此，促销时还应提供有关该组织的有效性和效率的信息。告知和创建与受益人之间的私人联系，让捐赠者参与受益人的个人发展是一件很有帮助的事情，能够提高捐助信用。在非营利环境中有一个非常流行的例子，就是有关儿童赞助的（参见案例 1）。此前关于非营利部门的捐款研究表明，只要该组织明确提出此捐款为短期行为，用于单一的目标并有特定的战略需求，那么该捐款呼吁就比较成功，如说明如何用捐献的钱物帮助特定的捐助对象人（Warren and Walker，1991）。赞助的理念可以很容易转移到那些旨在缓解人类或动物困境的社会企业中去。

这对于那些与精准的总体影响测量相悖的组织来说，是可行的。因为它与特定的个体或特定事物的福祉相联系。

应对缺乏公共信息，并建立信任的另外一种方式就是利用正式的审批文件提高公众的认可度，例如用于慈善事业。对于社会企业来说，目前尚未完全实现通过明确的审批通知证明该组织的有效性与效率，以吸引潜在捐助者。比如，由德国的 Phineo 和英国的 NPC 批准授权的隐式密封文件。Phineo 是从著名的贝塔斯曼基金会分离出来的附属机构，正式成立于 2010 年 5 月。该组织通过为组织成员提供特殊、有效的建议来帮助组织成员提升和促进社会责任与社会使命，即把检查组织有效性（是否履行社会使命）和组织效率（行政管理支出和与任务相关的支出的关系）的结果作为此评估的基础和依据。因此，Phineo 重申了 Herzlinger 在 1996 年发现的影响人们对非营利组织产生消极印象的一系列因素。

- 低效率的组织“没有完成他们的社会使命”。
- 低效率的组织“他们花钱太多，产出率太低”。
- 经理、职员或董事会成员滥用他们对资金的掌控，不恰当地给自己分配过多利润，且组织承担过多的风险。

然而，社会企业也需要像非营利组织同样的谨慎：如果给一个潜在支持者带来了“该组织太成功了”的印象，他们也许会自行解释和发散这个认知，并进而推断该组织不再需要支持和赞助。这种链条式的连锁反应已经从志愿者那里得到了验证，认为成功的非营利组织需要的捐助规模不大（Fisher and Ackerman, 1998）。并且，社会企业被提议应在社会事业上花费更多的资金，这比他们如何努力做宣传和促销都要有效，以便让消费者更清晰地判断他们的目标和意图（Yoon，2006）。

实例 1 儿童赞助和 SOS 儿童村

“SOS 儿童村”这个非营利组织是为儿童提供每天一便士的众多组织之一。“你可以为那些什么都没有的儿童提供爱和关怀，如果你现在正在考虑向慈善机构做定期的捐赠，儿童资助是实现这一点的最好的方式之一。”宣传促销的方式是非常明确的，那就是通过将“一个孩子的命运取决于人们对慈善事业的贡献”这一理念传递给捐赠者。但是捐赠者希望知道他们的贡献在哪里？他们投资所产生的实际效果在哪儿？

通过伴随和支持一个特定孩子的青春期成长，并接收到来自他的进步和感恩的信息，资助成为捐赠非营利组织的常用目标。

2. 市场销售受益者

社会企业与商业组织之间面临的困难有所不同，社会企业的瓶颈并不在于吸引受益者来购买产品或服务上。受益者往往处于需求状态，只是等待社会企业的分配和供给而已。尽管如此，他们有时也是需要被告知和确信该产品或服务的存在。

（1）产品

在大多数的市场中，产品置身于一个竞争性的环境中。因此，组织需要确保它们的产品和服务对于目标公众来说是可见的、有吸引力的。只有通过参与产品政策的关注和制定过程，一个组织才有可能发明和生产出迎合客户需求的产品和服务。这些特征应该有助于实现它的价值。这意味着受益人像任何其他顾客一样，都会对产品可能产生的益处感兴趣，而不是它们的特点。

一个社会企业家提供的产品和服务可能是为无家可归者提供住房、为农村贫困人口提供计划生育方面的帮助、为需要食物的人提供食品、为弱势群体提供就业机会或贷款等（Dees and Anderson，2003）。这些商品的价值旨在为人们消除饥饿、改善住房等。典型的产品管理问题就是在市场需求和不同决策的前提下开发新的产品（拓展产品的组合）、变化（重新设计给定的产品组合）和多元化（从另外一个类别拓展产品组合）。一个典型的社会企业服务案例是为无家可归的人提供免费午餐，产品的差异化可能包括提供免费的早餐或午餐；产品多样化正相反，可能意味着改善所提供的食物数量和质量；如果它为无家可归的人额外提供了一个过夜的机会，该社会企业将实现一个多元化的战略。价格需要有竞争力（也就是说应有意识地根据竞争者的定价设置价格），并且需要考虑到客户准备放弃接受产品或服务的情况。

（2）价格

在商业市场中，价格是市场组合最核心的因素。价格应该具有竞争力（例如根据竞争对手的价格进行持续的价格策略调整），并且要考虑消费者能够承受的价格。

对非营利组织和社会企业来说，都必须要理解需求变化会影响价格的变化。例如，受益人价格弹性是如何塑造的（Young，1999）。我们可以概括地说，社会企业的产品或服务的受益者对于价格应该比传统商业的客户更为敏感，这是因为他们存在严重的资金瓶颈。事实上，社会企业有着良好的、低于正常市场价格的售价，因为它的产品和服务是提供给特定的目标群体，这一目标群体很可能没有足够的资金用来满足在一般情况下的消费。其他人可能无法完全理解所提供的服务的价值，因此当受益人不得不为这些服务支付费用时他们不会“消费”。在某些情况下，让受益人支付所接受的服务是不合适的。国际红十字会根据自己组织特定的社会使命，在地震中向自己服务过的人们收取一定的费用（Dees，2001）。因此，社会企业不得不思考应该如何设计和制定服务时间和收费标准，以便让受益者能够有能力并且愿意消费。

社会企业经常采纳的一个策略是价格补贴策略。价格补贴的特点就是对某一个特定的细分市场进行价格补贴和消费补贴。这一战略承认一些客户（这里指支持者）愿意也有能力比其他人（这里指受益者）为产品和服务支付更多。然而，有时受益者可能会认为自己作为一个慈善的对象其人格被贬低。在这种情况下，为了不伤害他们的自我形象，社会企业可以要求受益人去做出一些小的、额外的贡献。此外，那些高度依赖于受益人积极参与的社会企业项目能得到充足的贡献。在这些情况下，制出较低的定价对于筛选出那些不够认真和执着参与项目的人，是十分有帮助的（可参见 Dees 在 1998 年所做的一个十分具有可读性的讨论；以及 Dees、Boatwright 和 Elias 在 1995 年所著的文章中也同样提到，在其他方面，对于社会企业价格决策等做出生动的观察）。

（3）促销

促销要关注以下问题：一是通知现有的和潜在的客户（这里指受益人）关于本组织的产品或服务的存在；二是创造关于产品和服务的特征、优势以及潜在的创新优势的知识；三是沟通的目的在于引起客户对给定品牌的关注。

为了对特定细分消费者有效传播，组织需要运用沟通渠道对目标群体进行传播，但不可超过给定的传播预算。在互联网上的创新和低成本的传播工具，从组织的互联网主页到广为覆盖的社交媒体渠道，受益人能够获取关于本组织的所有信息。因此，这样更容易为外部利益相关者监督组织和判别该组织由于执行力不够引起的期望值下降和不道德行为。这种透明度也有特定的在线交流平台，允许消费者分享他们关于组织和相关产品的意见，而且这种分享不仅局限于狭窄的熟人圈，还包括其他众多匿名群体。许多实验已经表明，消费者并不阅读由公司本身或工作人员送达的信息，不了解公司的社会责任（Yoon，2006）。当然，与消费者沟通的困难就是组织很难控制他们。因此，受益人关心和信任供应商，对于一个负责任的社会企业就尤为重要（对支持者也是如此）。

公共关系、广告和留住顾客是社会企业沟通的核心活动。此外，良好的沟通往往诉诸第三方代言，大多是展示由哪些名人来代表该组织。事实上，当他们站在组织的背后并提供信任时，这种代言就是一个信任的象征（Bhattacharya，Rao and Glynn，1995）。由于资金的瓶颈，一些有吸引力的主要沟通渠道，社会企业难以承受其直接成本。因此，使用公共关系和互联网平台成为相对高效却价格低廉的方法。如果社会企业的目标是接近中介机构，如国家机构，说服它们相信销售产品或服务给潜在受益者，应当增加直接的、个性化的方式来接触这些机构或人员。

下面我们将提供一个游击式营销案例。游击式营销对非营利组织和社会企业来说是一个特别有价值的形式。它遵循的营销格言是：用尽可能少的资源实现尽可能多的关注和回报。显而易见，它采取的措施是非常规的。典型的游击式营销将目标对准潜在受益者，即曾有过退出极端团体想法的右翼极端分子。产品（T 恤）在一个节日（放置）免费发放（价格）。这项措施的特别推广是不可能的，然而，在节日后娱乐报纸的活动报道产生了积极推广效果。

（4）渠道

渠道布局是一个产品或服务到达客户手中的关键因素。例如，商业营销渠道可以是分店或网上商店。如果你设想大多数社会企业是小的、局部的活动组织，那么在市场有限的情况下，复杂的分销渠道往往是不必要的。

实例 2　游击营销——木马 T 恤

在一个被右翼极端分子称为“岩石德国”的节日上，捐赠衣物成为那一年的时尚惊喜：约 250 件 T 恤在这个节日上免费发放。最初一看，这些印着骷髅头、有着“铁杆造反—民族和自由”标签的 T 恤是一个受欢迎的促销噱头。唯一的“问题”就是：在 T 恤被洗后，头骨和标签都消失了。相反，出现“退出‘岩石德国’”的口号，还伴随着这样的提示：“你能做 T 恤上所说的事情。我们帮助你，逃避右翼极端主义。”

这些 T 恤不仅有助于在节日上宣传了退出右翼势力的信息，而且在媒体上引起了极高的舆论反应。*Tageszeitung*，*Spiegel* 和 *Sueddeutsche Zeitung* 这几家德国媒体报道了这个成功的营销措施。游击营销是一个很好的典型案例。

（六）控制

和其他过程一样，营销理念不是一个自我封闭的系统，而是一个持续的过程。因此，营销措施的有效性和营销实施的效率需要进行监视，并与既定的目标进行比较，例如一个组织需要分析市场措施是否被执行，或者预期的市场份额是否因为客户满意度而得到提升，对具体的目标价值投资回报（ROI）是否已经实现。如果市场表现不佳，原来设定的目标就需要重新被定义。在事实上，目标也可以调整为对市场动态的反应。

五 结论

全方位制定合理有效的营销理念，是社会企业必须面对的问题。本章只涉及有关社会企业中实施营销理念的关键主题，它应该帮助社会企业的管理者建构针对不同阶段的营销理念。此外，我们针对营销组合要素提出了典型的问题，当然对可能涉及的主题并没有详尽地阐述，管理者应当能够获得有关自己企业的营销概念和合理结论。

六 案例研究

在德国几乎任何一个城市都能找到街头杂志。*Hinz & Kuntz* 在汉堡，*Fifty-fify* 在杜塞尔多夫；在德国的波鸿以及柏林大街上的清道夫也参与销售。*Hinz & Kuntz* 在汉堡市区和郊区约 400 个供应商出售，平均销售量为 66.5 份，*Hinz & Kuntz* 的销售量高于其他 40 个的德国街头杂志。这个非营利组织的目的是支持在困难生活环境中的人们重新融入社会，即帮助那些无家可归的人们。商业模式设定，让无家可归的人把杂志卖出，而不是乞讨，他们卖出每份售价为 1.90 欧元的杂志，自己得到 1.00 欧元。在该组织本身的财政中，50% 的资金被拿出来卖杂志广告，50% 通过捐款。例如，一家名叫 E. ON Hanse 的能源公司，在其网站上发出通知，声明该组织对 *Hinz & Kuntz* 的财政方面给予支持。

这家杂志特别报道了无家可归者制作的艺术品，拍摄了社会纪录片，并介绍了它的卖家。2009 年 6 月，德国《汉堡晚报》报道，一些名人像新闻主播或时装设计师等为街头杂志广告拍摄宣传庆祝海报。6 个月后，在 2009 年 12 月，*Hinz & Kuntz* 已经得到社会的认可并改变了他们的业务模型：尽管许多人有栖身之处，但还可能会遭受贫穷。因此，该组织现在还允许有符合资助条件的人，如穷人或者无家可归者出售杂志。

通常，街头杂志不能通过常规的、固定的模式定期购买。而这些都是唯一的例外，因为组织不想威胁他们的供应商必须采取直接销售的方法，*Hinz & Kuntz* 将它们的读者确定为生活在汉堡之外和那些离开单位资格站在体制之外的人。

问题

1. 定义像 *Hinz & Kuntz* 街头杂志的责任与使命，并阐述组织在营销市场中所面临的挑战。

2. 哪些人是 *Hinz & Kuntz* 的目标群体（受益者和支持者）？

3. 描述在短期内（假定）决定街头杂志营销组合的元素支持者和受益者。

第八章　社会创业融资

沃尔夫冈·斯派思-拉夫尔（Wolfgang Spiess-Knafl）
慕尼黑工业大学创业金融中心（KFW）负责人

安-克里斯汀·阿赫莱特纳（Ann-Kristin Achleitner）
慕尼黑工业大学企业和金融研究中心（CEFS）

◇学习目标

完成这一章后，能够达到如下目标。

1. 描述社会企业融资结构的特点。
2. 解释用于社会企业的融资工具。
3. 描述在社会资本市场的融资机构。
4. 解释社会和融资回报之间的关系。

一　导言

正如在“什么是社会创业，什么不是社会创业?”中讨论的那样，社会创业经常被描述为个体运用社会创业手段去解决一个社会问题。成功案例如“对话社会企业”（在案例研究中有描述）证明了一种创业方法在解决社会问题中的潜力。其中在履行社会使命中最重要的因素之一是获得资本，这既可以在内部产生也可以由外部提供。图8-1显示了不同的资金来源和融资手段，这些对于社会企业来说都是有用的。

内部融资是由生产和交付服务或产品的现金流提供。如果目标群体或第三方受益人有财力来支付所提供的产品或服务成本的话，该服务可以通过目标群体或第三方受益人（如雇主、游客或父母）来支付。这种收入流常常是可获得的，但也有例外，人权或暴力预防等领域通常没有这样潜在的战略储备。另外，一种可视为内部融资的资金来源是公共部门。官方公

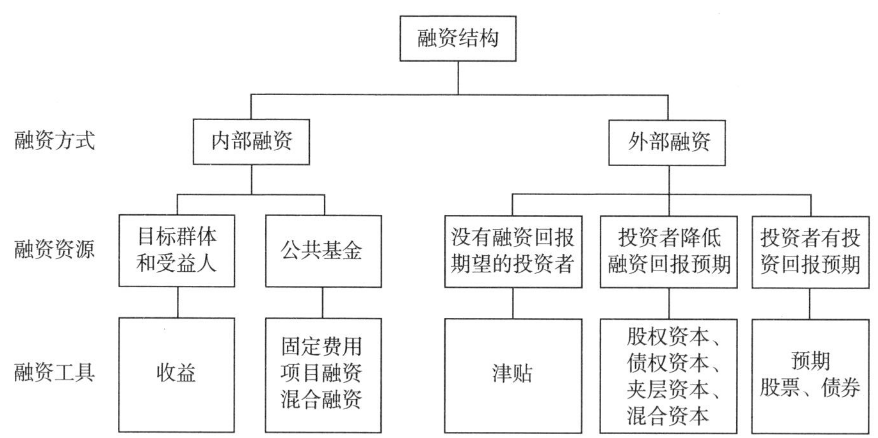

图 8－1　内部融资和外部融资

注：以 Achleitner、Spiess-Knafl 和 Volk（2011）为基础的自绘图。

共部门往往在法律上有义务为社会组织的服务和产品提供资金，或使用它们的自由裁量权在成本基础上提供项目资金。这种资金来源通常不可用于企业营利，因此它在融资结构中区别于其他资金来源。

外部融资要么是用来支付临时经营性的负现金流，要么是用来资助长期投资，如建筑物、设备或基础设施。社会企业获得的外部融资不能用于公司营利。传统上，捐款在社会领域中发挥着重要的作用，如果没有其他可用的资金流，它具有非常重要的安全操作性。最近，社会企业也开始在它们的融资结构里使用股权资本、债权资本或夹层资本（夹层融资）及混合资本。然而，资本提供者必须考虑到社会使命限制了社会企业的融资功能以及相应的融资工具。基本上有两种机制来修正融资工具：资本提供者可以减少他们所期望的融资回报率（如资本保值与利息成本设定在通货膨胀率上）；资本提供者可以构建融资工具来更好地适应社会企业的需求。这些修正可以包括延期还款计划，在意想不到的低性能或风险分担的情况下将贷款转换为赠款。

与融资工具一样，资本提供者可以根据自己的融资和社会回报期望进行分类。以融资和社会回报为目标的资本提供者往往被称为双重底线的投资者。这意味着较低的融资回报要求以更高的社会回报作为补偿。社会回报是对社会产生的回报，不是由社会企业直接产生的回报。因此，社会回报代表了为社会创造的价值，尤其是对目标群体创造的价值，是不能用金钱来衡量的。

Heister（2010）研发了这种权衡的框架。回归曲线代表了融资和社会回报之间的动态平衡，它能够在广泛的产业领域被观察到，并且将在每个行业中表现出不同的形式。这种动态平衡可以用于观察医院、老年护理中心或教育机构与市场参与者等非营利组织和一些公众公司。然而，更多是面向商业领域公司，如在线百科全书、助听器设备、小额信贷或太阳能等公司也必须面对这些决策。

因此，一个企业必须决定如何定位自己在图 8－2 所示的回归曲线上。由社会组织运作的一个幼儿园可能是在回归曲线的左边，而由营利性公司运营的幼儿园可能会选择增加融资回报并将自身定位于曲线的右侧。此处没有对所提供的服务质量进行研究，但对于要求较低融资回报的幼儿园来说可能包括其他一些被排除的环节，并提供额外的服务。

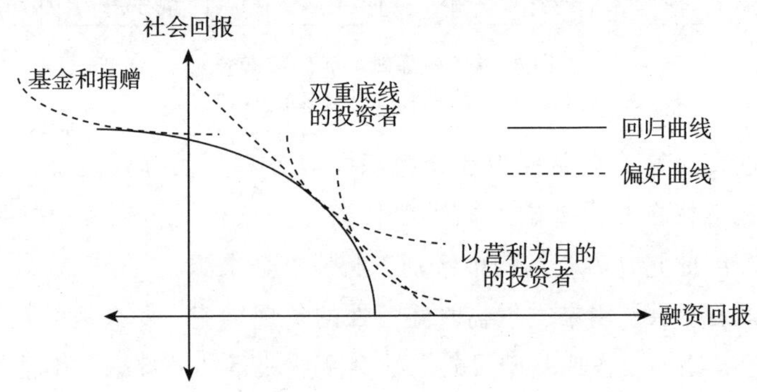

图 8－2　社会和融资回报之间的动态平衡

回归曲线从一个社会企业的视角展示了社会和融资回报之间的动态平衡。然而，资本提供者也有偏好，如图 8－2 所示的偏好曲线。捐助者和基金会愿意为社会企业的收入差距提供资金。双重底线投资者会选择一个适度的融资回报模式，而传统的资本提供者更喜欢融资回报最大化的模式。传统的资本提供者有一个陡峭的权衡曲线，这意味着一方面融资回报的小幅减少不得不提供一个高收益的社会回报；另一方面，个人捐赠者在融资回报不成比例减少的情况下，希望小幅增加社会回报。

具有不同目标的资本提供者存在于社会企业融资结构中是非常独特的现象。这种投资者偏好的差异对于那些需要应对策略、沟通和进一步发展的社会企业来说是一个关键性的挑战。

二　融资工具

由于社会企业不等同于非营利性组织，它可以选择一些从非营利性到营利性状态的法律形式。此外，还有组合模型把非营利性和营利性实体组织在一起。在一些国家，甚至已经为社会企业建立了专门的法律形式。

这就解释了为什么社会企业获得了与传统企业一样的融资工具。这些融资工具是股权资本、债权资本、夹层资本，社会企业可以根据需要进行修订。修订的关键之一是社会企业不得不支付的利息或股息。股权资本可以作为没有红利被支付的"耐心资本"，债权资本可作为一个没有利息支付需求的无息贷款。

此外，社会企业有机会获得捐赠和混合资本。这两种形式在下面有更详细的说明。根据社会企业的还款能力，融资工具的范围如图 8－3 所示。

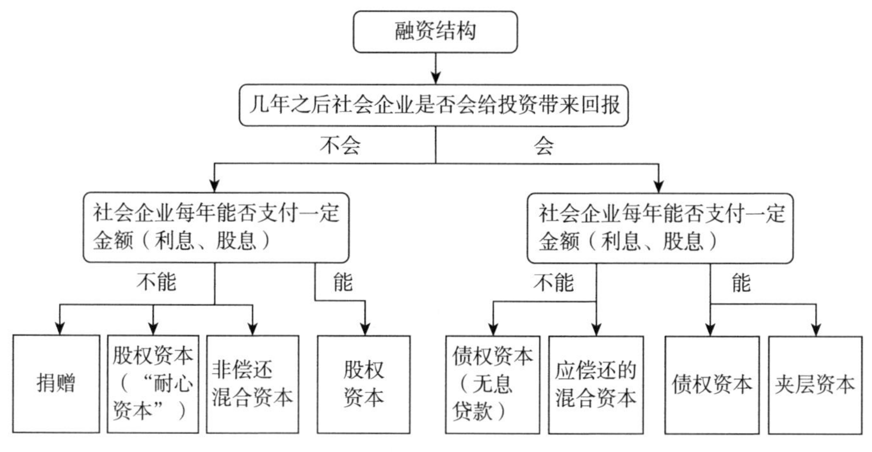

图 8－3　融资工具

注：以 Achleitner、Spiess-Knafl 和 Volk（2011）为基础的自绘图。

（一）捐赠

融资在社会领域的传统形式是基于捐赠。捐赠通常由货币或非货币形式的基金会或个人提供。捐款是有吸引力的，因为它们是不需偿还的，不给捐赠者任何带有强制执行的控制权或投票的权利。此外，这使社会企业有机会从事没有创收潜力的活动。家庭暴力的受害者、非法移民或低收入家庭中对文化有兴趣的青少年难以支付服务，公共部门通常不资助非常创新或实验性的理念。因为这些原因，捐赠仍然是社会部门的重要组成部分。

尽管捐赠很重要，但它们也有一系列的缺点。捐赠者通常只提供与项目相关的费用，但不愿意支付超过一个最小份额的行政成本或企业发展的任何支出。此外，捐赠是短期的，具有显著的筹款成本。一些投资商通过提供津贴或使用公益创投的方式解决这些问题。

个人捐助者或基金会有时会成为社会企业收入的一个重要来源，这些捐款的损失对社会企业有严重的影响。因此，个人捐助者或基金会需要考虑退出策略，以确保社会企业的可持续发展。可以通过后续融资或社会企业实现自我的可持续性，不再完全依赖于捐赠。如果两种选择都是无法实现的，社会企业将无法再继续运作，清算则是最后的选择（见图8－4）。然后通常将剩余资产转给一个慈善社会组织。

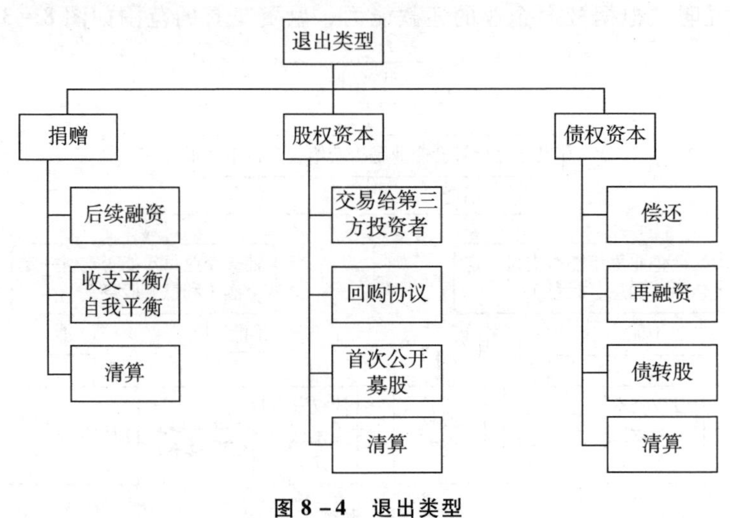

图8－4　退出类型

（二）股权资本

捐赠的缺点导致在社会企业的融资结构中，需要使用其他的融资工具。股权资本用于金融营运资本、长期投资或冲销临时出现的负现金流。

股权资本可以通过非正式渠道来提供（如创办者自己或亲朋好友，通常被称为4F，意思是“创办人、朋友、家人和傻瓜”），以及更正式的来源（如社会化商业的天使投资和风险慈善基金）。为了获得资本，可以将一定比例的股份转让给投资者。企业的股权转让给社会投资者以控制权和投票权，这些所有权可以通过监事会或咨询委员会来执行。最终的治理结构取决于法律规定和公司章程。

股权资本是风险最高的融资形式，参与的投资者有可能营利也有可能赔钱。[①] 利润的分配取决于公司理念和社会企业的法律形式。某些社会企业承诺将他们所有的收入进行再投资，而其他的企业只投入其利润的一部分。非分配股权资本形式被称为"耐心资本"。在英国，在进一步限制已缴股份的价值的基础上，社区公益公司（Community Interest Companies，CIC）可以支付的可分配利润高达35%，并且基于股份比例有进一步的限制性利润回报规定（CIC 规章，2010）。

目前，鲜有机会退出已经进行和完成的投资。投资者可以通过交易出售或首次公开募股（IPO）的形式将股份传递给另一个投资者。建立功能完备的社会证券交易所，要有各种各样的努力。根据社会企业家的融资能力，还可以有回购安排，社会企业家在投资期结束后接管投资者的股票。最后的选择是公司的清算和剩余资产的出售。

（三）债权资本

债权资本可以用于资助营运资本以及那些具有稳定和可预测的现金流的长期投资。这些长期投资包括设备或建筑物。债权资本定期收到支付利息，但没有利润份额。债权资本可以由传统的债权资本提供者（如银行或社会投资者）提供。因此，利率的可变范围是从0%（无息贷款）到正常的市场回报率。

债权资本必须在付款期结束时还清，其有各种各样的退出选项。社会企业可以偿还债务或与另一个资本提供者对贷款进行再融资。在金融危机的情况下，可以将债权资本转化为股权资本将公司的股份给予投资者。如果继续操作并不乐观的话，投资者可以通过企业的清算提请破产程序，并收回投资资金的一部分。

（四）夹层资本

夹层资本结合债权资本和股权资本的要素，可以根据需求和社会对企业的要求灵活构成。通常情况下，它有固定的利率和还款义务（债权资本性质），同时也有一个与业绩挂钩的额外的可变的利率或股利酬金

---

① 关于社会企业的利润，目前没有统计数据。绝大多数社会企业是低利润的或者依赖于捐助。也有一些细分领域是有机会获得利润的，比如"金字塔底端"的商业模式，社会部门中的小微贷款和中介服务机构等。

（股权资本性质）。股权酬金让投资者有机会获得企业的股权价值增加的份额。

这种融资形式对社会投资者颇具吸引力，因为在金融方面成功的情况下，投资回报像一笔贷款，可以选择与性能相关的补偿。因此，夹层资本是一个合适的融资工具，为社会投资者瞄准了市场的回报率。

（五）混合资本

混合资本结合了债权资本、股权资本和捐赠的元素（见图8-5）。混合资本是一个有吸引力的融资工具，因为它解决了社会企业的具体商业模式。这种资本的特征可以通过这一事实说明，即在预先约定的情况下没有利息成本以及将融资转换成捐赠。

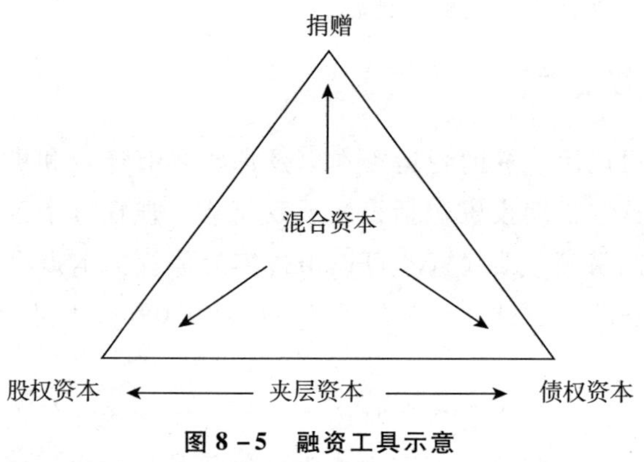

图8-5　融资工具示意

可以被归类为混合资本的融资工具主要有可收回的拨款、可转换的拨款、可免除的贷款和收入分享协议。

当项目有可能创收的时候，可回收的拨款是有吸引力的。这是一笔贷款，仅仅是在成功的情况下偿还（如可持续收入和盈利）。如果该项目无法偿还贷款，可回收的拨款将被转换成赠款。然而，投资者要考虑结构，因为作为社会企业如果不成功的话，就没有必要偿还贷款。一个可转换的拨款可以使用相同的和有差异的机制，如果该项目被证明是成功的，该投资可以转换成股权。

可免除的贷款采用相反的机制，如果达到某些预先约定的时间或者约定的阶段，贷款就可以免除。这种结构可以吸引想要为项目融资以及将安全作为长期追求的社会目标的公共部门。它也可以用来作为有条件的补贴，其中包含每年的一部分贷款。

收入分享协议也是融资工具，投资者为一个项目提供资金，并获得未来的收入份额。当社会投资者和社会企业分担项目风险时，这种方法看起来很有希望，当投资者收到定期收入中所占份额时是不存在退出的问题的。在社会企业不面临破产的情况下，具有高政治风险的国家（如有可能发生内战或地方性腐败风险）可以通过这样一种安排来融资，以防政治变化引起的贬值。

三　融资机构

在过去的几十年里，社会部门的外部融资主要是基于捐赠，社会企业难以获得其他的融资手段。在 20 世纪 90 年代，有 IT 行业背景的企业家、风险资本、私募股权投资或银行业务，为他们的慈善活动开始运用新的融资策略。社会企业家也旨在使用债权资本和股权资本，以增加企业的灵活性和规划的确定性。

这两种趋势导致社会资本市场包含了一系列机构，它们各自专注既定的社会部门中的细节市场。图 8－6 所显示的是社会资本市场的机构和传统资本市场的机构。

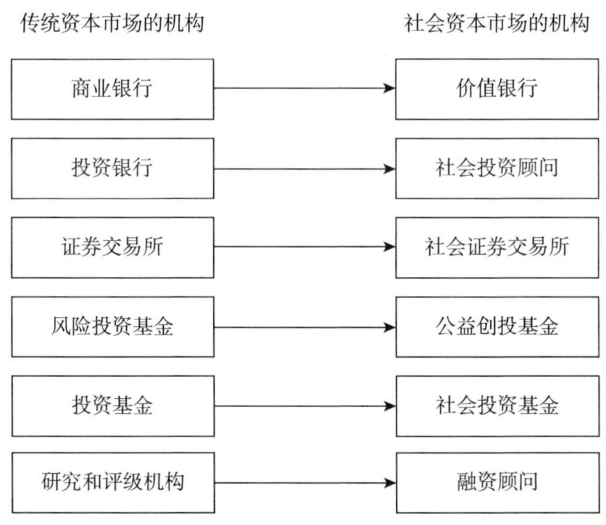

图 8－6　社会资本市场

（一）价值银行

价值银行与传统资本市场的商业银行扮演的角色是一样的。这些银行吸收储蓄者的存款以及给企业或个人提供贷款。由于价值银行主要集中在社会领域，他们对于不同的商业模式和具体的需要和要求有更好的理解。[①]

然而，他们也必须减少违约率，因此将重点放在社会部门中风险较低的资本支出上。一些社会企业具有稳定的、可预见的现金流，因为他们的服务是由保险或公共基金（如医院或老年护理中心）给他们提供低风险配置。或者，他们有可以抵押担保的资产，能够在违约的情况下被银行出售。这些资产可以是建筑物、设备或农田。

（二）社会投资顾问

社会部门具有高分散性和高交易成本的特点。社会投资顾问通过捆绑投资和构建适当的融资机制来降低交易成本。这些融资机制的其中一个在下面有所描述。

社会影响力债券是一种由公共部门承诺，支付的款项取决于社会措施结果的机制。这种机制将比预期结果更低的社会风险转换给通过获得融资回报来补偿这种风险的社会投资者。融资回报取决于公共部门的储蓄。这种机制见图 8－7。

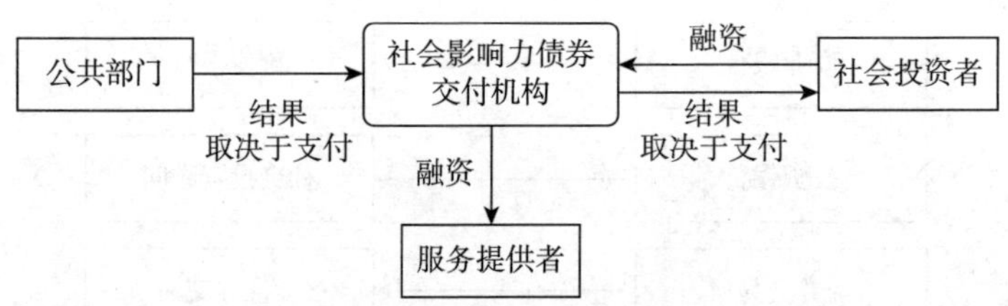

图 8－7　社会影响力债券的机制

注：以 Bolton 和 Savelle（2010）为基础的自绘图。

一个英国的社会融资中介机构，在 2010 年建立了第一个社会影响力债券。当时潜在的社会问题是，有 60% 的刑满释放人员在一年内重新犯罪。减少再犯率将降低监狱系统的成本和犯罪率。

---

① 从全球范围来看，一些银行组成了全球银行业价值联盟（Global Alliance for Banking on Values）。

在6年的时间内，社会投资者将给一系列的社会组织提供资金，去支持3000个刑满释放人员。在此期间，如果犯罪率下降到一定的比例，社会投资者将得到一份长期的储蓄。

社会影响力债券面临的关键挑战之一是对公共部门储蓄的测量。预防犯罪、保健或就业计划当然是社会影响力债券可以使用的领域，而在教育或集成项目上，由于要计算公共部门储蓄的问题，因此它是不可行的。

（三）社会证券交易所

如本章第二节所述，只有数量有限的股权资本投资者选择退出机制。一个功能完备的社会证券交易所对社会投资者以及拥有额外资金来源、具有商业模式的成熟社会企业来说，将是一个极具吸引力的退出选择。目前有各种举措去建立一个全功能的社会证券交易所。

关键问题是对社会企业的价值评估、社会使命的保障和社会报告，目前还没有一个统一可行的估值方法，如果社会投资者对一个相对估值溢价或折价的判断，还有待于观察。社会使命的保障可以通过各种措施以及普遍的传统资本市场来实现。例如在少数股权控制（如25%以上）的基础上锁定其社会使命、参照社会使命设置协会章程或“毒丸策略”，以避免不请自来的接管投标。[①] 社会企业也需要报告他们的社会活动。例如德国的社会性报告——荷兰国际集团标准（SRS）或美国的影响力报告与投资标准（I-RIS）。

（四）风险慈善基金/公益创投基金

公益创投基金相当于传统资本市场的风险投资基金。这个概念源于Letts、Ryan和Grossman（1997）发表的一篇文章。目前这一概念已经得到普遍应用，有31个基金组织加入欧洲公益创投协会（EVPA，2010）。这些资金通常通过一个区域和部门来获得经验，以便在他们的投资组合中推广运用。

约翰（John，2006）定义风险慈善基金具有以下特点。

- 高接触

① 社会企业有时通过非付费劳动力（志愿者）、善意贡献和捐赠建立巨大财富。这些财富需要被保护以便完成社会使命。

- 非金融支持
- 量身定制的融资
- 多年持续支持
- 组织能力建设
- 性能测量

公益创投基金在日常业务中，通过访问社会企业的网络或管理咨询（高接触和非金融支持）来支持社会企业。公益创投基金不仅使用股权资本和债权资本，它也提供捐款（量身定制的融资）。相反，个人捐资对组织的支持时间长达3~7年（多年持续支持）。此外，它们提供了管理和管理费用的资金，并确保安全适当的治理结构（组织能力建设）。基金会的一个关键优势是他们测量和监控社会企业性能的绩效方法。公益创投基金也采用对应用程序初期筛选的多级选择方法和各种访谈包括实地考察（Achleitner，2010；Heister和Spiess-Knafl，2010）。

（五）社会投资基金

社会投资基金执行与投资基金在传统资本市场上相同的作用。社会投资基金从不同类型的投资者中捆绑投资，并将这些资金投向特定的资产类别。有吸引力的投资领域是小额信贷机构或具有可持续发展和创收的商业模式的企业。这些企业主要活跃在太阳能或医疗保健行业。

社会投资基金需要考虑社会和经济回报的要求，通常是有附加条件或约束的。如果基金是最大化回报社会的，那么金融约束和财务方面的条件就是该基金至少有能力提供一个资本保全回报；如果基金是最大限度地提高财政回报的话，该基金在社会约束或社会方面的条件就是限制资金只能活跃在一定的社会领域或贫困地区。这些附加条件也被称为“冲击第一”（金融约束）和“金融先行”（社会约束）（Palandjian，2010）。

（六）融资顾问

社会投资者或基金追求理性的投资方法，通常在他们的资本配置决策中面临着困难。这些困难可以通过几个方面得到解释，即高分散、缺乏社会部门透明度，以及在社会影响或社会价值的创造上缺乏量化措施。

融资顾问在社会投资者的资本分配决策上给出建议。德国的Phineo公司和英国的慈善新资本（NPC）提供资金咨询，发布有关社会问题的研究报告或在融资策略上给社会投资者和基金会提出建议。其在传统的资本市场上相当于评级或研究机构。

四　案例研究

安德烈亚斯·海内克在 1988 年已经提出了“黑暗中对话”的概念，并且从 1995 年开始创立了一系列社会企业。安德烈亚斯·海内克是西欧第一个获得阿育王伙伴研究员荣誉的人，并被施瓦布基金会评为优秀社会企业家。①

对话社会企业及其子公司，寻求克服“我们”和“他们”之间的壁垒，并重新定义“残疾”的“能力”、“差异”和“相似”（对话社会企业，2011）。为了达到这个目标，对话社会企业举办了由盲人导游带领参观者通过一个完整的黑暗环境，体验盲人日常生活的展览。游客通过包括一个超市、一个城市主题或一个咖啡馆等这些现实生活中的环境进行体验。基于这样的理念，社会企业为企业客户开发了“沉默中的对话”和研讨会。自活动开展以来，有 700 万名游客经历过这样的展览，7000 名盲人通过与对话社会企业的合作，获得了进入就业市场的机会。

社会企业有两个收入来源，一是它在全球范围内使用一种特许经营系统，给对话社会企业提供收入，为其规划和发展提供支持；二是对话社会企业在法兰克福和汉堡举办永久性的展览，并举办与各大洲企业客户的专题讨论会。没有依靠联邦政府资助或捐赠，年营业收入约 500 万元以及稳定的商业模式使得对话社会企业适合通过公益创投资金来融资。

2005 年，对话社会企业的附属公司由慕尼黑的公益创投基金 Bon Venture 提供贷款，在法兰克福开设了永久性的展览。该贷款在 5 年内偿还。2010 年，对话社会企业决定向企业客户提供更多的专题讨论会，以及从法国公益创投基金 Phitrust 采取股权资本和债权资本的形式满足了资本要求。股权资本在贷款期限结束时，根据股权面值进行回购。这两个基金给社会企业提供管理咨询和战略咨询，并访问他们的网络。事实证明这些措施对社会企业的进一步发展是至关重要的。

---

① 关于“黑暗中对话”，详细内容可参见 www. dialogue - se. com，www. ashoka. org/fellow/3661，www. schwabfound. org/sf/SocialEntrepreneurs/ Profiles/ index. htm?sname = 179427 f。

问题

1. 社会风险投资基金的银行贷款和贷款之间的主要区别是什么？
2. 有关投资退出的问题有什么？
3. 为什么对话社会企业不关注捐款来实现其业务的国际扩张？
4. 可能成为对话社会企业的其他融资来源有哪些？

第九章　绩效测量与社会创业

约翰娜·梅尔（Johanna Mair）
柏林赫尔梯行政学院
斯坦福大学斯坦福慈善与公民社会研究中心

舒赤·夏尔马（Shuchi Sharma）
芝加哥班尼特日校

◇**学习目标**

完成这一章后，能够达到如下目标。

1. 理解目前测量社会影响力的主要方法和工具。
2. 熟悉关键的方法。
3. 客观评价对社会影响力评估的努力。

一　导言

创业者是商业领域创新的领导者和企业主，但社会创业者是以非营利为目的的社会部门[①]中有远见的创新者，而不是商业营利领域的领导者。社会创业者和他们的风险资本投资者的目标是：运用商业原理和商业实践，实现长期积极的、大规模的、可持续的社会目标和非财务影响。[②] 基于投资的创业方式和表现，他们希望社会企业把有限的社会资源利益最大化，创造

① “社会部门”也被称为全球公民部门、志愿部门、第三部门、独立部门和使命驱动的部门。

② 典型的社会投资优先考虑双重/三重底线影响力，而不是优先考虑财务回报。社会投资也期望获得一定程度的财务持续性，但与社会性商业不同的是，它优先考虑投资的社会回报而不是财务回报。

性地利用无法直接控制的更多资源，以创造更大的影响，同时坚持不懈地专注于自己的使命（见图 9－1）。

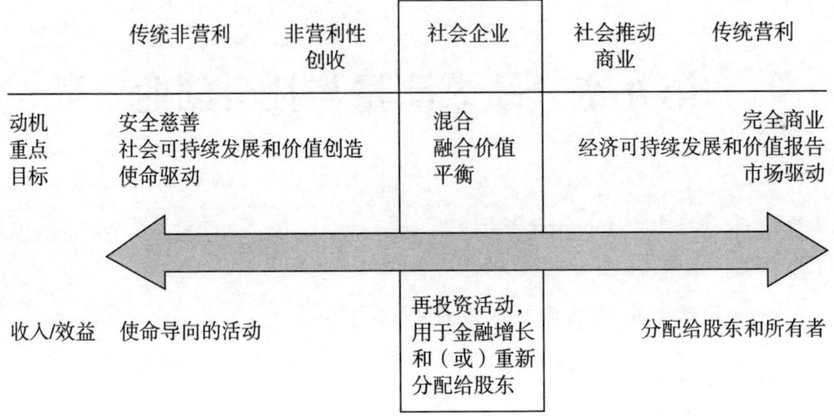

图 9－1　社会创业中的社会投资

注：以 Dees（1998）和 Alter（2006）为基础的自绘图。

与企业和公司以利润为首要目标不同，社会企业优先考虑社会和（或）环境影响超过了对个人或股东财富的考虑。相对于传统的非营利机构，他们强调良好的商业规划、可测量的结果、可实现的里程碑以及高水平的财务责任。

从出发点而言，社会创业者不同于其他投资者，他们的策略和方法是为了达到特定水平的社会变化和财政自给（见表 9－1）。

社会企业家追求双重或三重底线，融合了财务价值与非财务价值，表现在对社会影响力（正面/负面）和财务业绩（利润/损失）的测量。在这个新兴的行业，社会绩效通过干预措施实现将组织使命付诸实践的有效转变，并在其不同阶段采用多种不同的方法进行衡量。

绩效测量可帮助企业监控干预措施、工作方法以及它们达到的效果如何。评估促进以下文化特点：一是训练。通过帮助企业制定内部控制和相关措施、制定战略、监测进展情况，并利用社会、运营和财务业绩的信息做出决策。二是责任。对它们的任务进行社会风险投资。三是透明度与合法性。对它们达成目标的进展情况要及时反映和有效沟通。它可以让企业更有效地规划和实施，并促进社会变革和经济的可持续发展。然而，社会企业期望产生结果并报告其进展情况是为了从不同部门获得多种权利。这些部门追求不同的利益，对成功的定义不同，而且往往对测量、绩效评估报告和投资回报有不同的期望。

表 9－1　社会企业融资战略谱

战略项	传统非营利	创收非营利	接近自给自足的社会企业	接近自给自足的社会企业	自给自足的社会企业	社会驱动（或负责的）企业	传统的营利
财务策略	需要全部财政支持	部分自给自足	现金流自给自足	运营自给自足	全部财务自给自足	全部财务自给自足	全部财务自给自足
补贴	100%	大部分补贴	补贴需要联系收入和支出的差额对比、资产总额、增长的补贴	部分补贴需要支付资本成本	无补贴	无补贴	无补贴
可行性	不可行	不可行	接近可行	预计可行	可行	可行	可行
收入	依靠补贴和赞助生存	依靠补贴和赞助生存	成本结构和增长的补贴	补贴减少	无补贴	无补贴	无补贴
					在这个阶段，非营利社会企业要成为以营利为目的的经济实体，可以改变法律地位		

注：以 Dees（1998）和 Alter（2006）为基础的自绘图。

投资于社会企业的各类资金，代表的资本范围极为广泛，可以是跨部门、跨地区的，并且它们的角色、目的、期望也存在着差异（见表 9－2）。

表 9－2　资本来源、资本与投资部门谱系

资本来源	资本的种类						领域
基金会	高风险 ←→ 低风险						农业
个人	投资形式	补助	长期资本	纯资产	股票	借款	供水
地方政府	预期损失	100%	20%～50%	10%～20%	10%～20%	1%～8%	地产
社区发展金融机构	金融投资回报率	0%	10%	无限制	0%～30%，变化	5%～18%，固定	教育
项目相关投资（PRIs）	投资期限	通常短期	长期	成功的基础	5～7 年	固定	健康
单边和多边贷款机构	参与业务	通常低	一些（通过合作伙伴）	高，成功的基础	高，成功的基础	低	能源
非营利性社会投资者	根据 Emerson、Jed 和 Sheila Bonn 的论述改编						金融服务 根据 IRIS 改编

注：以 Dees（1998）和 Alter（2006）为基础的自绘图。

通常，具有社会影响力的投资者遵循双重或三重底线进行资本和决策流程。他们把真正的价值回归给社会和环境，并且往往会权衡非金融冲击的经济回报。这些具有影响力的投资者主动或被动地参与他们的投资组合公司，通常使用类似于企业资本的工具，以获得创新的高增长、高影响力的社会企业的补助和投资。具有影响力的投资者通常有明确的战略和投资目标，并期待能够实现可量化的和有意义的影响。他们的目标是利用绩效数据有效地直接投资，以建立强大的、经济可持续发展的组织，提供大规模的社会（或环境）快速效益。

这些具有社会影响力的投资者包括各种个人慈善投资者、中介机构和金融机构等。

激进的基金会 如“比尔和梅琳达·盖茨基金会”（Bill & Melinda Gates Foundation），试图利用其资源获得与项目有关的投资。

开发性金融机构 如“国际金融公司”（IFC）利用量化评估进行评价干预，尽最大努力测量其结果。

养老基金 如“卡尔弗特可持续和负责任的共同基金”（Calvert Investment's Sustainable & Responsible Mutual Funds）寻求风险分散，同时为股东提供有竞争力的双重底线回报。

公益创投公司 如“新利润或新建学校创业基金”（New Profit or New Schools Venture Fund），是一家提供资金和专业知识，将创意转变为任务驱动，高性能可持续的组织。

由一个或多个高资产人士出资成立的社会基金 如阿育王（Ashoka）和阿科门（Acumen）基金会。

个人捐赠者 如那些寻求与基瓦（Kiva）和阿育王（Ashoka）基金会合作的共同投资人，旨在促进社会变革。

地方州或联邦级别上的政府组织 扮演投资者或出资人的角色。

在过去的10年中，这些新涌现的大量投资于新兴产业的有影响力的投资者尝试使用各种方法和工具，以确保有效和高效地使用财务和非财务资源投资于社会企业。最近，有社会影响力的投资者也积极参与社会企业家之间的讨论和工具的开发。绩效测量工具的发展被视为确保社会企业内部和外部利益相关者利益的重要工具，同时也是新创建的“影响力投资”[①] 行

① 在本章中，我们使用的术语“影响力投资”和“公益创投”属于同一概念。

业获得合法性和支持的重要机制。

二　社会创业的责任至关重要

与社会创业相联系的许多领域有更高的透明度和新的监管框架，其中一项重要的承诺是，这种监管框架是以市场为基础活动的优先处理社会价值创造。这个额外的积极溢价效应将为振兴非营利部门提供帮助。自有非营利组织（NPO）和传统的赠款基金会以来就声称要减少官僚作风，要以更灵活、创新、资源丰富、高性价比的优势，要以比政府更快的反应满足受益者的需要。然而，这些视为非营利部门构成的组织在很大程度上达不到上述承诺。非营利组织和资助机构已经在以下几个方面进行自我检讨：一是管理资源的有效性，二是建立内部能力以形成规模化经营，三是财务的可持续性。最近，由于慈善捐赠和资助系统效率低，推动了由交易型筹资模式向以创业型的绩效为基础、以结果为导向的投资模式转变，这种投资模式强调透明度、责任制、回报社会领域的所有利益相关者。

具有影响力的投资提供了一个新选择，即将大量私人资本用于社会福利和变革的途径。投资者认同这个新创建的共同体或行业（即使有人质疑），想知道他们的投资如何取得预期效果。因此，他们“鼓励”组织使用分析工具和战略来衡量、管理和报告其绩效，建立内部能力，并以可持续的方式扩大业务和影响创作。运用这样投资方式的社会创业者，经常出现在使用和共同创造这些工具的最前沿。

社会企业的成功与否取决于他们如何为受益者提供产品或服务。但成功也取决于他们如何向内部和外部利益相关者传达他们的收益和绩效改进（见表9-3），这样的社会企业是对所有利益相关者负责的。虽然社会责任是企业内部产生的，但它通常由对责任、问责制和绩效观点不一致的多个利益相关者从外部驱动。所有的投资者都期待社会企业利用资金来发展他们的组织，以提升其未来收益或社会影响力，通过增加业务量，降低内部成本，在现有业务水平上提高单位投资回报比例。

但是，管理和完成社会使命的同时，要实现财务可持续性和规模化经营不是一件轻而易举的事情。有时为了提高盈利能力和规模经营，社会企业要对自己的使命妥协，将重点放在社会成果的产出方面。努力扩大资金的规模可能会导致它们的产品或服务从有需求的社区退出。社会影响力评估被视为支持社会企业实现财务结果的工具，避免社会使命的丧失，而不是影响他们的社会使命。

表 9-3 利益相关者内部责任和外部责任

<table>
<tr><td>影响类型</td><td colspan="3">内部</td><td colspan="3">外部</td></tr>
<tr><td rowspan="5">社会影响和价值创造</td><td>利益相关者</td><td>信息需要</td><td>为什么</td><td>利益相关者</td><td>信息需要</td><td>为什么</td></tr>
<tr><td>董事会成员（包括投资者）</td><td>流程</td><td rowspan="2">为了目标定向与资源配置</td><td>其他社会企业</td><td>标杆管理和最佳实践数据</td><td>为了帮助部门获得合法性</td></tr>
<tr><td>管理者</td><td rowspan="3">产品和活动导致需求改变</td><td>受益者</td><td rowspan="3">如何使社会企业对社会产生影响力</td><td>为了吸引和保留消费者</td></tr>
<tr><td>员工</td><td rowspan="2">为了吸引和留住最好的人才</td><td>投资者</td><td>为了吸引和保留投资者</td></tr>
<tr><td>志愿者</td><td>公众</td><td>为了帮助部门获得合法性</td></tr>
<tr><td rowspan="4">经济（财政）影响和价值创造</td><td rowspan="2">管理者</td><td rowspan="4">经济价值的生成和资源配置效率</td><td rowspan="4">为了金融管理和决策目的</td><td>投资者</td><td>需要投资回报率和金融稳定</td><td rowspan="4">为了目标定向与资源配置</td></tr>
<tr><td>市场</td><td rowspan="2">在竞争与公平上的优质服务</td></tr>
<tr><td rowspan="2">投资者中的董事会成员</td><td>消费者</td></tr>
<tr><td>其他社会企业</td><td>标杆管理和最佳实践数据</td></tr>
</table>

如果按照正确的方式执行，那么这种观点是成立的：测评使组织能够成为更好的规划者和更有效的执行者。它可以帮助组织有效地分配稀缺资源，预测并重新评估关键性的障碍，确定提高和成长的机会，有效地服务于它的受益者。评价也被看作促进问责制、支持与利益相关方沟通、交流成功经验的途径，这将促进未来的增长和带动资本流动，更成功地扩展规模。

对于投资者来说，社会和财务绩效数据越来越多地用于决策制定和投资分配过程，并确保通过估计潜在影响和量化评估投资的社会回报获得期望的（合理的）投资。[①] 这为投资者提供了关于他们投资绩效的重要信息，相比其他的投资选择，它们的投资取得了可能达到的最好影响力。虽然财务绩效的测评可以说是简单的，但是企业的活动和投入带来的往往是无形

① 评估的目的是确保项目的影响是可衡量的、可持续的、具有成本效益和可拓展的。

的社会效益，这些社会效益已被证明是难以用高效、及时和可靠的方法进行测量的。

三　影响力测量

影响力可以被定义为社会投资创造的变化能够直接或间接地影响或者改变社会系统。由此产生的变化是由投入、活动、使命驱动的组织流程共同推动的，可能对社会系统产生正面或负面的影响。

影响力测量是一种监控、管理和报告的手段，其内容包括社会企业的财务和非财务产出或投资的绩效，以及社会企业的双重底线价值。管理者通过测量其影响力来有效地管理资源，确定他们实现自身使命和目标的进程与程度。同样，有影响力的投资者使用测量来确定如何最好地分配和评估针对社会影响力创造的资本投资绩效，同时帮助企业更加优化。

（一）测量产出和结果

所有社会企业家和有影响力的投资者的最终目标是创造影响力。然而，在评估所创造的影响力之前，企业首先必须明确其目标，确定其复杂的干扰因素，以及在企业后续进展中可以被描述、测量和跟踪的社会发展目标和趋势。

2005 年，“影响力价值链”（Impact Value Chain）被开发为对社会影响力分类的简化模型，该模型可以测量社会企业的影响力和价值创造的不同阶段和程度（见图 9 -2）。它为与社会企业目的和战略设计有关的活动、功能和资源提供了一个窗口。此外，该框架还有助于区分差异化测量，如社会绩效（输入监控流程、活动和输出）、社会效益（短期结果和影响受益人）和社会影响（长期结果和社会投资活动与干预所引起的系统性变化）。

领先指标被当成测量影响力的标准。它们阐明一个组织要怎么做才能对其所需做出改变，以及用什么方法检测最后的结果对企业发展的影响。这些特定的运营指标都类似于财务指标，可以通过企业活动的结果直接对其进行独立测量并评估风险。例如，在小额信贷领域中，扶贫的主要指标包括：创造就业机会、贷款偿还和重复贷款的次数。

最终对于期望结果的变化，受到社会企业有意的和无意的风险投资活动和经营副作用的影响。使用领先指标有助于直接认识到这些活动对组织

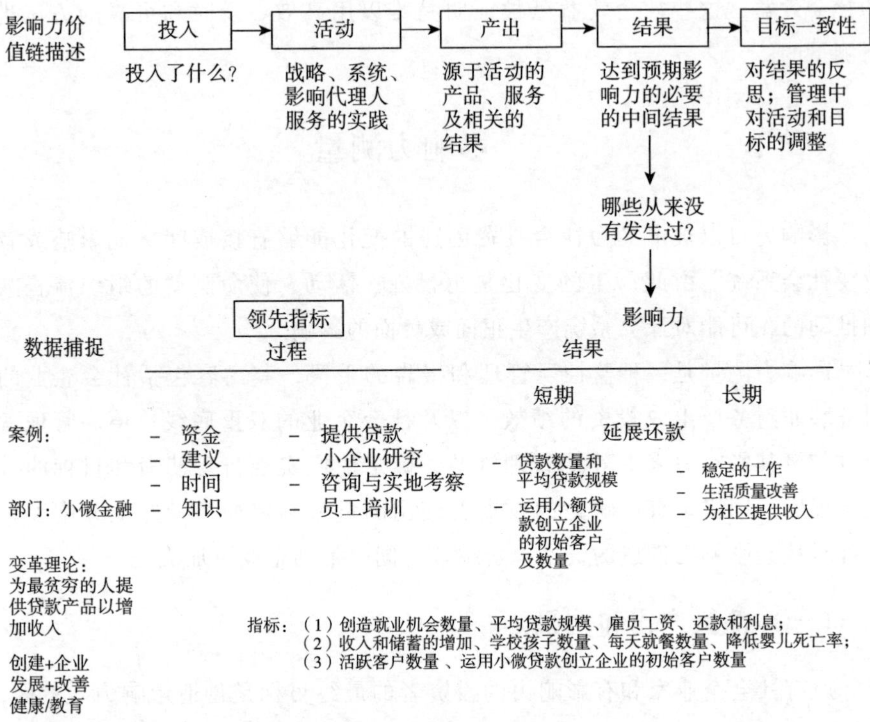

图 9－2　影响力价值链

注：以双重底线下的影响力价值链为基础的自绘图。

各部分所产生的影响，以及外部因素所造成的改变。结果的变化往往很难测量（尤其是在短期内），大多数企业对他们所期望的结果和社会变革有各种想法。尽管存在这些挑战，人们通常希望能够用具体的方式把结果预测出来，并且应该设法实现预期的效果。例如，小额信贷机构的期望是收入最终能够达到符合改善生活的标准，如每天一日三餐、提高收入水平并有较高的储蓄。

（二）社会影响力测量方法

对社会影响力的评估已经有各种方法。这些方法包括对基于固定指标和方法性能评估的工具，类似于影响力价值链的方法，提供了指导方法和评估流程与步骤。它们在这些方面都有差异：获取的数据、使用的数据、应用程序和所使用的技术。

1. 数据获取

社会影响力评估是用来获取组织的有效性、社会影响力或两者兼顾的数据（见图9－3）。组织有效性（财务和非财务）的数据涉及社会企业的健康状态、功能性和效率状况。这个数据是用来帮助追踪和监控业务进行过程中的中间结果，并且重点在于监控财力、人力资本和技术，而不是对社会影响的结果。

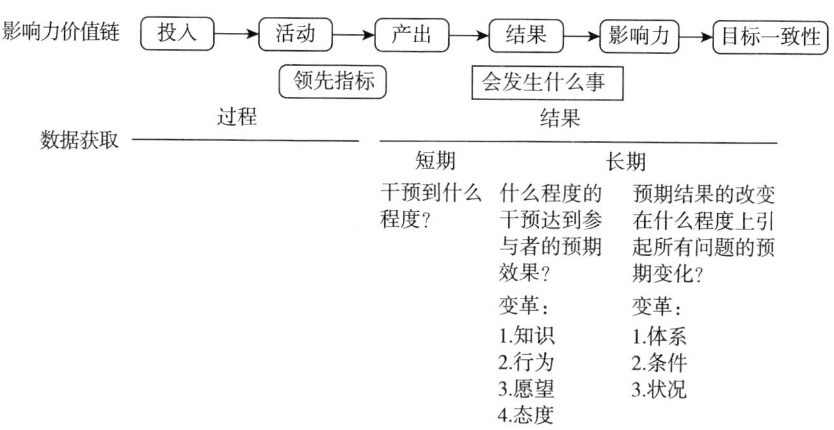

图9－3 不同测量方法获取的数据

注：以影响力价值链和逻辑模型为基础的设计。

此外，社会影响力数据涉及产出和结果。这样的数据通常用来评估社会、文化、环境、经济和政治的变化，最终达到改变个人、家庭、组织、社会以及整个系统的目的。

2. 数据的应用

影响力测量和其表现的数据被非营利组织、政府、基金会、社会企业或社会投资者利用，并且能够在干预和解决方案阶段等方面进行测量。该数据对企业家和投资者在诸如选择投资、合作伙伴信息、企业运营管理、定标、外部报告、推出机制、回顾性评价等方面都有参考价值。

不同阶段的干预措施和解决方案

干预措施是社会企业对社会变革过程中产生的影响所采取的应对措施。它们可以分为四个阶段进行规划实施。

第一阶段：根据企业所期望的解决办法来界定和理解社会问题。

第二阶段：用头脑风暴的方法提出解决办法。

第三阶段：在有限的范围内进行测试并完善解决方法。

第四阶段：扩展程序并嵌入社会影响力的现状中。

一个组织的影响力取决于它的计划、预算、执行程度，以及通过投入、活动和产品等因素实施干预，达到和管理其预期结果和影响。麦肯锡公司区分并定义了社会企业干预的六大类。

第一类，知识发展。其目的是解决现有的或预期的问题。例如，为穷人提供儿童生存、生殖健康和艾滋病毒及艾滋病预防等方面的教育，以及针对最贫穷人群开展如何管理和存贮钱财方法的教育。

第二类，服务及产品的开发和交付。满足需求匮乏。例如，贷款给最穷的人。

第三类，能力增强和技能发展。帮助企业提高其能力或改变他们的做法。例如，在职训练计划。

第四类，行为改变。目的是产生积极的社会效益。例如，使用贷款或储蓄来投资农业可持续发展的举措。

第五类，基础设施系统的建立。目的在于促进变化。例如，形成社会网络和社区的做法，增加借款人的责任，并确保贷款的还款。

第六类，政策的制定和实施。促进或预防变化，例如游说、行为改变运动或公众意志运动。

3. 应用

通过非营利组织、政府和项目集群对社会投资者的评估，以达到对社会企业的管理和认证的目的。从方法论的视角而言，这些方法是对任何部门或特定部门进行干预措施的评估；同时无论是发展中国家还是发达国家，均可从中受益。

评估方法对特点、做法、结果、估值干预和前后的资助做评估（例如，摆脱贫困的进度）。在特定的时间点，把测量结果总结成一套固定的指标。不幸的是，这些方法不能长期跟踪和管理运营数据。

通过管理途径可以监测进展情况，驱动程序的详细操作信息（例如，平衡计分卡的影响）对管理结果的影响。它们被用来投资，并协助社会企业家和投资者进行追踪、学习、修正正在进行的所受的干预。

认证是由独立外部审评的，以客观系统的方法进行组织评级，是基于某些固定的和可取的特性（例如公平贸易）。这种方法可以降低风险，吸引消费者和投资者。也就是说，它有助于消费者、投资者、企业在有目的的消费、投资、购买时保证他们的双重底线。

4. 涉及的技术

有三种关于定义、收集和评估社会影响的方式，即规划技术、数据收集方法和数据评估方法（见表9－4）。规划技术从方法论而言关系到战略描述，或者是对最佳实践的一种策略（例如，对正在进行的决策或活动做出的评价）；数据收集途径是指获得数据的方法（例如，访问、直接观察等）；数据评估描述的方法是对最后的判断和结论（例如，基准分析和成本分析）。

表9－4　社会影响力评估的三种技术

规划技术	数据收集方法	数据评估方法
利益相关者协商 逻辑模型 问题描述 评估模型 形成性评价	访谈 小组讨论 直接观察 参与式研究 项目数据收集 外部数据收集	标杆管理 成本分析 描述性统计 专家评估 描述方法 多维索引 回归统计方法 战略评估

注：以 TRASI、Foundation's Tool's 和 Resources Catalogue 为基础的自绘图。

（三）社会企业绩效测量的相关问题

社会企业的捐助者和资金提供者（贷款人）希望知道资金到企业以后的去向，同时社会创业者或企业家也希望知道短期或长期项目中遇到的困难和挑战，以及产生的社会影响力和绩效表现，并找到解决措施。

目前，利益相关者承诺的创造积极的社会影响或环境影响，与现实影响有差异。这是因为所有的社会影响力测量方法，一是在成本或时间方面，社会企业家们很难提供给组织；二是信度和效度的问题，大多数都是自我报告的结果，不遵循行业既定的标准；三是从长期看，可能需要与其他几种方法相结合，提供一个“大画面”以便观察组织机构。

面临的挑战是建立一个切实可行的评价系统，结合并平衡影响力评估（对投资者或投资经理）与评估影响（社会企业及受益人）。目前，大多数系统都是由投资者建立，更为关键的是，社会企业家及利益相关者并没有为资金短缺提供一个有效的解决办法。方法上的碎片化发展以及社会影响力指标的复杂性，也限制了使用以及社会企业产生结果的有效性和效率性。

由于大多数方法都是针对特定目的和指向的，社会影响力指标不存在普遍接受的标准。指标体系对一个系统来说是最关键的环节，无论对学术界还是从业者，都非常关键。一个共同认可的模型必须明确几个方面：一是测量的最小通用标准，二是常用的资料收集工具，三是常用的报表与常用的格式。最佳的做法是提高该领域的可比性和增加设置阶段的可信度。

四 案例研究

Kiva 是一个非营利组织，它将人们联系起来通过贷款来缓解贫困。这个组织是在 2005 年 10 月由两个社会企业家 Matt Flannery 和 Jessica Jackley 创立的。Kiva 是一个 P2P 小额贷款网站，在 60 个国家连接了超过 60 万人的个人贷款和 136 个小额信贷机构（微型金融领域的合作伙伴）。这些个人贷款只发放给社会创业者 25 美元，主要针对很少光顾传统银行的妇女。除了个人贷款，Kiva 是由个人投资、机构投资、基金赞助、赞助商和基金会等捐赠的。

Kiva 的社会投资者投资了超过 24 万美元的助学贷款。而 Kiva 没有经济回报，回报的是在保证资本的情况下通过贷款产生隐含的社会影响力。

Kiva 是拥有超过 450 名志愿者的组织，是小额信贷的管理机构和贷款渠道。它们还访问借款人，并编辑和翻译他们的故事，通过在线期刊和博客进行报道。

Kiva 的成员已经帮助微型金融机构完成 CERISE 社会绩效指标体系的评估。本文基于 Excel 工具侧重于过程管理，比较微型金融机构的意图与行动来判断机构是否实现其社会目标。它采用四个维度的指标分析社会绩效。这一指标用于机构比较和团体分析，分析社会和财务业绩之间的关系。

近年来，社会绩效已成为投资者、贷款人和资助者越来越重要的话题。到目前为止，Kiva 提出了采用社会影响指标测量的绩效报告，报告反映出它们间接帮助多少人实现了脱贫。除了这一报告，它们不采用任何其他措施来评估它们的贷款所产生的社会影响。其结果是，Rockefellar 基金会为 Kiva 提供了 30 万美元的捐款，帮助它们开发和部署社会绩效测量（根据约定的指标），促进公开透明的问责制，并吸引更多的相关产业。同样，Fishman-Hillard 为 Kiva 提供无偿通信支持，帮助它们创造一个 P2P 贷款平台，并最终吸引新贷款人、借款人、小额信贷机构和合作伙伴加入这一行业。尽管如此，小额信贷机构社会影响的测量和性能报告仍然是罕见的，而且不需要通过 Kiva。

问题

1. 如何测量效益或者对小额信贷机构的投资者、债权者、最终用户的风险？

2. Kiva在管理和测量它的社会影响时的挑战是什么？

3. 发达地区影响较大的小额信贷机构如何在不发达地区开展工作？

4. 如何衡量Rockefellar基金会和Fishman-Hillard为Kiva的投资所产生的影响？

第十章　社会创业的扩张战略

安德烈亚斯·海内克（Andreas Heinecke）
欧洲商学院战略、组织与领导力学系
“对话社会企业”集团创始人和执行主席

朱迪·梅耶（Judith Mayer）
慕尼黑工业大学企业和金融研究中心（CEFS）

◇学习目标

完成这一章的学习，能够达到以下目标。

1. 解释组织发展和他人复制的区别。
2. 解释主要的扩张策略和它们各自不同的特点。
3. 理解扩张战略的优缺点。
4. 认识到社会投资者对待企业扩张的视角。
5. 解释扩张的影响以及如何克服障碍。

一　导言

社会创业的概念得到了来自商业、教育和研究领域的大量关注（Hoogendoorn，Pennings and Thurik，2010）。在过去的10年里，一些商学院设立了社会企业教育和研究中心，并且发表了许多与社会创业相关的文章。然而，目前社会创业还没有一个通用的定义（Mair and Marti，2006）。按照霍布西兹（Huybrechts）和尼科尔斯（Nicholls）在这本书第二章中的观点，我们把社会企业家定义为那些试图用办企业的方法来解决社会问题的个人。对社会和经济目标双重底线的追求明显将社会企业与营利性企业和非营利组织区别开来（Martin and Osberg，2007）。

美国前总统克林顿曾经说过：“几乎每一个问题已经被某人在某地解决

了。21 世纪的挑战是要找出什么在起作用，并将其规模放大。”（转引 Olson，1994）从业人员以及研究人员都高度强调社会企业扩张之成功方法的重要性（Bloom and Smith，2010；Tracey and Jarvis，2007）。基金组织强调企业家扩张的能力，将它作为投资决策至关重要的选择标准。为社会企业提供股票或债券的投资者通常会要求扩张，以确保其偿还投资的能力。有时，成功的扩张做法甚至被视为社会企业增加受益人的数量以及提高社会影响力的“义务”（Ahlert et al.，2008）。

Dees（2008）将企业扩张定义为“扩大某种经营‘模式’的影响……以更好地匹配社会需求的大小程度或所需解决问题的严重程度”。扩张的定义已经表明，社会企业的扩张和企业业务的增长不一定是相对应的。前者专注于扩大对社会的影响，这几乎是不可测量的；而后者则主要侧重于经济成功或股东价值的参数变化（Uvin，2000）。因此，社会企业的扩张并不一定意味着组织规模的扩大，但是它包括其他人对企业做法的复制。此外，商业企业受益于规模经济增长时带来的收入增加，以及单位成本的降低。相比之下，社会企业往往不具有太大的增加企业收入的可能性，它们大多依赖于提供适应地方性特点的服务，因此规模经济的扩张可能性是不大的。另一个重要区别是，社会企业很少像许多商业企业那样提供主流产品或服务，而是致力于补缺。因此，不可能简单地把商业公司的增长战略用于社会企业的扩张战略。

接下来，我们将阐述社会企业的扩张策略并找出促进和抑制企业扩张的因素。在讨论扩张障碍的同时，确定相应的解决方案。

二　扩张理论

在一般情况下，首先要区别一家社会企业是纵向延伸还是横向拓展。纵向延伸意味着探讨一个单一问题的更多方面和角度，以提供一个更全面的解决办法；而横向拓展则意味着增加受益者的数量（Bloom and Chatterji，2009）。本章主要关注社会企业的横向拓展。当然，也可以同时用于对纵向延伸的研究。

（一）先决条件

在决定扩张方法和路径之前，社会企业家必须考虑几个先决条件：首先，社会企业应该明确自己的使命、核心价值观以及建立既定的商业模式（Dees，Andersonand and Wei-Skilern，2004）；其次，必须有一个通常被称为“概念验证”的成功的客观证据，以便在利益相关者面前强调扩展做法的相关性，并在将做法延伸到新的区域时，能获得他们的认同（Roob Bradach，2009）。如果扩张发生过早或过快，并占用企业过多的资源，就会有危险，即为了规模的最大化而牺牲企业的正常发展。因此，更好的做法是先进行有限度的扩张，经过重新评估之后再进一步扩展。图 10－1 显示出综合考虑了上述因素的社会企业的生命周期。

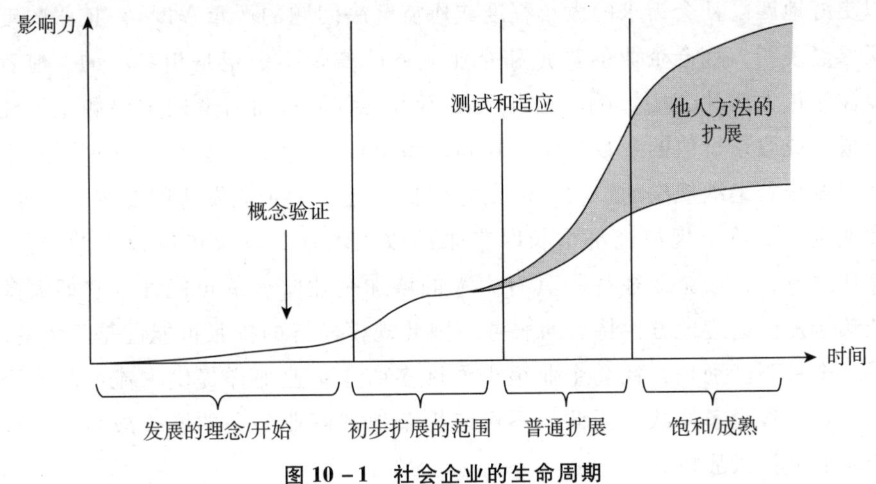

图 10－1　社会企业的生命周期

为了测量影响力，我们确定了一些关键指标的定义。表达影响的常用测量指标是受益人数。当然，影响不会总像图 10－1 中所示的那样顺利增长，有时也会由于经济条件或管理不当的原因而降低。然而，出于简化的原因，图 10－1 中省略了影响减少。正如图 10－1 中所示，扩张不仅仅发生在单一组织内，相反这个组织可以与他人合作，效仿者可能会出现，因而进一步扩张了这家企业的做法。图 10－1 中的灰色区域表示复制别人的方法。

除了策略，用于扩大组织的资源要到位（Dees，Anderson and Wei-Skillern，2004）。资源包括资金、管理人才和当地及本土知识等。此外，必须考虑该方法被应用的环境，还要确定这种方法是否能够适应不断变化的环境，是否有明显的社会需求以及足够的市场潜力。当一个组织证明其方法可以进行扩张的时候，它就要开始考虑如何实现这种扩张了。

（二）扩张策略

参照 Dees、Anderson 和 Wei-Skillern 等人（2004）的研究，我们重点讨论传播、联系和分支机构。此外，特许经营作为一种紧密联系的形式也会被提及。

1. 传播

传播可以和 IT 的开源方法进行比较。最早成立的组织通过为对复制其方法感兴趣的人提供信息和技术辅导，使得社会创新得以实现（Dees，Anderson and Wei-Skillern，2004）。其主要优点是较快地达到规模，以较低的直接成本和较少的精力耗费达到预期效果。此外，复制企业现成经营方法的人了解地方的特点，并把它们加入考虑的因素之中。这种做法的缺点在于缺乏对复制者的了解以及复制者是否具有复制的实力等因素的控制（Ahlert et al.，2008）。社会企业的开源方法似乎比商业企业更多，因为社会企业的主要目标是增加社会影响，因此主要关注对社会价值的创造。相比之下，商业企业寻求通过各种方法获得价值，主要是为企业主拥有更多的价值而努力（Santos，2009）。常见的传播战略是出版物（如宣传册、手册和公开演讲）、培训、咨询和对资质认证标准的解读。

传播的案例——蒙特梭利学校（Montessori Schools）

蒙特梭利学校的训练方法是一个传播战略的例子。蒙特梭利在 20 世纪初定位在幼儿园和基础教育，开发了“注重自主学习”的理念。该方法很快引起了其他人的兴趣。为了给这些人提供实现这个方法的可能性，该组织（蒙特梭利教育机构）出版了一本解释其理念的书，同时还提供对教师的培训及教育参考材料。如今，该理念被应用于世界各地的学校（www.montessori-ami.org）。

2. 从属关系

从属关系是另一种类型的扩张。它被定义为一个母组织与一个或多个在特定领域实施该方法的合作伙伴之间的协作。该关系是由母公司和其合作伙伴之间的协议确定的。协议可能包含一般的或特定的指导方针等内容，例如对一个共同的品牌名称的使用、项目内容、资金责任，以及汇报的要求（Dees，Anderson and Wei-Skillern，2004）。双方之间的关系具有多样性，既可以是共享同一任务的松散的合作关系，也可以是关系紧密的从属关系。在更严格的情况下，它被称为社会特许经营。子公司通常受益于网络的协同效应。与传播策略相比，从属关系使得母公司能更好地控制它的合作者。不过，相较于传播策略，从属关系需要更长的时间来建立，而且需要更多的资源和母公司的支持。由于当地的合作伙伴参与，隶属关系也需要考虑地方的特殊性。经营企业的常见形式是合资和许可。在合资企业中，两家或更多的合作伙伴成立新的公司，分享知识和资源，共同承担风险；许可权是指权利的转让，如许可证持有人使用授权人知识产权的权利。

从属关系的案例——议院观察（德语：abgeordnetenwatch）

议院观察提供了一个网页，公民可在网页上自行了解国会议员的信息，还可以向他们提问。议院观察组织的目的是增加政治透明度和鼓励公民参与民主进程。它们已经对大多数德国议会以及在欧洲议会的德国代表实现了这一做法。为了将这一做法拓展到德国境外，议院观察希望能够与一些有兴趣的企业家或组织建立合作伙伴关系。他们为合作伙伴建立网站，提供网站维护并向合作伙伴开放访问系统的特权。合作伙伴每个月向议院观察缴纳一笔许可证费用，以作为合作的回报。合作伙伴有权利以自己的名义经营，并在本国的政治体系框架内进行调整。除了技术服务，议院观察还为合作伙伴提供大量的信息材料。目前，奥地利和卢森堡已经有组织与议院观察建立了合作伙伴关系。（www. abgeordnetenwatch. de/international - 248 - 0. html）

3. 社会特许经营

社会特许经营是一个非常紧密的从属关系。当前，社会特许经营方式在社会领域得到了显著的运用（Tracey and Jarvis，2007）。特许经营是一种早已被证明有效的经营方式，社会企业家所做的就是将这种模式运用在社会企业的经营上，同时从特许经营者和加盟者的网络协同效应以及系统的技术转让中获益。类似于商业特许经营，社会特许经营权允许大量的加盟者在不同的地区（Hackl，2009）通过相同的商业模式和品牌进行经营。在特许经营体系内，品牌的一致性被视为资源调动的关键，因为各个加盟者的一致的外观有利于建立信誉、信任以及品牌知名度（Ahlert et al.，2008）。然而，社会企业家必须意识到使命转移和声誉损失的威胁，如果一个加盟商展现自己的方式与授权组织的使命相违背，组织的整体声誉会被损害。因此，特许人在选择加盟商的时候一定要谨慎，要仔细考虑他们是否值得信任或忠诚。此外，要设立相应的管理机制。然而，由于加盟商的独立性被认为是社会特许经营的一个重要方面，这是一个难以平衡的问题（Ahlert et al.，2008）。相比商业企业的特许经营，在社会特许经营的早期阶段，特许经营的审核报告和加盟者的正当性往往被忽视。此外，社会企业特许经营往往缺乏商业企业特许经营的系统性做法，企业的规范化建设往往要拖很长的时间才能进行（Schöning，2007）。由于社会企业提供的大多是服务，往往很难界定除了品牌名称和初始知识转移以外的加盟商的价值主张。

社会特许经营的案例——“黑暗中对话”

“黑暗中对话”提供了一种在完全黑暗的环境中由盲人导游为游客带路的体验。在德国举办展览和设立工作坊之后，创始人 Andreas Heinecke 通过社会特许经营的方式将企业经营模式扩展到了 30 多个国家。在他的模型中只定义基本的标准，以确保质量水平（见图 10－2）。

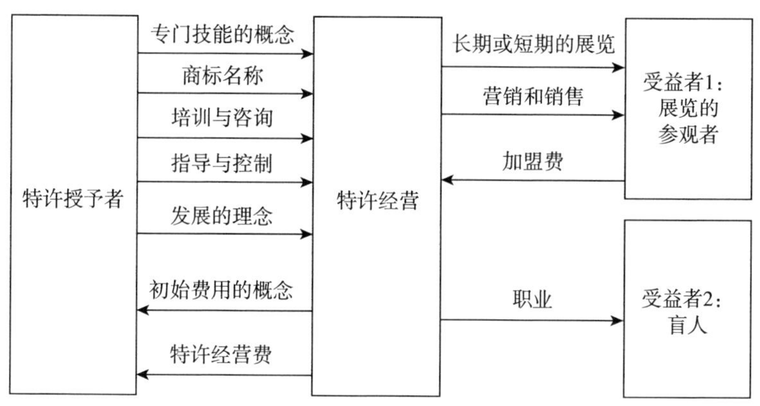

图 10－2　“黑暗中对话”的特许经营模式

4. 企业分支机构

企业分支机构是指创建某一企业的本地或当地分支机构，类似于商业领域的一家公司拥有的连锁店、办公室或者分厂（Dees，Anderson and Wei-Skillern，2004）。它代表了企业的策略可以得到创始组织最好的控制。因此，当成功的扩张依赖于严格的质量控制、详细的做法和隐性知识时，开设分支机构是最好的选择。各分公司的中央统一协调可有助于建立一个公认的品牌，扩大经济规模和传播文化等无形资产。然而这种方式也存在一个风险，即组织对协调其附属公司的过分注重会使其忽视日常的业务运行，因而导致在提供服务方面的质量下降；而对更多资源的需求以及缓慢的进展将导致成本的增加。此外，中央组织难以顾及地方的特点，因为它们缺乏本地知识（Ahlert et al.，2008）。

企业分支的案例——阿育王基金会（Ashoka）

1980 年，比尔·德雷顿在美国成立了“阿育王：服务公众的创新者”基金会。阿育王基金会通过提供生活津贴以及非金融支持来帮助社会企业家建立社会企业的基础设施。如今，阿育王基金会在全球 60 多个国家设立了分支机构，其所有子公司都遵守相同的使命，共同追求并推动积极的社会变革。阿育王基金会成功地提供高质量的服务，并在所有代表的国家都建立了强大的网络。通过其国际董事会来行使挑选合格社会企业家的最终决策权，该组织确保了旗下各子公司严格执行阿育王基金会的高标准。

（三）选择合适的扩张策略

在确定采取哪一种策略之前，社会企业家必须考虑几个方面的因素。一般来说，扩张策略在控制能力方面存在紧密或松散的区别。此外，实施某一特定策略所需资源也是必须考虑的一个方面。各种策略可以根据图10－3 的框架进行分类。

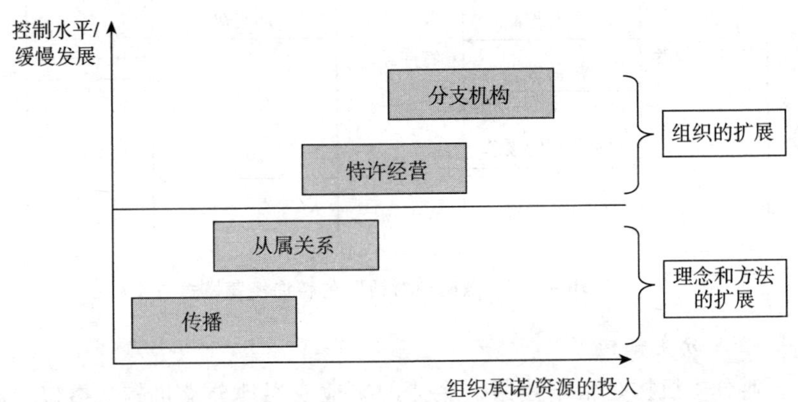

图 10－3 策略框架

虽然传播和适度宽松的从属关系需要较低的承诺，并可能更迅速地推广企业的经营方法，但是只有在能够确保质量标准的情况下，这种扩张方式才是有价值的。在某些情况下，通过分支机构的建设以发挥更好的协调作用和稍微缓慢的扩张是可取的，因为这种策略能确保高品质，尽管分支机构的建设会导致成本的上升（Dees，Anderson and Wei-Skillern，2004）。

建立分支机构的策略被频繁应用于商业企业，因此是众所周知并被广为研究的。相比之下，对传播策略的了解我们还比较欠缺（Waitzer and

Paul，2011）。以往的研究表明，社会企业倾向于使用传播或从属关系策略，而不是分支机构策略，因为分支机构的建立会导致组织的复杂性和较高的资金需求（Waitzer and Paul，2011）。通常情况下，企业会把不同的扩张策略结合起来，以使某种经营方式得到全面的扩张。

（四）从投资者角度来看企业可扩张性

Achleitner 和 Heister 在 2009 年发表研究论文，研究了社会投资者对社会企业的可扩张性评估。根据他们的构想，影响可扩张性的一大因素是利益相关者对某一经营方法的效能的理解。当利益相关者有可能影响社会企业成功的时候，他们获得的效用增益会对可扩张性产生更大的影响。事实上，有证据表明，如果某种想法被大家认为可能导致成功，那么这种想法会传播得更加迅速（Waitzer and Paul，2011）。与可扩张性有关的另一个因素是目标人群和非社会企业人士提供服务的比例。通过鼓励利益相关者参与社会企业的服务提供过程，对创始机构的依赖就会减少，从而经营方式的可转移性就会增加。因而，企业的受益人和其他利益相关者应被纳入社会企业的服务提供过程，并将他们转变成服务的共同提供者（Waitzer and Paul，2011）。如果需要大量的知识技能，那么其他人参与服务提供过程的可能性就会大大降低。因此，“目标人群和其他人的服务提供”和提供服务所需的知识技能是一种负相关关系（Achleitner and Heister，2009）。图 10－4 描绘了这种关系。

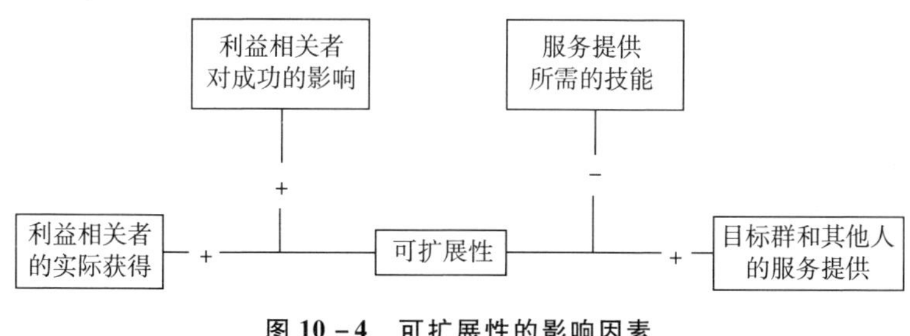

图 10－4　可扩展性的影响因素

三　扩张的启示：障碍和解决方案

在过去，社会企业的扩张相当缓慢，并且由于像融资和人力资源调动的障碍，扩张的过程似乎很烦琐（Hoogendoorn，Zwan and Thurik，2011）。

Hoogendoorn 等人甚至将社会企业与初创企业相提并论，他们认为社会企业的扩张很少能克服初创阶段。在下文中，我们将列举各种不利于扩张的障碍，并将它们分为与质量控制有关的管理方面的障碍，以及人力资源和融资方面的障碍。

图 10－5 显示了社会企业发展周期中所涉及的各种障碍。虽然融资的困扰不是一直都存在，但至少它在企业创建后到走向成熟的阶段对许多社会企业家来说都是一个问题。对于初创时期的企业来说，投资者可能提供有限的资金，这点资金只够维持生存而已；或者有可能签订一笔不适合企业融资需要的协议，这个协议不是目标太大就是目标太小，与企业的扩张需要不符，例如过大或者合同约定并不符合比例（Milligan and Schöning，2011）。其他障碍来自社会企业的人力资源方面，因为掌握相关技能的新员工往往很难找到。当一个社会企业的做法被复制时，质量控制就变得很重要了。

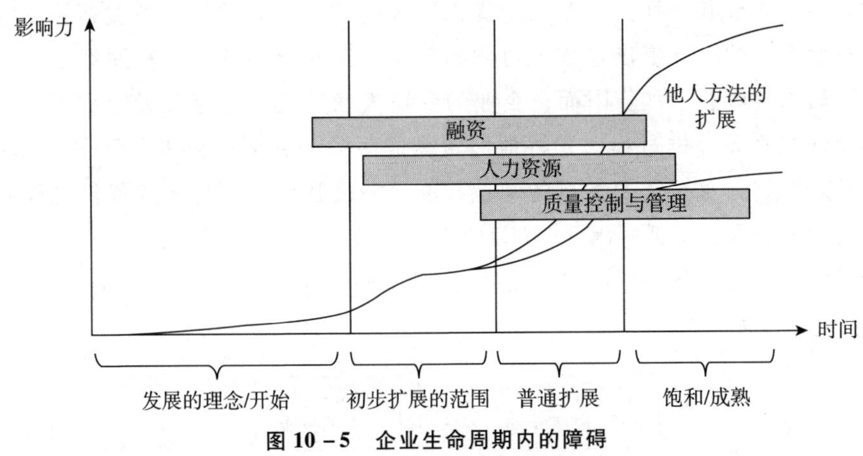

图 10－5　企业生命周期内的障碍

（一）融资

社会企业有广泛的资金来源，其投资来源甚至超越商业企业或非营利组织的传统资源和工具（见本书的第八章“社会创业融资”）。例如，公益创投基金运用风险投资的原则来为社会企业提供资金。尽管资金的来源多样化，融资渠道仍然是社会企业扩展的一大障碍（Hoogendoorn，Zwanand Thurik，2011）。

1. 内部融资

关于内部融资，社会企业有可能为它们的服务收取费用。费用由受益人或第三方或者通过公共机关部门支付。受益人往往无法支付他们获得的服务（Glaeser and Shleifer，2001）。此外，公共部门在为社会企业投资的同时往往会对社会企业提出很高的责任要求，不过，政府也经常没有准备好满足社会企业特定的资金需求。

为了解决有关内部融资问题，社会企业可以尝试创造额外的收入来源，例如通过出售产品。此外，政府在制定资助方案时，应考虑到社会企业的具体特点。在社会部门里，政府可以通过定期招标申请资助和将资金的提供与所要达到的影响力联系起来的方法来加强市场机制，特别是竞争机制。澳大利亚政府早已开始以颁发许可证的方式为社会企业提供资金，使它们能代替政府机构去解决一些社会问题。政府会定期进行许可证的重新分配和发放（Obermüller，2009）。

2. 外部融资

社会企业外部融资的可能来源包括赠款、股权、债权、夹层资本和混合资本（见本书第八章“社会创业融资”）。社会企业很难获得外部融资来促进其扩张活动，因为基金和其他投资者喜欢将自己视为“社会变革的推动者”，因此他们主要为新的有创意的项目提供资金，而不是为企业扩张过程提供资金（Ahlere et al.，2008；Sharir and Lerner，2006 年）。传统的以营利为目的的投资者大多不愿意资助社会企业，因为社会企业的法律形式往往限制了利润分配，而且这些投资者大多不具备必要的社会企业投资方面的知识。此外，社会企业往往缺乏对创业投资选择的知识，因此也不太了解如何与社会投资者进行恰当的接触。

为了吸引更多的投资者对社会企业的扩张过程进行投资，政府可以建立一些承担社会企业融资风险的项目。这些方案包括联合投资、担保或贷款的承保。“敢于冒险”是一家社会投资基金公司，这家公司的经历表明，基金公司给社会企业的担保实际上只需要少量的钱就可以做到，因为在90%的情况下，很多资金都没有得到动用。本书第八章“社会创业融资”也给出了外部融资的更多内容。此外，社会企业家的金融教育需要加强。社会企业融资的成功须从阅读社会投资手册开始（Achleitner et al.，2011）。

（二）人力资源

关于社会企业人力资源，首先要考虑的是公司的创始人及其团队。创始人是需要单独对待的，因为行业从业人员以及研究人员都高度重视企业创始人的作用。社会创新学派在研究社会创业的时候关注的是个体的行为

(Hoogendoorn, Pennings and Thurik, 2010)，而且他们往往会将创业的成就归功于创新者，而不是创新本身（见阿育王基金会、施瓦布基金会和斯科尔基金会）。Sharir 和 Lerner（2006）甚至指出，创始人的辞职很可能导致社会企业的崩溃。

1. 创始人层面

在社会企业走向扩张的时候，创始人往往可能会成为这一过程的瓶颈。这是由以下几个原因造成的。首先，一个人的精力和时间都有限，因此需要委托他人承担大量工作，但是社会企业家非常不愿意放弃控制权（Waitzer and Paul, 2011)。其次，社会企业家不可能具备所有促进企业扩张的技能。管理能力的缺乏经常会带来企业发展问题。如果社会企业家在将商业模式运用在自己企业的时候缺乏创造力，那么这种缺陷将无法给企业带来可观的收入。这也是制约企业扩张的一个因素。再次，社会企业家的个性可能不适合企业的扩张，而且社会企业家在扩张的过程中经常感到沮丧(Dees, 2008)，因为企业扩张使他们的工作任务发生了改变。在企业开创过程中，社会企业家完成具体的操作任务，包括直接与目标群体接触以及战略工作。而在扩张期间，他们的工作主要是关注战略目标以及对规模扩大后的企业的管理。最后，社会企业家缺乏成为大型企业管理者的动力，因为他们得到的报酬只相当于传统商业企业管理者报酬的一小部分。当考虑接班人的时候，对组织创建人的过度依赖尤其会成为一个棘手的问题。

与其把社会企业家转化为大型组织的管理者，不如找一个更合适的管理者来代替创始人，因为企业规模扩大到一定程度的时候，企业创建人可能缺乏驾驭这家企业的能力。更换企业管理者可以使原创始人获得新的发展机会。公众特别是基金组织和研究领域，不应只关注企业创建者一个人，而是要更加强调一个拥有各种相关能力的团队的重要性。如果技能缺失，投资者可能会要求把组建一个团队作为投资的先决条件。此外，社会企业家需要专业的培训来学会如何普及他们的做法。一个核心问题是，社会企业家如何才能学会让别人来承袭他们的方法（Waitzer and Paul, 2011)。社会企业家必须意识到，如果其太过自私，就会抑制复制他们做法的人的创造性(Bloom and Chatterji, 2009)。为了企业的长期生存，接班人计划必须尽早制定。接班人计划是非常重要的，因为与商业企业家相比，社会企业家处在更高的年龄段（hoogendoorn，Zwan and thurik，2011)。

2. 员工层面

关于团队，社会企业里既有付薪员工，也有志愿者。人们常常认为，在社会部门工作的企业人员和志愿者具有较高的内在动力，这种动力消弭了他们收入较低的缺陷（Mirvis and Hackett, 1983）。在开始的时候，社会创业者有时候会得到朋友和家人的支持。但是，在企业扩张的阶段，仅仅依赖员工的内在动机和家人、朋友的帮助不是一个明智的策略。值得怀疑的是，那些将一家社会企业发展到现有阶段的企业团队是否具有带动企业走上扩张之路的能力，毕竟企业的扩张需要这些人完成各种管理性工作，然而，这些员工并没有做好准备，也没有动力来完成这些工作（Waitzer and Paul, 2011）。再者，因为工作气氛的变化以及对效率的要求程度更高，这些员工对企业的扩张经常持不满意的态度。那些明显经员工努力实现的成果，在扩张过程中反而变得不那么重要了。然而，当这些人被疏远，也就意味着组织精神的一部分会丢失。社会企业很难吸引到新的有才华、有能力的工作人员，较低的收入和声望使他们缺乏在社会部门谋职的动机。此外，社会企业也很难找到那些具有与它们价值主张一致的人：这些人注重社会价值，而且还牢记企业财务的可持续性。目标结构应该是一致的，以减少代理冲突。

为了吸引有技术的人才，社会企业必须制定出一套行之有效的激励机制。激励机制可以包括外在激励的一些方法，例如工作认可。当人们在社会企业工作中发现自己的技能被需要，而且这种技能通过工作而体现出它的意义和价值时，他们就会产生认同自己工作的内在动力。为了激励年轻人，政府可以把他们在社会企业的工作作为某个政府资助社会项目的一部分，例如社会服务志愿者年项目。另外，涉及社会创业的主题应该被纳入MBA项目的管理教育体系，以加强学生对这些议题的意识（Pirson and Bloom, 2011）。对于有经验的管理顾问，可以实施社会休假的做法，类似博士或工商管理硕士休假。休假结束后，他们有可能回到以前的职业生涯中。因此，经验丰富的顾问能够克服因为中断其职业生涯去参加社会企业工作而产生的对职业生涯出现倒退的恐惧。非顾问公司也可以实施与顾问公司类似的项目，这样它们的员工就可以利用短暂的时间来为社会企业工作。一个很好的例子是LGT公益创投的I-cats项目，为它们的经理级员工支持社会企业的做法提供方便，同样可以做老员工的再就业辅导。此外，公益性服务如免费咨询或法律意见永远是重要的，应在企业志愿服务计划中进行推广，以便根据志愿者的专业知识来分配服务任务。

（三）质量控制与管理

社会企业家需要有一个明确的战略，以便成功地扩张。然而，社会企业家在推进扩张策略时往往缺乏系统性，武断行事，在他们认为合适的时候抓住机遇。为了避免滥用他们的做法，质量检查必须到位。然而，社会企业面临着一些挑战，这些挑战与他们的扩张做法有关。

1. 质量管理的难点

由于透明度的缺乏和社会绩效衡量措施的局限性，对复制做法的控制有一定的难度（Achleitner et al.，2009；Austin，Stevenson and Wei-Skillern，2006）。此外，社会企业往往不能通过申请专利来保护他们的做法不被滥用，因为社会企业提供的服务大多不适合申请专利。此外，很难判断复制者是否认真地实施某一方法。相反，与商业模式的采纳者不同的是，社会企业模式的采纳者往往不需提供启动资金，因为创业成本可以由特许经营权拥有人或捐赠来提供（Ahlert et al.，2008）。因此，模式采纳者可能会采用机会主义行为，他们遵守规则的动机可能会较低，因为他们没有资本损失的危险（Ahlert et al.，2008）。在误用方法的情况下，社会企业家往往不可能采取制裁措施，因为没有合同协议，他们无法执行这种操作。

2. 确保质量的方法

为了克服缺乏透明度的问题，社会企业所使用的绩效指标应该被收集起来，建立统一的绩效测量措施库。社会报告标准或影响力报告中的投资标准已经在试图克服这个缺点。然而，这些方案需要传播得更广，以实现更高的一致性和透明度。社会企业不能申请专利，但是至少可以保护自己的商标，以避免被滥用或走样。进一步保护社会企业的方法包括审计、认证、许可费或设立对会员收费的联合机构。会费的收取将吸引那些认真的执行者加入，因为方法不当会被开除（Gugerty，2009）。此外，社会企业家需要掌握如何评估的办法，如共情、信任、信誉、团结和忍耐等，用以评估加入者。像阿育王基金会这样的组织可能为社会企业家提供对加入者进行评估的方法，因为他们在选择过程中会需要这样的标准。

四　展望

考虑到资源调动方面的障碍，社会企业家应该多和那些能提供基本设施的组织进行合作。社会企业家想出了一个办法，将其推向市场，并在扩展到一定程度时，与希望复制他的做法的非营利组织建立合作伙伴关系，这些组织拥有所需的基础设施和人力资源。通过将他的一部分工作交给他人，社会企业家将有时间来开发新的措施。这样，社会企业家将转向更大组织的研究和开发设施。与大型组织的社会企业家联盟被描述为蜜蜂和树木的联盟（Mulgan et al.，2006）。通过与知名机构合作，社会企业的责任增加。此外，知名的组织一般不会误用一种经营方法，因为这样做的话，它们将有可能损害自己的整个声誉。然而，大型机构往往被视为僵化的，不利于创新。到目前为止，社会企业家似乎非常不愿意与他人在该领域合作。

与非营利组织的合作举例

儿童热线成立于1986年，在英国提供免费和保密的儿童和青少年热线。为了扩大其做法，儿童热线于2007年开始与联合国儿童基金会合作。儿童热线授权联合国儿童基金会在全球范围内推广它们的服务。后者不仅可以使用儿童热线的理念，而且可以使用儿童热线的公司名称。如果它们的理念遭到误用，儿童热线可以取消联合国儿童基金会的这些特权。由于儿童基金会的资助，儿童热线已经扩展到其他一些国家，如马来西亚、印度、特立尼达和多巴哥（www. childline. org. uk）。

社会企业与商业企业的合作是可能的，然而在与营利组织合作的同时，社会企业面临着企业使命偏离初衷的风险。

与企业合作的例子

格莱珉银行和达能集团于2006年建立合资公司，生产和销售改善儿童营养不良的酸奶，并在孟加拉国提供就业机会。通过这次合作，达能集团在保健食品以及融资方面的专长与格莱珉银行的市场信息优势实现了“强强联合”（www. danone. com/en/what-s-new/focus－4. html）。

有时候，一家社会企业的做法可能不适合扩张。其中一个原因可能是在不断变化的情况下，这种方法并不奏效。在这种情况下，社会企业家应该坚持自己的经营区域，并通过减少问题的负面影响而向纵深发展，以提高他们的服务质量。

深度扩张的例子

Iq 咨询成立于 1994 年，最初只是在德国的柏林给失业者和残疾人提供职业培训。直到今天，Iq 咨询还没有广泛传播或在其他地方复制。相反，它已通过扩展其计划而扩大了它的影响力。如今，Iq 咨询为长期失业但有志于自己创业的人士提供培训、辅导以及资金。此外，这家机构的创办人 Norbert Kunt 试图说服私人和公共决策者关注支持长期失业者的话题（www. iq - consult. com）。

五 案例研究

安德烈亚斯·海瑞克于 1988 年创办了"黑暗中对话"。他是一名资深的阿育王基金会伙伴，并已荣获施瓦布基金会优秀社会企业家的奖励。需要详细了解社会企业对话的人，可以在本书的第五章和第八章中看到。在上文已经提到，DSE 通过特许经营来扩展"黑暗中对话"的概念。通过与阿育王基金会合作，"黑暗中对话"的创始人安德烈亚斯·海瑞克确定了 DSE 面临的一些阻碍（见图 10 - 6）。

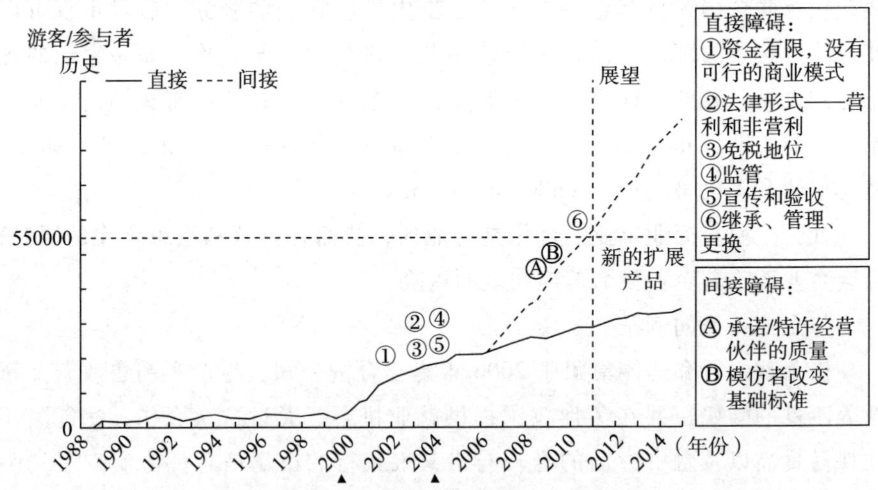

图 10 - 6 对话社会企业的发展周期

除了通过特许经营的方式来扩张它的展览，DSE 还从纵深的角度来扩张自己的企业。该企业设计出为团队和领导举行的研讨会，并与 Allianz 国际投资人一起在德国境内举办了一系列研讨会。此外，通过举办非语言沟通（沉默中的对话）的展览和研讨会，DSE扩大了自己的影响。

问题

1. 该企业选择扩张策略的优点和缺点是什么?
2. 社会企业对话特许经营商的价值主张是什么?
3. 图10-6显示的障碍处理方法是什么?
4. 你对进一步扩张DSE的方法有什么建议?

第四编

社会创业与市场营销：社会营销、社会影响力、反思与展望

第十一章　市场体系中的社会创业

马克·格鲁汉根（Marc Grünhagen）
霍格尔·贝格（Holger Berg）
伍珀塔尔大学熊彼特经济与工商管理学院

◇**学习目标**

完成本章后，能够达到如下目标。

1. 解释市场经济中社会创业的潜在作用。

2. 认识到除了商业企业和国家之外，社会创业作为商品和服务的供给者的功能。

3. 解释社会创业的活动范围与价值创造和分配潜力之间存在的联系。

4. 描述社会创业在典型区域的行为并举例。

一　导言

本章旨在从一个更宽广的经济视角分析什么是社会创业，在市场经济体系中社会创业承担了什么角色、发挥了什么功能。它联系和对比了社会创业与传统概念——商业、企业和对市场体系进行干预的国家力量。通过这种方式确定社会创业的潜在任务是驱动、创设那些不能或者不由商业企业和政府提供的但是对社会有益的事。因此，社会企业被认为是在市场体系中扮演互补角色的经济因素。从这个角度而言，社会企业被看作是合法的，当然，合法性的类型需要进一步讨论和论证。除此以外，对于该领域的潜在范围的探讨仍然在进行。

本章提供了经济学理论框架中的社会创业分类，关于这一主题的文献，目前是一个被忽略的问题（Santos，2009）。市场体系理论专门陈述了社会创业的经济和社会功能，而经济学观点将经济行为嵌入一个更广泛的社会环境、社会关系以及制度中（Granovetter，1985）。

为了达到这些目标，本章的内容安排如下。第二部分从功能视角介绍了社会创业在市场系统中的作用，将其同依靠传统方法进行的商业创业，特别是像熊彼特和柯兹纳等学者推崇的商业创业进行比较。此外，基于帕累托效率的概念，从福利经济学的角度确定社会创业的角色。对于上述嵌入性的假设，第三部分将在社会经济背景下，讨论社会创业的两个不同方面，一方面是社会企业目的合法的必要性，以期获得社会认可和资源；另一方面是在市场系统中，商业企业和其他政府行为的潜在范围。最后一节介绍了由罗德里戈·巴乔创立的“信息技术民主委员会”[①] 作为社会企业的案例。

二 社会创业在市场体系中的功能与作用

初次涉及这个主题，应当区分社会创业在市场体系中与其他传统同行相比不同的功能和作用，这样的区分对于社会创业的界定、了解其信仰和其他方面诸多特点是必要的（Dacin et al.，2010；Zahra et al.，2009）。本章仅仅局限于社会创业的功能视角（Saßmannshausen，2010），并不考虑社会创业研究和理论的其他视角，比如行为主义理论或者线性分析方法。我们将注意力集中在社会创业如何在（自由的）市场体系中发挥作用，因此对社会创业在日常行为中表现出的特质不感兴趣。

关于创业的三条主线是由奈特（1921）、柯兹纳（1973，2009）和熊彼特（1928，1934）三位学者开始的。奈特强调了风险承担是企业家对市场体系的重大贡献，柯兹纳和熊彼特更专注于创新的效果。柯兹纳提出“警觉的企业家”能够发现价格差距并利用市场进行套利。在这一过程中，因为他的行为最终会导致初始和目标市场之间的价格平衡，所以他对市场来说成为一个“平衡装置”。而熊彼特认为企业家是一个“破坏平衡的人”，在他看来，企业家的功能在于引入新的市场组合，最终破坏甚至摧毁旧的市场结构。熊彼特这一概念是基于一个革新者创造出新产品和生产组织方式，利用新的资源为其生产或征服新的市场而产生的。我们可能已经注意到，

---

① 信息技术民主委员会（Committee for Democracy in Information Technology）是一家慈善机构，向巴西城市周边一些贫民窟的贫困儿童传授信息科技技能。该委员会创立于1995年，已帮助培训了50万名儿童。执行干事罗德里戈·巴乔（Rodrigo Baggio）估计，其中80%的孩子已找到带薪工作。国际性企业比如麦肯锡、飞利浦和微软等对这个项目进行过大力支持。

这三个学者在分析企业家的时候都不是站在研究的角度看问题。他们都是因对特定现象产生兴趣而观察市场（冒险尝试、平衡、发展），最后发现企业家是幕后表演的人。因为他们解决了不同的问题并发挥了不同的潜在功能，三种方法都相互接受有关创业者在市场体系中角色和功能的理论和概念。此外，还有新方法试图结合两个及以上的现存方法，尤其是结合熊彼特和柯兹纳的观点（Shane，2003）。[①]

另一个围绕社会创业的讨论是关于它在社会经济制度中的地位，以及社会创业是否属于非经济活动的一部分。Swedberg（2011）举例区分了社会创业中的非经济性创业和经济性创业之间的差异（另见 Neck，Brush and Allen，2009）。前者表现为一个个体专注于通过引进社会创新的方式发起社会变革；后者将经济社会描述为经济创新的创业企业——这是由熊彼特提出的概念，其目的是提供社会事业。企业家的创业指向是资本利润和社会效益，其中资本利润可以用来进一步提高企业的社会影响。这一观点与 Zahra 等人（2009）提出的经济导向的社会企业产生的"总财富"的概念是一致的。在这里，社会企业的整体性能被分化为创造社会财富和经济财富，两项的结合弥补了企业生产的"总财富"。Zahra 等认为，在更为广泛的社会生产和经济财富之间，创业实体可能会出现，但是应该只表现某两个变量才会被视为社会创业。有学者发现了这个问题，因为利润最大化和集中性并不一定是传统企业最感兴趣的（Schramm，2010），许多没有被称为社会企业的传统企业也为社会做出了巨大贡献，Schramm 特别强调企业和企业家为社会的各个方面提供了所需的养分。关于这个讨论，我们将专注于社会创业的经济功能，因为我们感兴趣的是社会创业在市场体系中的作用。在我们的创业方法中，如果通过市场运作导致在社会领域中的创新，将被视为社会性的创新。社会创业的文献通常要求创业者关注主要的社会目标，并着重考虑重大的社会变革（Bornstein，2004；Dart，2004；Roberts and Woods，2005；Light，2006；Dacin et al.，2010）。但是，有一点须要解释的是，为什么必须是这样，社会变革究竟意味着什么。没有定量标准界定什么是重大变化，因此当引起的变化足够大的时候，才被认为是社会创业的结果。具体来说，在讨论中提出了一个特定的问题"什么时候一个社会问

---

① 已经有尝试在现有方法内对社会创业形成分析框架，最典型的是斯文伯格（2011），他精心演绎了熊彼特关于社会创业的理解和萨拉等人（2009）基于三个模型基础上（哈耶克的社会修理工、柯兹纳的社会建构论、熊彼特的社会工程师）的设计。

题得以解决?”如果社会创业只是努力在美化每一个市场参与者的工作，或者如果仅仅是获得一些来自各方的利润，则没有体现该原则。为了详尽阐述后面的观点，社会创业被认为是遵循了帕累托效益原则。帕累托效益指的是一个国家在不减少另一个实体的福利地位的前提下，可以改善任何实体的福利（Arrow and Debreu，1954；Dean and McMullen，2007）。然而，这样的状态不表示每个人的经济现状都被充分地修正，它仅假定一个人经济状态的改善势必是以他人经济状态的降低为代价（Zahra et al.，2008）。假设在帕累托效益的状态下，尽管某些市场参与者可能会更穷，但如上所述，一些帮助穷人改善现状、减少富人收入的企业行为，被看作是社会创业（Martin and Osberg，2007）。[①] 从这个角度来看，社会创业、经济变化和市场结构，通过经济行为并不必然地能促进每一个参与者的福利。如果采取熊彼特的方法，假设创业行动通过创新对现有社会结构带来相当大的冲击，社会创业者可能会给经济中的一部分成员带来损失。理想的情况是，社会创业导致所在区域的弱势状态会有更好的改善，而不会影响其他人的更优状态，这就体现了帕累托效益原则。举一个例子，当出现参与各方均受益的经济增长时，这种结果将会发生。

微观经济方法侧重于社会创业的实体。依靠传统的方法来创业，从动态发展的角度是可取的。社会创业定义为旨在通过把市场经济基础业务与社会目标相结合，以解决社会福利的一种商业模式（Santos，2009）。这种方法有以下几个优点：首先，它解决了社会创业的经济目标和社会目标之间的平衡关系，这也是社会创业诸多贡献的一部分（Zahra et al.，2009）。社会和经济行为被看成是互补的，而不是相互冲突的（Santos，2009）。一个很好的案例是组织遵循公平交易方式。第三世界国家处于弱势地位的农民，受益于发达国家通过发展市场营销和分销渠道，基于“公平”价格交易他们产品的种种努力，这与其他贸易组织是迥然不同的。公平贸易的经济目标和社会目标是一致的，因为在比较成功的公平贸易组织中，农民得到更多的利润，同时也代表社会弱势群体的减少。此外，这种观点允许社会商业和慈善之间存在显著差异，以及与企业社会责任（CSR）在不同层面上存在差异。从定义的角度而言，慈善机构不允许存在（市场）商业方式，企

① 其他的一些学者，比如桑托斯（2009）也在帕累托效益基础上提出观点，进一步的讨论可以参见本书其他章节。

业社会责任也不是公司原有业务模式的一部分，所以此概念不在社会创业的范畴中。其次，从功能的角度而言，柯兹纳和熊彼特的观点是一致的。柯兹纳通过市场系统内的平衡缓解对社会的不利和矛盾冲突。他们运用市场缺陷，通过套利来解决福利赤字。上述公平贸易的理念正好属于这一类。熊彼特主义推崇的企业家目标是通过创新商业模式打破现有均衡来解决社会问题（事实证明帕累托效益是有效的，但被认为是对社会不利的，Santos，2009）。他们创造性地破坏现有市场体系，努力架设一个新的市场结构。穆罕默德·尤努斯的格莱珉银行就属于这一类。小额贷款是一种金融理念和信贷产品的革新，比如孟加拉国的债券市场体系就是其中一个方式：它以较低的利率提供债务资本（现有产品的新质量），针对不同的目标群体（来自贫困家庭的妇女），推出了新的固定收益（通过对等组）概念。同时，它完全舍弃了高利率贷款的概念（Dowla，2006）。

需要注意的是，直到目前为止，创业活动的范围仍然被忽略。社会创业的出现仅仅通过满足所提出的功能——这是它的另一个优点。此外，从实用角度看，要让社会创业者与其他人能够共同认识到失败的可能性（Dacin，2010）。实证研究表明，一个创业者的目标旨在通过套利或者创新来弥补社会差距，但是这并不意味着他们的努力一定能够成功（Santos，2009）。社会创业中的失败有两种不同的形式，即失败的经济表现和未能按计划解决社会需要。第一种形式与传统的企业家一样，由于无法获得足够的回报或实现足够的利润导致企业破产；第二种形式更有趣，因为它是社会企业的一个显著特点。事实上，一个社会企业即使在经济上是成功的，也可能会因为无法成功履行其社会目标而失败。一个主要的原因可能在于不完善的市场，这可能会缺乏透明度或缺乏理性。例如，在很大程度上，经济或社会故障可能是由市场参与者的信息不完善造成的。一个市场的发展，参与者不能够获得完整的信息来规划和开展行动，他们部分或全部“盲目”的结果会影响他们的行动（Campbell，1974）。这表明，社会创业者可能在认知问题上犯错，一方面是在解决问题的方式上，另一方面是在对目标群体影响的结果上。他们可能无法达到自己渴望的目标。对社会创业的分析不能仅仅局限于成功的创业者。[①] 这一观点的最后一个优势是避免了成功企

① 成功的社会创业规范理论对个人仍有价值，并值得推崇。然而我们认为，应该努力应用这一理论，尝试分析失败的社会创业（Dacin et al.，2010）。

业在生存中可能出现的某些偏离行为（Santos，2009）。像传统创业一样，社会创业强调企业家的行为和产生的影响。所以社会企业没有必要永远或长时间保留在市场上。最重要的是经济创业行动对社会福利的影响，即创建一个新的或更改已有系统结构。

有学者建议，可以从更加综合的层面来分析社会创业。在这种情况下，社会创业的成果会得到认可。这是基于桑托斯（2009）的整体价值观念。桑托斯指出，社会创业的领域在于价值创造过程，其中价值分配的创造者区分他们的股东是很难或不可能实现的。回顾上述观点和方法，在总体层面上通过活动实现社会总福利的上升，这意味着帕累托优先原则发生。当这些额外的社会创业资源，在市场中没有被观察到时，从市场角度来看，这些问题可能会被解决。例如，通过培训贫困和弱势群体提高一个经济体的人力资本基础，就属于这一类型，其商业模式是在拓宽资金来源的基础上，并没有挪用这笔盈余利润。

还有一个需要讨论的问题是政府干预、社会创业和市场体系三者之间的关系。一些关于政府应该干预市场运作的建议，最后导致错误的资源配置或不必要的外部效应。无论如何，国家有时因为缺少资金、洞察力或者兴趣，无力解决特定的社会问题（Santos，2009）。因此，有人可能会认为政府无力消除每个社会差距或者弥补社会不足，结果就导致了社会创业的产生。在这里，哈耶克（1945）关于市场经济基础上分散知识的优势视角变成了现实。创业者（有些是本地的创业者）通过创业活动感知社会弊端，他们采取行动解决问题，从而更接近社会。在其他情况下，如果不考虑主题是否相关或担心解决这些问题将导致进一步的问题产生，国家可能会避免采取行动。相同背景的社会企业家的认知偏差会导致不同的创业活动。这显然是熊彼特的社会企业家境界。最后要说明的是，因为其行为正确，所以其动机是否正确无关紧要。市场体系中社会创业者利用这个系统来缓解社会的不良因素。

三　社会创业的社会制度背景

如上所述，一个社会企业会解决社会弊端或社会问题，这意味着“社会企业的目的超越了单纯创收或利润最大化，还包括为满足社区需求提供产品和服务（Di Domenico et al.，2010）。社会问题可能会影响社会的公平公正，穷人、残疾人被歧视或长期失业者成为被排斥的群体（Seeloset al.，2005）。社会创业填补了由于社会体制不完善留下的这些空白并着手解决这些问题，例如国家未提供福利的群体（Aiken，2006；Bovaird，2006）。社会创业“提供货物和服务……发展技能，创造就业机会，并促进、整合被社会排斥的人……这对市场或公共部门而言，是不愿或无法提供的”（Nicholls，2006）。这就引出了一个问题，即社会创业者在市场体系中的哪些活动是上述所言的社会属性，哪些活动显而易见首先应该出现在商业活动之中。

我们认为，有必要通过市场体系的视角来透视社会、文化和嵌入性监管法规，在这样宽泛的市场经济背景下，社会创业才能通过经济手段创造社会价值，从而找到其合适的社会位置（Dart，2004，宽泛背景下的社会创业以及格兰诺维特 1985 年提出的关于一般性社会—文化嵌入背景下的经济行为）。在市场系统和更宽泛的社会环境中，我们需要讨论两个问题：一是社会企业的合法性需求能够获得认可，并从社会利益相关者的活动中获得资源；二是社会企业在市场经济以及新的解决方案中感知周围环境，通过社会创业者（企业家）解决社会问题带来的挑战。

（一）社会企业的合法性

在市场经济体制下，通过对稀缺资源进行有效配置，是创造财富的关键机制，例如通过提供所需的商品和服务贡献给社会。社会创业对市场经济体制存在影响，特别是针对“在资源配置中被忽视的社会问题”（Santos，2009；Mair and Marti，2006）。然而，熊彼特式的资源组合能通过新颖的方式解决社会问题（就像任何创业者艰苦努力一样），要求从社会获得这些资源并放在首要位置上（Brush et al.，2001），特别是社会企业扩展其资源并将它们的社会产品和服务提供给其他地区的行为，将会要求他们验证自己的商业模式（Santos，2009）。经过这种方式的社会企业家可能会经常面临不利的规范和监管环境下资源的稀缺，不能创造社会价值和经济价值（Di Domenico et al.，2010），作为外部利益相关者，将需要努力说服并提供支持（Desa，2011；Dacin et al.，2010）。

当务之急是从各个方面为新兴的社会企业创造条件，使其获得和维持社会接纳程度以及合法性：可以整合和使用外部资源，能够建立和发展企业，接受在获得这些资源时需要面对的风险和不确定的未来业绩，同时也要符合社会规范和制度（社会创业合法性的全貌综述参见 Dart，2004；Nicholls，2010）。

首先，吸引社会资源（包含市场体系）以及在竞争中获取资源替代系统，都要求具有合法性。为此 Parsons（1960）提出资源需要“利用更大的社会系统，这可能是在其他地方被分配，所以必须由成员接纳其成为合法的较大系统。”

其次，在社会层面和大众层面，创业获得认可是至关重要的，特别是提供新产品和服务的时候（例如社会创新），这源于对新的创业企业未来的担忧（Brush，2001）。创业合法性需求是在没有达到预期的社会和经济结果时需要承担的风险（关于社会创业失败的分析参见 Massarsky and Beinhacker，2002）。社会创业者（企业家）可能觉得“基于资源的压力，现存结构和社会层面的规范是为了维系生存和繁荣”（Nicholls，2010）。例如，关于在孟加拉国引入小额贷款和格莱珉银行提供小额贷款的考虑。他们面临的问题是（也许仍然存在着）一般效益和小额信贷的影响，包括女性贷款在社区中面临的压力。这与他们当初的想法相矛盾（Phills et al.，2008）。显然，最初贷款不符合当地的文化和规范，随着时间的推移，这种不利的影响已经通过调整贷款组合而得到补救。

最后，核心的和特定的利益相关者要求创业者和机构证明具有体制性的一致（Suchman，1995），并有可能从经济和社会的双重需求来要求社会创业者的职责等同于社会企业作为应急组织的职责（Nicholls and Cho，2006）。社会成员可能只需要提供如金钱或他们的工作资源（无论是作为员工或志愿者），如果他们认可社会使命和目标的价值。此外，有可能是有关社会创业者的责任以及产品和服务的质量问题。尤其必须牢记的是，社会创业者并不是唯一的供应商。也就是说，通过社会创业者提供的物品也可以由国家或以营利为目的的企业提供。这就是社会创业者（企业家）的商业模式与竞争供应替代模式（Zahra et al.，2009）。在经济上，鉴于竞争商品的供应形式，社会创业者可能需要解决有关“他们在创造公共利益使用分配过程中的效率”的忧虑。他们在追求创造经济和社会财富时，需要资源支持，以传统的营利性商业竞争模式，获得国家福利的生产。在下面的小节中，将勾勒出在市场经济体制下其他形式与社会企业在提供商品和服务上的异同。在此之前，本节的剩余部分将研究社会企业组织合法性的认识差异，探讨不同形式的合法性问题。

组织社会学和制度理论中“组织合法性”被确定为“广义的观点或假设，即一个实体的行动是社会所需要的，在社会建构体系内适当的或相应的规范、价值、信仰和定义”（Suchman，1995）。新企业的合法性被掌控在社会现有的规则和规范中，从而“最终存在于旁观者的眼睛中”（Zimmerman and Zeitz，2002）。换言之，正确的观点是社会成员自己持有的信念，以了解一个新的企业组织是否有用与合适。例如，社会企业培养出一个受过基础教育的年轻人可能会被认为是有价值的而且是合法的，因为国家没有提供一个适当的教育方式。即使合法性机构给出了一个广泛的定义，社会企业仍要建立不同维度和不同形式的合法性。尽管合法性可以在大众中构成普遍性的认识，但是社会企业建立的合法性仍存在规模和形式上的差异。根据不同的分类监管、规范和认知框架可以分为不同的类型（见表 11－1）。本章遵照了 Suchman（1995）开创性的分化理论，这个理论被广泛地运用于社会学和经济学领域，区分认知、务实和组织的道德合法性。相比于前者，例如认识接纳程度，涉及社会中某一组织的可理解性，后者的合法性形式更具有可评估性。合法性的重要性首先体现在一个社会企业的初期阶段，社会企业会提供新颖的产品或服务去迎合社会需求，而这些社会需求在最初阶段恰巧是很难掌握的。这可以参考 1988 年建立的“黑暗中对话”这个案例，或早期的小额贷款案例。如今，这些概念和其背后的社会思想已经普遍被人们所知，但在最开始的时候，这些概念究竟是什么，它们如何在解决被忽视的社会需求中发挥作用，并不是十分清晰的（即新观念最初遭遇的不利），1965 年 Stinchcombe 首先注意到这一问题（见当代企业家和非营利组织，Harger et al.，2004）。除了了解它们能做什么、能提供什么之外，社会企业也需要明确的评估，不管是从它们潜在的切身利益相关者方面，还是与社会、监管和社会文化规范发展的一致性方面，都需要进行评估来规范他们的经营。

表 11－1　社会企业的合法性形式

来源	合法性形式
Scott（2011）	规范主义合法性：遵从相关社会期望 管制的合法性：遵从法律法规
Aldrich（1999）， Aldrich and Martinez（2003）	社会政治合法性：道德与文化和价值观一致、监管与政府法律法规相一致

续表

来源	合法性形式
Suchman (1995)	实用主义合法性：利益相关者对资源效应的评估和组织内的激励机制 道德合法性：对组织特点和活动的规范性评估 认知合法性：对组织特点的理解和态度

实用主义合法性反映了一个组织的支撑力量，其行动的根据是它们的“特定成分期望值”（Suchman，1995），如国家、客户、投资者和员工都是切身利益相关者。换句话说，它是基于实用性地接受“如果某个活动使其利益相关者获得任何好处，就表示它的社会接受度高”这一观点的替代（Dart，2004）。例如，一个国家机构或基金会可能会更重视社会企业的倡导能力，因为它以创新的方式去面对社会问题和社会群体，否则的话，将需要国家援助——财政支持。或者从投资者和社会企业赞助商的角度来考虑，它们尽管不是追求回报最大化，却仍然关注公共成本的回收或公众关注和公共宣传的效益等。出于对收到某些东西以换取任何支持的期望，实用主义的接纳可能是相当脆弱的（Dart，2004），特别是当社会企业无法产生预期的社会和经济结果时。

相比之下，在评估组织特征和行为适当性与社会组织的规范性和价值体系的联系时，道德正当性呈更加主流的态势（Suchman，1995）。从道德维度看，创业组织似乎更容易实现社会企业的目标，因为它们的重点在于实现公共利益。然而，Zahra et al.（2009）指出，社会企业仍需适当的考虑依据现有的公共工具和社会决策机构。对此，Dart（2004）认为（强调）：“鉴于我们当代社会对以市场为基础的解决方案和机制仍然十分迷恋，社会企业可能会保持甚至扩大其道德合法性。”从2004年开始，“社会企业在市场体系中起到稳健而重要的作用”的观点，已经逐渐在世界范围内达成共识。例如，最近的金融危机使人们不再那么倾向于依靠以市场为基础的解决方案来解决社会问题和需求。同时危机已经给公共预算带来了极大的压力——需要持续不断的资金投向社会保障、医疗保险和教育等领域。总的来说，这让社会企业看起来更易被社会接受和欢迎，因为社会企业家提供的产品和服务补充了国家和私有商业企业在这方面的空白（这将在下面讨论）。

我们没有必要详述关于社会企业家如何为他们的合法化采取行动，以创立他们的社会企业并且吸引社会资源。然而，以下两条线索连接在这个理论中，并且非常有用，一是制度主义的观点，认为合法性是社会外部人员授予的；二是组织视角，认为一个组织会将合法性作为今后积极去获得和实现的重要目标（Scott, 2001；Dart, 2004；Nicholls, 2010；Desa, 2011）。

在第一个观点中，合法性的选择（Suchman, 1995）需要符合外部机构的要求并赢得支持；第二个观点则支持通过组织和企业家的活动建立合法性，如通过公共关系。它们的目的在于组织合法资本的生成和操纵社会对它们的看法。同时，社会企业积极建立关系可能是参考了工业合法资本以及其他社会企业家同行在文化和社会创业领域不同产业层级的资料来源（Lounsbury and Glynn, 2001 年）。例如，过去 20 年在社会创业领域中，像科尔基金会（Skoll）这样的机构，阿育王基金会（Ashoka）和施瓦布基金会（Schwab）或其他机构，以及行业学术会议、出版物、媒体活动、比赛等都增加了社会企业家和社会企业的公众认知度和接受度（更多的案例讨论见 Nicholls（2010）对于社会创业领域合法性的深度研讨）。

追求社会和经济价值的双重创造既是特定社会组织或成员提供支持的出发点，也是最后一个利益合法化选项。为此，企业家转向关注那些为社会提供价值的利益相关者。例如筹集资金，社会企业将寻找慈善投资者而非商业投资者或银行。因为这些慈善金融家更重视社会企业所创造的社会福利和社会效应（对潜在社会金融家分析请见第八章），在某些社区内，社会企业家更倾向于寻找愿意投身社会事业的志愿者，而不是招聘员工。

社会企业家的资源基础是特定的，他们可能不会获得市场经济提供的全面的资源（如资金来源）。因此，社会企业家经常要与那些他们可以说服的人相处，并充分利用手头的资源提供社会产品和服务（Zahra et al., 2009；Di Domenico 等人在 2010 年探索社会企业的资源获取和实践管理的相关研究）。与商业企业家相比，资源组成和获取路径的潜在差异源于社会企业独特的价值创造和资金使用模式。特别是它们高水平的外部社会价值创造，但（相对的）经费额度较低会使得社会企业的创立和发展更为困难。在招聘员工和吸引金融投资者时尤为不利，因为员工和投资者都关注工资和经济回报。社会企业很难对这些问题做出适当的回应；相反，它们还要为利益相关者的员工和投资者提供拨款，以换取后者的支持（Santos, 2009）。这些初始合法化的特定形式、资源获取、价值生成和资源配置为社会企业家提供了一个关注范围来定义它们在市场体系里的位置。

（二）市场经济下社会创业者的视野

要想促进社会企业包括商业和国家行为在市场系统内的可能性功能，就要做到：一是区分经济价值创造和价值评估；二是以讨论市场（和国家）在生产社会财富中的失败事件为契机，推动社会企业介入和补救。

首先，我们遵循价值创造的整体概念（Santos，2009）。在此意义上，价值创造构成了社会个体的功能作为社会整体效益上的增值。与上文一致的是，将经济价值和社会价值整合在一起（而不是定义一个两分法或两者之间的权衡）。从这个意义上讲，经济活动增加社会财富。然而，当定义社会企业家在市场中的作用时，专注于经济价值也是很有用的。

虽然不必将经济价值和社会价值两者分割开来，但区分经济价值创造和价值获取的关键在于不同的市场参与者能够提供给社会的商品和服务。价值获取反映了创造经济价值的企业能够获得价值本身，如经济回报；价值创造和价值获取的程度，在不同地区总体供应的商品和服务上会有所不同。这种多样性在创造和使用价值时，导致社会企业家在市场系统中不同的市场行为（见图 11－1）。

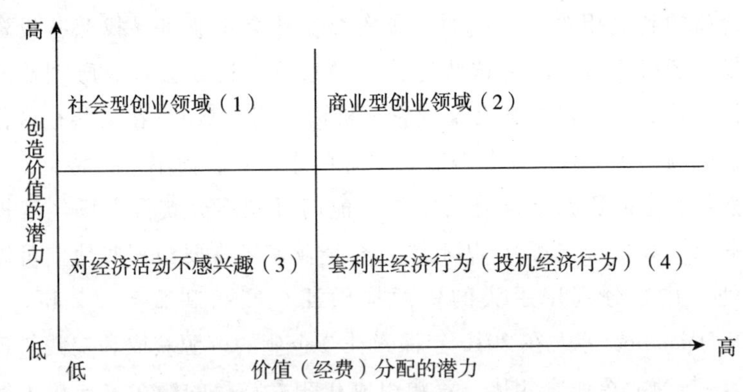

图 11－1 经济价值分配和市场行为

注：根据 Santos（2009）自绘图。

在传统领域中，市场上的商业创业和商业活动是在有大量价值创造的范围内进行（反映相应的消费需求），并且这些价值可以通过商业活动返回到它的所有者手中，例如消费品市场的运动服装或电子产品等（第二象限）。在此，以营利为目的的商业企业将成长，并且市场激励机制将推动有效的供给。相反，鲜有机会创造价值和分配价值的领域则不太可能吸引经济活动（第三象限）。价值创造小但价值分配潜力高的领域，可能吸引投机者去寻找随着时间推移被淘汰或被国家法律阻止的套利机会（第四象限），例如从金融市场低效率代价中获利或从负面的外部效应如危害环境的工业活动中受益。

总之，从社会角度来看，市场的功能是为私人消费者和付费用户提供产品和服务。然而，也有一些社会非常需要的产品和服务可以产生很高的社会价值，但商业市场参与者对此却供应不足，因为他们从一般的商业活动中预见到这类产品和服务的价值创造和利润生产潜力低（第一象限）。特别是在企业很难从资源拥有者那里获取资源的情况下，因为资源拥有者都希望这样的商品和服务能够产生足够的经济回报（如金融机构或战略投资者）。社会企业家扮演的角色可以定义为，分析在商业市场中此领域可能会失败的原因，并在该领域提供充足的供给以解决社会问题。

在资源、商品和服务的有效分配上，市场的失败是由很多原因造成的，例如无序竞争、信息不对称、外部效应和公共物品的损失（Stiglitz，1989），或者与社会企业的能力有关（Nicholls，2006）。在此情况下，在第一象限中，市场可能不会满足社会需求，因为价值创造的回报潜力较低。以营利为目的的企业对于非竞争性和非排他性的商品供给不足（即公共服务），例如一些环境或信息产品（Rangan et al.，2006）。需要注意的是，尽管在社会企业活动的典型领域内的产品和服务不是完全非竞争性和非排他性，如教育和健康领域具有局部的非排他性和外部性。因为这种外部性效应的存在，他人运作的项目（如疫苗接种或就业能力项目）获得全面价值回报是很困难的。此外，可能还有目标群体的问题，他们需要某个产品或服务，但却无法支付，如教育或健康服务等（Santos，2009）。正是在这些能产生巨大的社会价值但回报率很低的领域，传统商业不愿提供此类产品和服务，于是社会企业家可以展开他们的活动。由于他们集中主要精力创造社会价值，于是他们在创建公益事业方面能够成为主流并产生外部效应。然而，政府也尝试培育以营利为目的的组织参与到教育和医疗等领域，以产生经济外部性效应。这可能是通过对企业提供财政鼓励，以刺激它们去服务那些无力负担社会服务的目标群体（如通过补贴或保证人计划）。还有另外一种选择，即政府可以直接提供商品和服务。但是，有时国家既不提供激励措施也不提供服务，这可能与资金或其他资源的约束有关，或在政治上与其他职责和重要政治议题有冲突（Santos，2009；Dart，2004）。对于政府失灵和市场失灵有更广泛的讨论（Winston，2006）。

在描述市场代理商乃至国家所造成的商业市场供应缺口时，社会企业家的功能在现代市场经济中受到广泛赞赏，主要体现在额外的供应、创新和福利扩展三个方面。

第一，额外的供应。如上所述，在市场经济中，社会企业可以提供产品和服务给社会，在商业企业或国家供给不足的领域创造附加价值。可能由于价值回报有限的原因，企业和政府不愿或不能供应产品和服务给社会，或者用稀缺的公共资源来解决被忽视的外部性问题（Santos，2009）。

第二，社会企业的作用不仅仅是提供商品或服务，还提供一定的额外服务和产品供应。既然企业和政府对某些领域缺乏组织活动来满足社会需求，社会企业具有创新功能来探索新颖的处理方案以解决未满足的社会需求。社会企业履行的职能是否有效，或提供的服务是否符合社会需求，这些都是由社会资源所有者和消费者进行评价，就如同关于合法性和必要性的讨论中描述那样。需要注意的是，这是一个创业性假设的检验形式（Kerber，1997），社会企业家承担着风险并且可能失败。换言之，社会企业家将尝试他们的新产品和服务是否为社会重视和需要。这种探索和创新功能尤其重要，因为国家在满足教育、医疗和其他社会需要上并不令人满意，政府自身的知识结构并不完美。为了在市场层面上激励社会企业家的创新，国家需要从两个方面对社会创业提供支持：一是提供一个立法框架，促进社会企业家创新；二是缓解信息不对称，形成规模经济。

从侧面通过一个制度框架来分析社会企业活动是很重要的，因为社会创业者需要创新的合法性。Santos（2009）提到一个很好的例子，即法国社会企业 Unis-Cité。该企业给法国青年参与社会项目为公民服务提供了机会。这些机会帮助了来自不同文化背景的年轻人掌握劳动力市场需要的技能和知识，法国遇到相当大的青年失业率问题和综合问题。在 2006 年法国青年造反后，政府开始支持 Unis-Cite，为这个社会工作志愿者组织提供法律支持以及大量资金。这种支持促成 Unis-Cite 有了快速的发展，并在全国推出小规模试点和后续项目。除了提供政府支持的立法框架外，社会企业家自己也改进了原有的制度框架。例如，资本市场的产权或发展中国家小额信贷的制度化（De Soto，2000）等。它甚至可能随着企业家对外部问题的解决而推动立法的发展。

政府决策者也可以帮助缓解信息不对称和资源短缺问题，尤其是在社会创业的新兴领域。例如，公共机构可以在初始网络阶段扮演一个角色或者建立社会创业领域的基础（Nicholls 于 2010 年参与讨论了一系列政府在该领域的建设和使之合法化的问题）。除了在社会基础上实现交互信息和资源交换外，政府本身可以提供金融资源支持。这可以协助社会企业达到入门级别或扩展它们项目的地缘影响。通常，政府的行动将采取公私合营的形式。这种国家干预促进创业理想集中表现在市场失灵的情况下，如被忽视的正外部效应或者信息不对称（Grünhagen，Koch and Saßmannshausen，2005）

第三，如在第二节中讨论的，以上社会型创业在提供帕累托优先效应提高整体资源效率和福利上，有特别重要的功能。通常，社会企业家活跃在改善医疗保健、发展人们的技能、创造就业等领域，或者他们整合被社会排斥的群体（Nicholls，2006），例如“黑暗中对话”或在下面第四节提到的“信息技术民主委员会”。在这些情况下，企业家的社会和经济行为特别有助于增加人力资本以产生经济效益和创造更多财富。然而一般说来，有很多方法可以帮助社会企业家提供社会福利。确定社会企业家的方法是否有效，将取决于社会资源合法持有人的评估。有一个例子表明社会企业家已经感觉到被社会排斥的群体对新服务的需求，这个社会企业家是罗德里戈·巴乔（Rodrigo Baggio），以及他创立的信息技术民主委员会（CDI）。案例介绍了一个社会企业如何引入社会服务创新，在这个案例中，信息技术的教育和运用的需求，在市场内——至少在最初没有被满足。同时，案例也从市场的角度讨论 CDI 作为一个社会企业究竟扮演了什么角色，商业企业和政府可能应当负起什么责任。

四　案例研究

罗德里戈·巴乔和信息技术民主委员会

每一天的每一秒全球各地都在使用计算机和互联网，但不是地球上每个人。[①] 对于我们经常使用的新词“数字鸿沟”，我们可以理解为有些人

---

① 这个对于 CDI 的小案例已经设计成从经济学的角度来分析的课堂讨论。选取该案例并不是因为偏好某个特定形式的 IT 教育，如公共教育政策。为准备使用该案例，作者们寻找了一些早期的材料，如西班牙 IESE 商学院的 J. Mair 和 C. Seelos 以及欧洲工商管理学院的 O. Kayser 和 F. Santos 编写的相关案例。

被排除在使用信息和通信技术以外，在发展中国家以及经济发达国家中都有，例如移民、残疾人和穷人。信息技术民主委员会（CDI）是一个致力于帮助和服务这类社会群体的一家社会企业。特别是年轻人，他们对 IT 基础设施和技能的需求很大，而且不仅于此。1995 年，罗德里戈·巴乔，一个巴西的 IT 顾问，在里约热内卢的圣玛尔塔贫民窟成立第一个 CDI 的信息技术和公民权利学校。罗德里戈·巴乔期望 CDI 通过信息和通信技术使人们在自己的社区成为积极的公民："一个人必须相信通过掌握新的信息和通信技术，依靠社区的力量来改变他们的社会现实。" CDI 不仅提供了计算机和通信基础设施，并且为人们的生活提供长期的教育和支持。

CDI 的使命并不只是关于 IT 技术，CDI 学校或社区中心采取措施使低收入群体融入社会。相应地，每一个新的 CDI 学校是在社区中通过信息技术解决挑战并发展创业想法而建立的。例如，通过提供免费或低费用网吧的上网计划，或在社区开展反对虐待儿童的公关活动。学校的学生在他们从事经济和创业活动中掌握了新的信息能力和通信技术，解决紧迫的社会问题，提高自己的就业能力。CDI 提供计算机和其他硬件和软件，当地社区采取进一步行动，管理学校的日常运行，并提供教学楼和设施。在教育任务上，CDI 遵循"培训—教学"的理念，与当地社区的志愿者和教师密切合作。学校的学生在学习一门计算机开发和软件技能课程的同时，也完成了一个社区项目。今天，CDI 每年的预算超过 500 万美元。基金是小型的混合体，只象征性地支付教师学费，捐赠来自"维护者"和"支持者"，他们或捐赠资金，或捐赠物资。总的来说，CDI 开发了多种资金来源，目标包括公众支持和与其他特定基金会合作，这些组织帮助弱势群体如残疾和慢性病人，以及囚犯和吸毒者等。

建立第一个学校时，巴乔收到其他社区对这一形式的询问以及来自企业的电脑捐赠。在成功建立和开办第一所学校后，他选择通过特许经营方式在巴西建立更多的学校，而后推向全球。当地社区发来 CDI 新学校的提案，对社区工作如何推进信息技术提出建议。然后 CDI 与社区合作培训（包括技术和教育）、融资、建立新的学校。随着时间的推移，CDI 已经在巴西和拉美国家建立了超过 700 所网络信息技术和公民权利学校。CDI 对社会产生了一系列直接和间接的影响，包括社会和经济两方面（影响部分请参见 CDI 的全球网站：http://cdiglobal.org/）。例如，有超过 5 万名学生从学校毕业，增加了就业机会。此外，许多学校教师和教育工作者接受训练，社区项目得到发展，许多社区都能够接触到计算机和互联网了。

作为一个成功的社会创业先锋企业家，巴乔和 CDI 作为社会企业的成功吸引了众人的目光，也在巴西引起效仿。特别是巴西政府在 21 世纪的第一个 10 年，制定政策应对穷人的“数字鸿沟”。如今这一行为已经得到更大的发展，因为巴乔已经认识到巴西“数字鸿沟”为自己发展带来不利。最显著的是，成千上万的计算机中心（Telecentros Comunitarios）已经建立了公共基金，中心提供计算机和外围设备以供大家免费使用，例如搜索互联网、撰写和打印文档以及类似于 CDI 的培训课程。另外，现在商业网吧和计算机公司也把目标放在那些买不起个人电脑的低收入家庭。虽然这不是以 CDI 的方式培训计算机技能和发展社区项目，但这些企业仍然以低成本的方式提供有竞争力的计算机和互联网的接入。事实上，现在政府和私营企业也发挥了供给的作用，提出一个有趣的问题，那就是：未来的 CDI 可能在细分市场中扮演为低收入家庭提供 IT 培训和入门准备的社会企业的角色。

问题

1. 查阅 CDI 网站（http://cdiglobal.org/），并讨论巴乔和他的社会企业产生的外部性效应和价值。尝试展开一个关于 CDI 是如何创造直接和间接影响的构想。这种价值对个人以及社区的影响在多大程度上是商业营利性企业难以创造的？

2. 简要描述巴乔扮演的创新者角色和其他社会企业家的例子及其解决社会问题的新型方式。政府对这些案例反应如何？

3. 意识到巴西存在的“数字鸿沟”的问题，政府开发了自己的政策计划为低收入和农村家庭提供计算机和公共教育资源。你认为能否对社会和商业企业家等私营部门产生负向的挤出效应？有什么可选路径能帮助政府应对“数字鸿沟”？

4. 巴乔扩展他的社会创业想法是通过自下而上的特许经营。有其他可以替代 CDI 发展模式的计划吗？同时请考虑 CDI 组织合法性的挑战和其获得方法。虽然从道德接受的角度而言，可能更容易得到满足，但如何从实用角度考虑合法地使用被捐赠的电脑和资金仍是现实的实际问题？

第十二章　社会创业对社会的影响

马库斯·贝克曼（Markus Beckmann）

德国吕讷堡大学可持续管理中心

◇**学习目标**

完成这一章后，能够达到如下目标。

1. 从组织视角和社会学视角对社会创业和社会性商业进行区分。

2. 讨论社会创业如何作为解决社会问题并满足社会需求的一种替代手段。

3. 解释社会创业影响力分析中静态视角和动态视角的差异。

4. 社会创业企业的贡献与非政府组织援助、以营利为目的的商业公司以及政府供给在慈善方面的贡献比较。

5. 描述在什么条件下，政府、各种援助、以营利为目的的市场能够达成最佳静态影响。

6. 说明社会创业对系统学习的动态影响。

一　导言

社会创业产生了很高的期望。创造了在发展中国家消除贫困和社会排斥现象的一个新途径（Seelos and Mair, 2005）。它是解决社会问题，满足发展中国家人类和生态需要的一个新的机制（Mawson, 2008）；而且，事实上，也有令人印象深刻的例子，从这些例子可以看出社会创业在世界各地如何利用创新性和创造性去解决社会和生态挑战（Bornstein, 2004；Elkington and Hartigan, 2008）。对于许多人来说，社会创业承诺了一个新的“促进可持续发展的希望”（Seelos and Mair, 2009）。其他人则认为社会创业和社会企业的概念是建立一种资本主义新形式的关键部分（Yunus, 2007，2010）。

不难理解社会创业者在他们特定的领域创造了可观的社会效益，但依然存在一些疑问，比如他们对整个经济和全社会有什么影响？他们和其他力量——如慈善组织、非政府组织、市场、公众以及政府有什么不同？社会创业对发展中国家和资本主义的未来发展有什么影响？总之，社会创业如何影响经济？

为了回答这些问题，本章从两个方面分析社会创业影响力。第一个方面是静态的视角，从这个视角出发，社会创业的影响力与其在特定时间点的解决方案、产品和服务相关；第二个方面是动态视角，分析社会创业如何改变它们的环境，不仅推动它们自己，也带动别的公司开始提供解决方案并提供急需的商品和服务。概括而言，静态影响力关乎效率，动态影响力聚焦于创新。

静态影响力和动态影响力之间的区分，体现了更严格的系统划分方法，彰显了社会创业的重要性。针对社会创业的问题，我们认为静态影响力和动态影响力的重要性是并驾齐驱的。但是，从系统的观点而言，尤其要强调的是社会创业的动态影响力。社会创业推动了新的价值创造模式产生，这些模式其他参与者都可以采用，最终实现一个较高的静态影响。因此，社会创业的影响，首先是变革。

以下将分为五个步骤加以阐述。第二节中强调的是在分析影响力时需要采取的社会角度，第三节比较了社会创业的静态影响力与慈善的组织、以营利为目的的公司以及潜在的政府法规之间的关系，第四节进行动态影响力的比较，第五节呈现一个简短的结论，在第六节展现了一个案例研究。

二　影响力的社会视角

Mileon Friedman（1970）在他富有争议的文章中认为“社会责任企业是为了提高其利润”。根据这一角度，企业的目的是实现利润最大化。相反，在社会背景下，社会创业和社会企业被认为是不能够追求利润最大化的企业。因此，社会事业的支持者，如获得诺贝尔和平奖的穆罕默德·尤努斯可能会表述为“企业的社会责任是解决社会需要”①。

---

① 格莱珉创意实验室是格莱珉社会企业集团的智囊团，其表述为：“和传统的商业不同，社会企业的运营能够为解决社会需求带来好处，推动社会更有效地运作。”http://www.grameencreativelab. com/a - concept - to - eradicate - poverty/the - concept. html。访问日期2011年11月1日。

这两个看法似乎是完全不同的，这种差异有时被用来作为一个重要的衡量标准，支持者认为社会企业创业在实现社会影响方面具有优势。在他们关于社会企业理念的演讲中，格莱珉银行案例说明这一点（见图 12－1），比较了慈善性的非政府组织（NGO）、传统的营利企业和社会企业的不同路径和方法。①

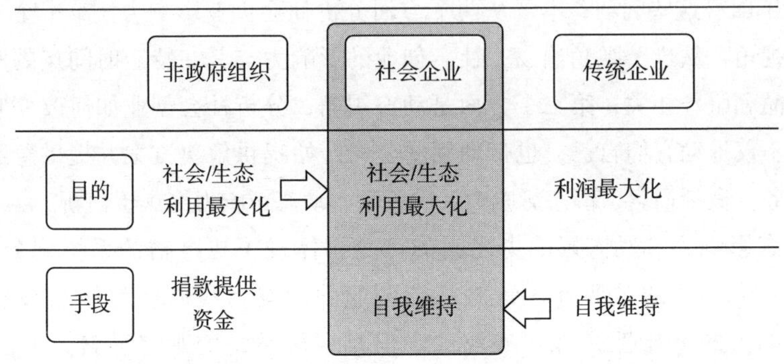

图 12－1　非政府组织、社会企业、传统企业的目的与手段

根据格莱珉银行的实践经验，社会事业完美地结合了两者的优点：它不仅像一个非政府组织一样追求并提高最大限度的社会影响力，也像一个以营利为目的公司那样在经济上具有自我持续发展的能力，不仅仅依赖于捐赠。这样一来，它连接了非政府组织的社会目标和传统企业的手段，因此能够有更大的影响。

格莱珉银行的具体案例有助于我们理解非政府组织、社会企业和以营利为目的的公司在目标和手段方面的差异，但它对解释这些不同方法潜在的和实际影响力没有什么帮助，因为它仅仅是单一的视角。当谈到社会影响力时，最要强调的视角就是社会。图 12－2 阐明了这种差异。

从社会的角度来看，似乎能够调和弗里德曼和尤努斯看法之间的矛盾。尤努斯提出组织的观点，然后建议直接确定一个社会和组织的目的；弗里德曼提出社会的视角，他认为，利润动机像组织端一样，是一种可以间接地实现各种社会需求强有力的途径。② 因此，他们俩的理论完全处于两个不

① 社会企业和社会创业的概念并不完全一样，但是简单来说它们并没什么差别，因为它们的努力都是为实现财务的可持续性进行着长期工作。

② 弗里德曼（2005）在提出这件事时的观点是："从个人观点来看，利润最大化是一种结束；从社会观点来看，它是一种途径。"

同的视角（见图 12－2）。尤努斯凸显非政府组织、社会企业和以营利为目的的公司之间的差异，强调从社会角度看，这三个组织形式之间非常重要的共性是可以被视为解决社会需求的一种手段。当面对问题的冲击时，非政府组织、社会企业和以营利为目的的公司之间没有竞争，其目的都是解决社会需要。

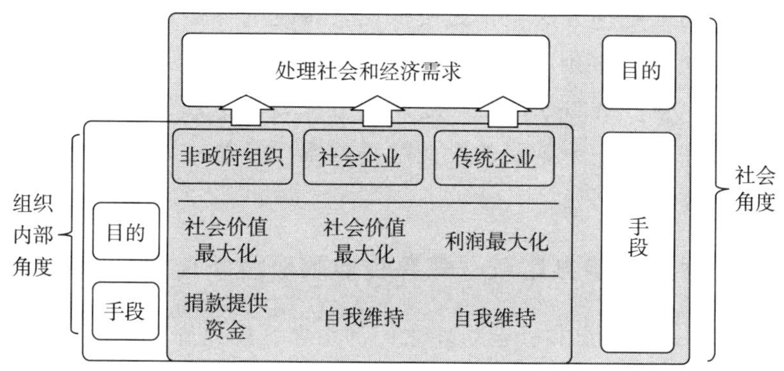

图 12－2　社会角度的方法和目的

影响力问题上的社会视角具有两个见解：首先，仅凭一个社会创业者有一个社会目的，并不意味比营利性业务具有更强的社会影响；其次，一个社会企业实际上不仅仅只意味着挣钱，通过与非政府慈善组织捐款这种方式相比，它能更好地解决社会问题。社会视角强调每个组织运用不同的机制（即特定的工具）来解决社会需求。但是这里所述的工具既不具有特定的影响，也不是优于另一种类型的工具。一把锤子的特定影响或者优势是什么？答案取决于问题：你要把东西钉在墙上或你要裁一块布？它依赖于其他情况或条件，例如你是否有钉子或螺丝钉。最后，它依赖于替代品。如果你想裁一块布，一把剪刀可能比刀好；然而，用刀又比用锤子好，如果这些是唯一可用的工具。

这个比喻说明了社会企业可以被看作是一种“工具”，一种用来解决社会需要的工具。如何加强和扩大这个工具的影响，需要依赖如下方面：一是要解决的问题，二是使用的条件，三是备选方案。

接下来的内容比较了作为解决社会需求的替代工具慈善性非政府组织、以营利为目的的公司、政府供给和社会创业。通过分析不同的问题，不同的边界条件，讨论提供了更好地理解社会创业对经济以及整个社会的潜在影响。

三　静态影响力和社会创业

在这个部分，通过在既定的时间范围内探索社会创业的静态影响力，发现什么样的社会创业可以在不同问题层面做出贡献。为此，需要寻找其他解决问题的方法，作为用以比较特定的静态影响力的基准，分析社会创业可以产生什么样的影响。比较社会创业、慈善性非政府组织、国家、以营利为目的的公司之间在解决方案上的差异，最关键的是社会创业往往成为一个重要的次优解决方案，是第一个最佳解决方案失败后的补救办法。

（一）静态影响力比较：慈善性非政府组织援助与社会创业

传统的非政府组织和社会企业之间的主要区别是财务。而社会创业企业都在努力实现可持续性的经济稳定，而非政府组织依靠系统的捐赠。根据问题的不同背景，两者均有一定的优势。

捐赠是一个相当纯粹的单边团结和利他主义的形式。捐助是在没有相应利润回报的情况下，给予金钱或其他投入。这样的原则面对不同的问题情境，是如何发挥作用的？

图 12－3 展示了一种类型，说明了团结的原则在哪些条件下可以特别有效，在哪些条件下则没有那么重要。时间维度区分了一次性社会问题和永久性社会问题：一次性需求指的是在一个给定的时间点可以一次性解决的社会问题，永久性社会问题则需要持续地捐助。社会维度区分了社会问题发生的群体层面，即小群体和复杂社会群体。在小群体中，人们有很强的直接联系。这个分类显示了团结的原则比其他方法更加能够解决一些潜在的问题。

图 12－3 中的方框（1）说明了一个小群体的一次性社会问题：朋友或邻居发烧了，所以需要帮助。在这种情况下，很多人会愿意帮忙去超市购物或遛一两天的狗。但是在方框（2）的情况下，情况变得比较困难，同样是一个人病了，但是长久性疾病，比如一个老人中风后长期卧床，需要不断关怀。在一个具有较强的社会关系的小群体，比如一个家庭，有可能完成这一挑战，但它会越来越难，越来越感受到压力。在某些情况下，不会有愿意提供长期帮助的家庭或志愿者。方框（3）分析的是一次性的单一性

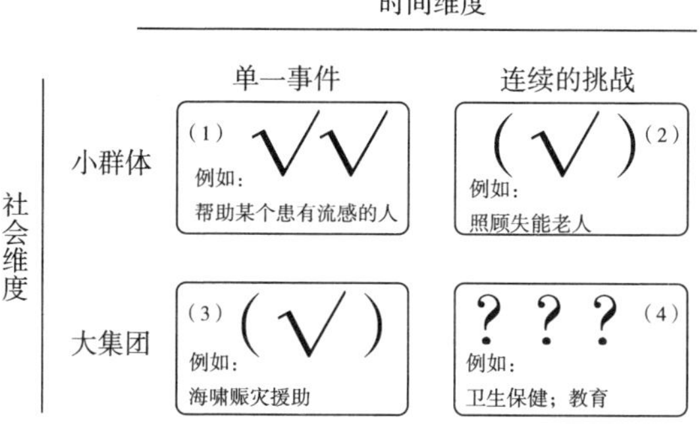

图 12－3　团结的影响

注：在 Andreas Suchanek 基础上的自绘图。

问题，影响来自他们生活圈子之外的人，甚至身在国外。在这种特殊情况下，很多人愿意做一次性的捐赠。以印度尼西亚海啸灾难以及海地破坏性地震为例，上百万名北美和欧洲人心甘情愿捐助了数十亿美元。在这种情况下，团结是一个强大的动力。然而，在方框（4）中形势发生显著变化。这个方框的问题影响到的仍然是个人生活圈子之外的人，甚至是在遥远地方的人。但这些问题需要连续的解决方案。在这种情况下，自发的团结无法持续性地帮助别人。一些人可能会愿意给一些钱，但不会调动许多人使其成为长期的资金提供者，这样的结果不会持续太长的时间。

在图 12－3 中凸显了社会创业的潜在静态影响力与慈善性非政府组织之间的显著差异。非政府组织可以在单一事件或非常具体的问题情况下使用捐助，并具有很强的能力。例如，在海啸灾难的情况下，非政府组织提供了强大的帮助。如果没有它们的组织和调解，仅仅依靠个人捐助，就会发现它很难帮助遭受危机的人们。相反，在那特定的时候，建立在复杂商业模式之上的社会企业，在提供快速、短期的援助方面可能并没有这么强大的影响力。

与慈善性非政府组织相比，针对短期援助社会创业可能只有较少的静态影响力。然而，这不是真正的社会创业的核心领域。社会创业是针对大规模的社会问题，提出创新的、可持续发展的解决方案，就是说社会创业是与长期解决方案有关的，对大型的社会群体具有影响力。社会创业的系统领域集中体现在方框（4）。

图 12－3 的方框（4）中反映的问题需要一个持续的或者至少是长期的解决方案，比如提供教育和基本医疗服务的情况。类似方框（3）中的相关

问题，组织的基础建构对于有效提供上述服务是必要的，但是一个有组织的一次性干预措施，例如建造一座教学楼或者依赖外界投入的捐赠性解决方案，对于解决上述问题既是不够的，也是不可持续的。这些长期性的挑战，需要有一个可以自我持续的系统解决方案。

尽管慈善性非政府组织做了一些努力来解决图 12－3 中方框（4）的问题，系统性解决方案的静态交付领域，是由社会创业的相关替代品来提供，公共部门提供的商品和服务类似于由营利组织提供的商品和服务，为了进一步评估社会创业的静态影响，接下来的两节我们可以看到其他解决问题的设计与安排。

（二）静态影响力比较：营利性公司与社会创业企业

以营利为目的的企业可以被视为解决重要社会需求的手段。事实上，资本主义市场经济在过去 150 年的发展表明，利用功能性的制度框架和对利润与自身利益的追求，可以取得理想的社会效果，如创新、提供新的就业机会、更好地和更廉价产品与服务（Baumol，2002）。事实上，在适当的体制下，盈利预示着公司已经成功地创造了价值。也就是说，在一个有效的市场系统中，只有当顾客愿意花高于生产成本的价格来购买产品时，公司才能够获利。利润是成功创造价值的附带现象，公司正在为社会提供更多的帮助。这样一来，利润激励企业为社会力量履行其存在的理由，即组织创造价值（Jensen，2002）。鉴于适当的体制和市场运行，传统以营利为目的的企业可以在提供急需的商品和服务方面，比因使命感而驱动的社会企业具有更强的社会影响力。

首先，假设（仅仅是假设）利润是创造价值的一个指标，它们发出了一个强烈的信息，通过奖励成功的价值，惩罚那些亏损的公司，作为一个公司是否正在履行其社会目的的信号，因为后者实际上破坏了社会价值，消耗了比它们生产所用的更多的价值资源；其次，从公司内部的角度来看，利润预期提供了在选择性投资和战略之间做出决定的一种方式；最后，利润显示出投资者创造价值的最具潜力的领域，从而引导稀缺资源向更有价值的用途流动。社会投资者和社会创业者已经开始研发测量方法，但迄今为止，这些指标是非常模糊的，与单纯的利润指标相比，这些指标还难以理解。

总之，在分析社会创业实现静态影响力的效率时，它可能常常只是一个次优的解决方案。在某些情况下，以营利为目的的企业很可能是首选的最佳解决方案，因为它们可以更有效地提供所需的商品和服务，可以充分利用规模效益创造可持续的经济。但是，逐利性公司的潜在优势取决于一些条件，只有当市场有一个完美的制度框架，没有发生市场失灵，利润驱动的“无形之手”成为最佳的解决方案，其静态社会影响力才可能比社会企业更为强大。在这种理想条件下，没有正面或负面的外部性因素，产权清晰，完整的私人合同能够得到法律制度、规则的认可，最根本的是没有被排斥的弱势群体，每个人都享有市场准入、资本、教育和法律公正的自由。

现实生活与理想往往相距甚远，在市场失灵或出现短缺时，逐利性公司可能无法实现其潜在的最佳解决方案。在这种情况下，社会企业是一个重要的次优解决方案，通过提供所需的商品和服务，通过自身力量解决外部性问题，创造逐利性企业无法创造的社会价值（Santos，2009）。相比较现实中的替代选择，社会创业是最好的“工具”；然而，相比于理想和正常运作的营利性市场，社会创业仍然是一个次优的解决方案。

（三）静态影响力比较：政府供给与社会企业

市场是提供私人物品和服务的强大工具，但是市场也存在不能被满足的重要社会需求。最重要的是，市场并不是很适合于提供公共产品。在经济学中，公共物品是指非竞争性和非排他性的物品。非竞争性意味着如果有人占用公共利益，并不意味着其他人就没有占有的机会和可能。非排他性意味着每个人都可以享受美好的生活。治疗和消灭疟疾的情况是一个例子，事实上，某个人从公共健康服务中受益，并没有减少其他人受益的可能性（非竞争）。与此同时，这也几乎不可能使该国的其他人无法享受治疗疟疾的福利（非排他性）。

非竞争性和非排他性似乎具有诸多优秀的特性，每个人都受益于公共利益，没有人被排斥在外。然而，问题是这两个特点使得市场难以甚至不可能提供公共物品和服务。如果没有人被排除在享受公共产品的好处之外，就没有人会愿意为它付出代价，因此对这些产品的市场运作方式将受到制约。

图 12－3 方框（4）中涵盖了许多紧迫的问题，对提供以下公共产品提出挑战，包括提供基础设施、公共教育、公共卫生服务、基础研究、正常

运行的法律制度、和平稳定的社会等。

社会已经制定的最强有力的工具来提供这些公共服务和产品，它们是一些组织，比如国家、政府以及相关的机构。

首先，国家是一个解决搭便车问题的强有力的工具，为社会提供需要有效的集体行动才能产生的公共物品。只有当每个人都努力并付出，才可以提供最佳的公共产品。然而，每个人都有一个坐享他人贡献、搭便车的动机。在这种情况下，国家可以建立被用于公共利益的强制性工具。例如，国家可以通过公民税收来收集必要的资金，作为满足社会需要的公共产品资源。当然，需要指出的是，这并不一定意味着国家自身生产这些商品，它能够通过调配资源和安排资金，分配这个任务给其他参与者（例如私营公司和非政府组织）。

其次，考虑到公共机构的功能和效率，国家可以利用已经存在的先进基础设施，实现经济的规模化和范围的扩大化。举个公共卫生领域的例子，一旦有了基础设施，就可以组织和资助预防与治疗小儿麻痹症；与此同时，可以将这些基础设施应用于其他地方，也可以用来进行其他与健康相关的服务，如接种麻疹疫苗或提供医疗检查。

最后，在民主国家，公民可以询问政府在提供公共产品方面的情况。人们可以投票将无效的政府赶下台，让政府部门了解公民真正需要的公共产品。民主的程序可以提供反馈，从社会角度来看，这是使用资源的最好办法。

因此，在一个正常运作的状态下，有效的制度和民主问责制可以使政府在提供公共物品方面比社会企业具有更强的影响。相对于一个正常运作的状态，社会创业者没有召集和组织全社会行动的系统方法，他们不能轻易地利用现有的复杂的基础设施，他们也没有必要为了民主问责制去建立一套完善的反馈机制。

总之，当考察在既定的时间内社会创业提供公共产品和服务的效率时，社会创业很可能只是一个次优解决方案。在理想情况下，一个正常运作的公共部门最有潜力成为最佳解决方案。然而，就像营利性企业面对的市场情景一样，公共部门提供公共物品取决于一系列苛刻的和关键的条件：首先，必须有一个运行良好的政府、公平有效的税收制度；其次，民主问责制要正常运行，即使是多数人的状态下，也不应该忽视少数人的需求，而且所有公民应当充分了解并享有政治权利。

在许多国家，特别是在发展中国家，这种理想化状态远未实现。在这些情况下，社会创业可能是重要的次优解决方案。面临政府的失效，社会创业者可以针对那些没解决的社会需求提出解决方案，组织集体行动，汇集关键资源，并提供急需的商品和服务。相比那个在既定时间的相关替代品，社会创业的静态影响力对大众来说是非常重要的。从历史的角度而言，相比一个正常运作的公共部门系统提供的解决方案，社会企业往往仍然是次优解决方案。

（四）社会创业作为次优解决方案的静态影响力

穆罕默德·尤努斯（2007，2010）在他关于社会企业的著作中，提出了社会企业建立和解决紧迫社会问题的两种不同类型。这种区分在本章中可以得到证实。相对营利性商业和政府供给这种理想的最优解决方案，社会创业是一个重要的次优解决方案。尤努斯的第一种社会企业类型可以看作是市场解决方案的替代者；第二种社会企业类型，是一个理想化的政府解决方案的替代者。根据尤努斯的观点，第一种类型的社会企业专注于提供与特定的社会、道德或环境目标相吻合的产品。社会企业的利润被用于规模扩大和提高产品的供给。一个例子是格莱珉银行和达能集团的合资公司，于2006年开始在孟加拉国分销Shakti Doi（孟加拉语，能量），它为住在农村缺少营养的儿童提供诸如酸奶等方面的饮食。

第一种类型的社会商业模式可以理解为以全力追逐市场利润为目的商业模式替代者。在Shakti Doi这个案例中，有多种原因造成了营利性企业不能提供满足贫困人口营养需求的产品，而且穷人对营养和饮食的知识知之甚少。因此，社会企业可以产生重要的社会影响。格莱珉达能合资公司提高了酸奶的营养品质，可以提高孩子们的健康，提高他们未来的机会。但如何做到这一点，如何从静态视角区分它们的影响呢？如果维持现状，这真是最好的、最有效的解决办法吗？当然，这是相关替代品的选择问题。由于高品质的食物是私人物品，系统基准是完全以营利和市场为目的的；与此同时，要使所有的村民都知道并欣赏其丰富的营养价值，通过提高购买力，从而进入这些市场。考虑到市场竞争性，以营利为目的的企业依赖多样性可以再进入这个市场，带来了资源扩展的系统性的全国解决方案，需要有更低的价格和更好的质量。由于缺乏这样完全发展的市场，社会企业可以负责提供这些服务，作为有价值的次优解决方案。

现在让我们谈谈尤努斯第二种类型的社会企业理念。这种类型的社会企业的初始目标并不是要通过其产品实现影响，相反，它是利用所有净利润来解决当地社区的社会需求。利润因而没有以私人红利的方式分配，而且用于促进当地的发展。这个类型社会企业的例子是奥托格莱珉（Otto Grameen），一家德国零售商奥托和孟加拉国格莱珉集团的合资企业。奥托的想法是建立纺织工厂，产生T恤等服装，在欧洲市场销售并获得利润。该纺织公司的利润交付给奥托格莱珉信托银行，用于提供给当地穷人的社会服务，如获得医疗保健和基础教育（Yunus，2010）。它们的想法是，最终“每个奥托格莱珉工厂都能扎根于‘奥托格莱珉乡村’里，人人享有高标准的生活，并从公司中受益”（Yunus，2010）。

第二种类型社会企业的商业模式可以理解成为政府提供公共产品和服务的次优选择。由于当地政府不能提供公共产品，如医疗保健和教育，奥托格莱珉作为一个社会企业，接管并提供了这些服务。作为对公共产品的一种挑战，地方政府的两难选择是，允不允许奥托格莱珉为平民提供受教育机会、医疗服务和其他基础设施。如果存在一个如此高效、民主的地方政府机构，很可能具有比奥托格莱珉更高的社会影响力。注意有关的选择，如果奥托格莱珉实现并分配了私人利益，当地政府可以通过征税，从而增加公共资金，提高社会服务。然而，由于没有这样的一个理想状态的公共部门，类似奥托格莱珉的第二种类型的社会企业可以提供急需的和有效的次优选择。

四　动态影响力和社会创业

在前一节中重点着眼于比较社会创业对社会的潜在静态影响力，“静态”意味着聚焦分析一个特定的问题，把情况当作固定不变的，不考虑潜在地随着时间推移的动态影响；然后了解在特定的时刻，社会创业者直接影响其受益者的情况。

我们现在从静态的角度转向动态视角，关注社会企业家如何影响社会、如何处理社会挑战的动态过程，而不是仅仅强调在特定时刻对受益者的直接影响。动态影响还包括间接影响整个创业领域的变革，领先其他领域采取新的解决方案。静态的影响主要关乎效率问题，动态的影响则强调创新的重要性。

本节的主要观点认为，社会企业家在创建动态影响力方面，往往具有系统的和重要的比较优势。为了证实这一观点，我们又比较了社会企业家的变革能力与慈善性非政府组织、以营利为目的的公司和政府供给解决问题的潜在能力。

（一）动态影响力比较：慈善性非政府组织援助与社会创业

从静态的角度来看，慈善非政府组织特别适合在相对短的时间内针对特定问题组织力量达成一致。当然，它们也可以着手开展系统性的社会变革。事实上，许多长期援助项目都是以“助人自助”的理念对环境产生重要的动态影响。

然而，当涉及创新和可持续性的解决方案时，社会创业便显示了大量的系统性的比较优势。这是慈善性非政府组织的普遍做法，但这里我们通过比较社会创业企业与慈善性非政府组织在援助发展中国家的组织工作，着重强调其优势。

首先，一个针对持续性问题可扩展的和系统性的解决方案，需要稳定社会基础。从长远来看，需要自给自足并具有独立能力。援助概念本身意味一定程度的依赖，发展援助往往依赖外部投入来解决当地的问题。可以肯定，基于交换的援助项目可能开发一个解决方案并最终可以自我维持，但必须克服很大的障碍。

与此相反，图 12 - 1 的社会企业尤其是社会性商业的核心思想，就是要瞄准自给自足。社会企业家寻求创新的解决方案或商业模式，在系统内调动所需资源，而不是依靠外部输入，如援助项目的转移。社会企业家激活和赋权给内部各部门，以贡献多方面资源来支持社会企业。其结果是，通过营利性的公司复制创新的办法创造价值，或是政府机构采用成功的社会企业提供的解决方案，这种自我可持续的解决方案更容易扩展到系统层面。

其次，创新和变革性解决方案不是凭空想象的，它们是不断的尝试和试错后的优化结果。这些学习过程只有建立在丰富的反馈分析基础之上才具有完全的有效性，通过反馈了解哪些运转良好，哪些需要改进。而援助项目很难获得这样的反馈。当然，许多援助组织试图通过反馈评价它们的工作，但如果受益人得到完全免费的帮助，他们就很少有抱怨或提出建议的动机。总之，全面和无偏见的反馈对一个援助组织而言是非常罕见的。

社会企业家并不会对收到如此丰富的反馈视而不见，事实上对于社会创业的研究者和参与者来说，所面临最苛刻的挑战之一就是测量影响力。尽管如此，社会企业家可以借鉴传统援助机构无法实现的反馈渠道。他们授权给利益者，让后者参与到价值创造的过程中。在如“黑暗中对话”（www. dialogue-in-the-dark. com）或 Specialisterne（specialisterne. com）等社会企业，针对不同的失能人群，比如盲人或自闭症者，贡献出有价值的专家。因此，如果人们提供重要资源——他们付出劳动或专业知识、活动或社区支持，可能会经历一个更高程度的参与，并且更愿意提供有价值的反馈。社会企业家及其利益相关者之间的合作是一个重要的反馈通道。

再次，如果非政府组织在发展中国家提供基本医疗服务，它可能影响当地政府所提供的理想方案。如果外援资助这些服务，当地的政府可能就会对依靠自己力量建立一个运转良好的卫生系统缺少兴趣。并且更糟糕的是，援助转移可能会造成反向激励。如果腐败政府受惠于外界的援助资金，就会出现延长甚至可能会破坏当地市场的情况。如果慈善性非政府组织分发免费的食物，当地农民可能会被迫停产。在这种情况下，帮助只会暂时性地解决社会问题，而后续的社会问题将会源源不断出现。

最后，社会企业家也不能对这些问题完全脱敏。尽管如此，许多社会企业的特征是显著降低风险。一是社会企业在系统内挖掘可运用的资源，而不是依靠外在的慈善捐款，这样腐败问题会减少。二是企业经营经常会寻求启动新的市场机制，这样就发展了市场。实际上，他们往往提供创新技术的蓝图，以营利为目的的企业可以采用这些技术。三是社会企业家处于一个更好的位置，并且推动政府提高其所做的效果。例如，他们可以“证明”一个新的方案确实有效，并且不需要更多的资金投入。这个说法得到了实证案例的证实，在阿育王基金会报告中有一半的社会企业家/社会创业者，在创立了自己机构的第一个五年后，影响了国家立法（Sen, 2007）。

（二）动态影响力比较：非营利公司与社会企业

以营利为目的的公司可以在大的经济和社会背景下，营造出具有杀伤力的冲击波。事实上，它们对我们的生活具有很大的动态影响。只要采取流动性创新，运用到信息技术、治疗和通信领域，甚至在很穷的国家如索马里，依靠手机技术和长途电信预付费计费机制，穷人在长途电信的应用上也有惊人的发展。

尽管如此，营利性公司还有很多问题未能解决，而社会企业家通常对发展包容性市场的解决方案有相对优势，至少有如下三个原因。

首先，社会变革需要时间，只有这样市场才能正常运作。如果是为了解决某个问题而设立新市场，几乎是不可能在一夜之间建立并获利的。另外，社会企业家们在长期范围内的投资比那些希望在短时间内实现投资回报的公司更为慷慨，社会企业家可以使用“耐心的资本”，这允许他们能够投资于高风险、不确定性和长周期的项目。这些新的方法，有助于克服僵化，创造新的市场，并达到新的均衡。

其次，社会企业家往往专注于特定的社会问题。这并不是说以营利为目的的公司从来没有尝试解决社会需求，它们可以选择以社会问题为出发点来思考新的商机。而如果公司发现一个问题可以解决，并使其能够创造和赢得足够价值和可观的利润，公司将进一步推动这方面的发展。但是如果这个项目不能满足公司的要求，该公司迟早会停止寻求解决方案，并转移到下一个有潜力的问题。与此相反，社会企业家不会放弃寻求解决问题的方案，而是去尝试一种新的方法和路径。

最后，正是因为社会企业家的独特使命，使他们能够得到关键资源，比如信任，这是营利性公司是很难获取的。社会企业家经常与现有的非政府组织、社区网络或基金会合作。他们可以调动重要的非货币资源，比如志愿者。但是，相比传统的以营利为目的的公司，它们最重要的优势，是他们值得信赖的、可靠的和合法的信誉。这一点很重要，因为许多市场失败的原因正是由于信息的不对等。比如在一个没有熟人的社区推销新药，营利性公司可能会发现很难开拓新的市场，如果它缺乏公信力和信任来解释新药的好处；相比之下，社会企业会更容易说服社区，它的新产品并不是作为私人利润的来源，实际上是有利于消费者和实现价值的。因此，社会企业的方法可以解决缺乏透明度、减少信息不对称、发展欠发达市场等问题。一旦透明度有所增加，消费者体会到了新的产品和服务，其他参与者，比如营利公司就可以进入新市场，并进一步加大了创新的总体影响。

（三）动态影响力比较：政府供给与社会创业

政府和公共机构当然可以通过创新提供公共产品的新形式来实现其动态影响。相比之下，社会创业在创造新途径、增强动态影响方面至少可以有以下三种优势。

首先，动态影响和成功的学习过程有很大关系。正如道格拉斯·诺斯

(2005) 所说的，“适应性效率”不仅取决于大量的和多种类的试验，而且还包括从失败中学习。不幸的是，各国政府在采用更有效办法时面临巨大的障碍，一方面政府和公共机构都倾向于一种官僚主义的管理，这对一个扩散测试良好的大规模工作来说是有价值的，但不是非常有利于推导性实验；另一方面简单的实验或试错是不够的，实验的结果，特别是失败的结果需要反馈到具体的决策过程中。政府的反馈机制很不完善，选举和民意调查可以表明公民对决策的赞同或者不赞同，但很难提供任何单一实验中具体的反馈，更不能说必须一遍又一遍地重复测试。

和政府自上而下的管理相反，社会企业家奉行自下而上的管理机制，他们通过动员分散的实验和反馈提高适应性效率。一方面社会企业家可以创立许多不同的企业，采用不同的模式，也就是说，他们不受到传统系统的限制；另一方面他们可以从上述的受益者那里收到更直接的反馈。

其次，许多社会问题是地方性的或者只影响特定的少数群体。不过，从国家层面而言，政府虽然能够为广大市民提供统一的解决方案，但是它的能力较差，而且往往不太愿意解决当地需求或少数人的需求，尤其是当它们这样做对选举的结果没有太大影响的时候，它们更不愿意解决少数人的需求。与此不同的是，社会企业不依赖投票选举，可以更容易接受少数群体的要求，并且最终可以提高自己的知名度。通过创新，它们可以主导新的想法，并且长期影响公共部门的决策。

最后，创新需要承担风险。然而，社会服务的公共机构往往倾向于规避风险，它们的理由是：它们在花纳税人的钱。事实上，由于害怕被说成浪费纳税人的钱，政府部门往往只为那些被“证明”行之有效的方案提供资金。所以，公共部门更喜欢已经测试过的解决方案。相比之下，社会企业家能够尝试更具风险和创新的办法。这些解决方案产生效果之后，其他部门如公共部门才能采纳和推广。因此，社会企业家可以逐渐完成潜在的动态影响。

五　结论

社会企业家因为特定的组织目标、激励方法和组织手段而被认为是独特的。然而，影响力与意图或投入没有什么关系，而是与结果相关。从社会角度而言，社会创业的具体组织方式本身不是目的，而是一种解决社会问题的替代办法。问题本身决定了什么是最有效的解决方案。

慈善性非政府组织通过强大的力量组织捐款，提供短期救济。长期、大范围的问题需要一个更系统的解决方案。这是营利性企业、政府供给和社会企业应该共同负责的领域。在一个理想的完全竞争的市场内，以营利为目的的企业在提供私人物品方面是最佳的解决办法；同样，良好的政府提供公共物品也是最佳的解决方案。与这些理想化的解决方案相比，社会企业只是一个次优方案。然而，在没有最优的解决方案或失败的地区，次优选择也是非常重要的。在发展中国家尤其如此，社会企业可以在补偿市场或政府失效方面发挥重要作用。

同时，在那些缺乏最佳系统解决方案的领域，社会创业的静态影响也非常重要。它存在着创造更高动态影响的潜力。相比慈善援助、以营利为目的的公司以及政府供给，社会企业处于一个特殊的位置，它运用创新的方案解决各种其他方面的问题。一旦这些创新被证明成功，可以被其他参与者接受和采纳，最终的结果是创新带来了更高的静态影响力。因此，即使社会企业和社会商业不是资本主义的未来，它们对资本主义的未来也极为重要。面对世界范围内错综复杂、立体多元的挑战，社会企业是一个强大的变革力量，其静态和动态的影响创造了“可持续发展的希望。”

六　案例研究

小额贷款项目是一项重要的创新。在发展中国家，许多穷人无法获得信贷，小额贷款项目通过解决信贷的问题，可以使这些穷人能够进行生产性投资，帮助他们摆脱贫困。

如今，营利性的公司和社会商业公司都涉足小额信贷领域。事实上，小额信贷已成为一个巨大的并且不断增长的市场。最初，这个市场并不存在，因为穷人没有保证他们获得信贷的抵押品。因此，以营利为目的的银行没看到利润前景，而忽略了穷人也是潜在客户这个事实。从金融市场的特质来说，事实上穷人无法参与到本可以生产许多双方交易的市场。

为了克服这个问题，穆罕默德·尤努斯在1983年创立了格莱珉银行，这个银行作为一个财务上可持续发展的社会企业，向穷人提供贷款。他的小额信贷的一个重要创新方式是“信贷环”。与传统个人借贷不同，“信贷环”是一个借贷群体，主要由女性组成。一个借款群体的成员共同承担信贷责任，因为里面的人相互关联，所以他们之间会很努力地监督对方，这样形成了一个借款信贷链。此外，因为它是一个社会企业，而不是一个以营利为目的的公司，格莱珉银行获取了农村社会网络的信任，并对信贷环和小额信贷给予理解和支持。

社会商业的方式在发展小额信贷市场上起到了重要作用。实际上，它具有显著的动态影响力。多年来，成千上万的小额信贷机构在世界各地扩展其业务。在墨西哥，何塞·伊格纳西奥·阿瓦洛斯·埃尔南德斯通过小额信贷的理念，在1990年把他的非政府组织改成了小额信贷机构——康帕多银行，其目的是消除贫困问题。作为一个非营利组织，它对开拓当地市场的小额信贷有很大的贡献。2000年，它转变成一个以营利为目的的银行，并且发展得很快。2006年，康帕多银行上市，成为持续大规模增长的一家以营利为目的的私人公司。2010年，康帕多银行的年收入约4.93亿美元，保持了约30%的增长速度。而格莱珉银行的年收入却是1.77亿美元。

社会企业批评墨西哥康帕多银行转型成为一个营利公司。批评涉及的一般问题是：谁来负责小额贷款的问题，是营利性公司还是社会企业？虽然这个问题太复杂，但动态和静态影响之间的区别可以帮我们了解一些情况。

在动态的影响方面，社会企业家，如尤努斯和埃尔南德斯在克服市场失灵方面发挥了重要的作用。随着这些市场的出现，营利性银行（如康帕多银行）进入了市场。营利性模式的支持者可能会说，这些营利让静态影响达到一个新的水平。以营利为目的的竞争提高效率，吸引了更多的投资人，由此出现更多的贷款的机会，最终可以降低利率。从这个角度来看，康帕多银行营业收入比格莱珉银行增加了近两倍，显示出营利性公司是静态影响的强大引擎。

另外，社会企业的支持者可能会说，不能解决市场的错误和失灵问题，以营利为目的的方法就是错的。许多穷人不了解经济所以不能做出明智的选择。他们在危机情况下可能很容易被利用。此外，“信贷环”能产生社会压力，当人们无法偿还贷款时可能会自杀。这些问题会激发出一个强大的社会使命来予以解决，此时社会企业可能会比营利性企业更好地完成这一任务。

问题

1. 为什么以营利为目的的市场不仅失败而且在小额信贷这个概念创造

之前已经导致了信贷定量配给？社会化商业在克服这些问题方面为什么处在重要地位？

2. 营利性小额信贷解决方案具有什么优势？在什么样的条件下具有这些优势？

3. 社会化商业解决方案具有什么优势？在什么样的条件下具有这些优势？

4. “从长远来看，穷人不需要依靠社会企业的服务，但可以自由地选择为他们服务的营利性企业。”你同意这种说法吗？社会企业提供的小额信贷是金融市场，还是经济发展的一个短暂春天？

第十三章　社会创业的批判性反思

帕斯卡·戴伊（Pascal Dey）

克里斯·斯泰亚特（Chris Steyaert）

圣加仑大学

◇**学习目标**

完成这一章后，能够达到如下目标。

1. 理解对社会创业的过分乐观态度是推动相关知识进步的严重阻碍。

2. 理解对社会创业的批判是普及社会创业知识的一种积极手段。只有这样做，我们才能超越常识和意识形态的限制并更好地理解社会创业。

3. 识别各种社会创业批判方法的不同点。

4. 理解社会创业领域每种批判方法的独特范例和理论贡献。

5. 理解对社会创业的批判是永无止境的，如果要保持社会企业富有想象力和激进的特征，其前提是要把对社会创业的批判当作一个持续进行的任务。

6. 利用语言学研究方法，对社会创业经典著作做批判性思考。

一　导言

社会创业批判：一项不可能的任务？

从表面上来看，“社会创业”这一概念是很难由单独一个定义来解释清楚的。有些人认为，对社会创业的多样性解释所造成的混乱将成为影响展示所有潜力的障碍（Martin and Osberg，2007）。但在我们看来，更令人担忧的不是“社会创业”这个词包含了太多的含义，而是人们会因为他们对“社会”一词的狭隘理解，从而不能全面了解社会创业本身的复杂性、创造力和激进性。毕竟，对“社会”这一术语，人们得到的往往是一种主流的、带有政治倾向的解释。鉴于人们还没有正确地理解社会创业与政治、意识形态以及对社会领域可操控性的关系（Carmel and Harlock, 2008），我们这一章首先就要舍弃一种观念，即对社会创业各种普遍的理解都有它们的局限性，因为这些理解与社会精英们对美好生活和特有的社会理解是一致的。很多关于社会创业的解释被认为很不合理，仅仅是因为它们在精英们界定的主流标准衡量下而表现得不合理、古怪，甚至不合法。

我们应该以一种批判的眼光来重新审视社会创业目前所面临的各种限制因素，以便激发更多更具想象力的主张。然而，需要指出的是，一个关于社会创业标准的批判几乎是不可能的。这到底是为什么？当前我们缺乏对社会创业的批判和反思，而这种现状是由很多原因造成的。有一种理由比较有说服力，即社会创业迎合了公众的两个普遍的甚至是不可动摇的信仰：一是社会企业的救赎功能，二是它通过市场手段提升"改变社会"的功能。由于这两个功能的存在，社会企业的存在被认为是好的、合理的乃至是必需的。部分社会创业看上去有毫无瑕疵的声望，人们更愿意期待它是理想化的，而不愿对它做出哪怕是一星半点的批评。换句话说，任何针对社会创业挑衅性的、违背直觉或不合时宜的批评都受到了压制，这样做的结果是，人们便不会将注意力放在他们几乎每一天都要面临的"现实生活"的压力，从而延缓了立即参与解决当前最紧迫的社会问题的可能性。社会创业主张通过有益的商业化经营理念实现和谐的社会变革（Arthur et al., 2010），而这种主张杜绝了对社会创业的实质性批判。原因很简单，因为社会创业的主张和标准表明解决该社会问题的方案已经存在。任何提出质疑的人会马上受到怀疑，因为绝大多数人都认为社会创业已经通过了批判性考察。

当前社会创业标准化的努力要付出多方面的代价，其中一个主要的问题就是社会创业已经被设想为是一种去政治化处理社会问题的计划蓝图。在极端情况下，社会创业已经被赋予治疗资本主义制度体系各种病症的重任，而不是从其根源上来解决问题（Edwards, 2008），从而巩固了这个政治体系。而资本主义政治体系的全面弊端在最近才得以揭露出来（Noys, 2011）。社会创业看起来似乎是无可争辩的，但是本章的目的在于对其提出批判，正如我们在下文将提到的，批判对于社会创业而言具有举足轻重的分量，通过对社会创业的批判，我们可以走出社会创业目前面临的停滞状态，并释放其更多的潜力。在关于社会创业的问题解决、线性发展以及社会平衡等主流理论上，学术界发挥了重要的作用。因此，我们首先会分析学术界内部对社会创业的各种评论。[①] 本章的第一个目的是对一系列目前流行于社会创业领域的批判方法进行分类。目前，学术界的审查和控制机制不能完全有效地避免批判性，因此本章的第二个目的是突破现状，去发现更多的批判方法，并提供以激进的方式从概念和实用的角度来对社会企业进行批判的描述方法。总体而言，对社会创业的批判可以被看作是质疑“社会创业”并进一步释放其原本受到抑制的潜力的一种手段（Sandberg and Alvesson，2011）。这意味着，批判本身不是目的，而是用来发现解决方案的手段（包括想象的和真正的解决方案）。按照目前对社会创业的理解，我们还不能发现这些解决方案。因此，通过对社会创业的批判性审视，我们终将以一种不同的方法来实现社会创业。

本章的结构如下：首先，我们会对社会企业批判方法作简短的阐述。在回顾现有学术文献的基础上，确认四种社会创业的批判类型，即所谓的“打破神话”“权力效应批判”“规范性批判”“僭越性批判”。我们会对这四类批判方法进行描述和讨论，讨论的角度集中在这些方法是如何质疑社会创业以及用不同的观点来诠释与社会创业有关的重要设想。这些不同观点并不意味着它们就是全新的观点，我们会用相关的实证研究来描述每一种批判类型。其次，通过对导致社会创业根本原因的批判，我们将讨论一些新的批判方法。我们把重点放在使大家接受这样一种观点——干预，通过对社会创业进行干预，来表明社会创业以及我们对社会创业的理解还不足以揭示社会创业的全部内容（Steyaert，2011）。最后，从语言研究方法出发，本文将对批判性思维做出一个简短的说明。

二　质疑社会创业：批判方法分类

作为创业领域研究的一个分支，创业批判研究在创业研究领域正逐渐获得其合理性。虽然和过去相比，创业研究领域已不再是单一的研究方向，

① 显而易见，在本书中，对社会创业的研究主要是来自非营利、志愿者或第三部门的学者。在这一领域的学者一直对市场逻辑持怀疑态度（这是一个社会创业的一个重要方面）。由于能力有限，本书没有详细论述为什么在其他领域中没有对社会企业进行批判性反思。我们相信，针对非营利组织、志愿者或第三部门相关研究的批判性思考，是本文对这个问题所做的一个贡献。

但是越来越多对创业进行“批判性”研究的呼吁也只是最近发生的事情（Ogbor，2000；Armstrong，2005；Jones and Spicer，2010；Weiskopf and Steyaert，2009）。批判方法是多种多样的，因为不同的批判者对于批判有不同的理解。当然，这些不同方法也有一个共同点，即企业创业表述中的质疑部分在很大程度上经过了明显处理，它们一味地鼓励创业并认为创业值得追求，认为不需要任何反思，也不需要对其研究方式和方法做出任何改变（Steyaert，2011）。批判性研究方法强调的是对某领域研究提出质疑的实践，这些质疑将对我们具体研究的问题产生影响。质疑包括对一些特定研究设想的调查和怀疑，而这些设想对某一领域的研究方式具有一定的指导作用（Sandberg and Alvesson，2011）。批判性的目的是审视某一领域里那些特定的用于构想问题的逻辑思维，确立某些研究方法的合理性，并提出这种批判对该领域理论和实践方面的启示。因此，创业领域批判性研究的重点旨在探讨“研究者在做什么、为谁而做以及他（或她）在创业理论研究领域为什么要做这些研究”（Calas et al.，2009）。

越来越多的研究者认为社会创业领域需要更多的批判性研究（Cho，2006；Steyaert and Hjorth，2006；Steyaert and Dey，2010）。我们将从探讨并确认学者们认为亟须批判性研究的话题入手。在思索社会创业的难题和某些研究空白的同时，我们将分析当前重要的研究，并用一些新的概念来捕获它们的重要研究潜力。我们将在当前研究分析的基础上得出不同的类型，这些类型不仅是一个准确严格的分类，而且将成为我们批判研究可能的定位点。虽然我们的选择并不详尽，但是它为我们如何利用批判性研究来促进对社会创业的理解提供了一些思路。

第一个问题是“打破神话”，涉及经验性知识的缺乏和真实性问题。这个概念将被用来考查实证性的“现实测试”如何在一个更坚实的基础上加强我们对社会创业的理解。第二个问题是“权力效应批判”，关注的是社会创业研究忽略了社会创业产生的政治效应，同时需要说明的是，政治效应也是社会创业的一部分。社会创业的投入是一种带有特殊政治倾向的投入，这种政治观念意在塑造社会的“正面”形象。权利效应批判如同“社会学批判”一样，被认为是提升公众对社会创业带有改良社会的政治倾向意识的一种方式。第三个问题是“规范性批判”，关注的是研究很少涉及的社会创业的规范性基础。“规范性批判”表明，对社会创业的各种解释忽略了道德因素，这些解释仅仅从市场教条主义和经济自给自足两个方面来说明社会创业。第四个问题是“僭越性批判”。“僭越性批判”主要揭示社会创业研究对实践中的社会企业家缺乏关注这一现象。“僭越性批判”因此具体探讨社会创业实践者的表达方式与学术界和政治界的表达方式有什么不同，以及这些微观层面的例子如何为我们开辟新的理解路径。在叙述每一个问题的时候，我们会用具体事例来展示批判性研究如何解释社会创业，同时为新的解释提供根据。

三　打破神话：主流思想检验及其假设

“只要一种假象不能被识别为一个错误，它就有着等同于事实的价值。”（Jean Baudrillard, 2008；Gilman-Opalsky, 2011）

第一种批判类型——“打破神话”，研究社会创业领域如何建立在一些无可争辩的假设的基础上。当这些假设作为真理被接受的时候，它们就会以一种神话形式存在着。社会创业领域的许多观点都来自其他领域（尤其是管理和商业企业创业领域），然而这些观点往往是比较草率地运用到社会创业领域的。这种随意的、不经过周密考虑的行为所造成的后果是，社会创业研究领域充斥着许多错误的假设（Cook et al., 2003）。我们可以看到，经过一段时间以后，这些假设就成为社会创业领域里独立存在的观点。由此可见，社会创业领域的某些观点之所以成为知识和真理与它们本身的真实与否没有太多关联。也就是说，社会创业领域的某些观点如同神话一样被人们承认和接受，而实际上它们是错误的。神话具有自我强化和自我真实化的特点，这些观点也一样。社会创业领域存在许多未经证实的假设，例如与社会企业家特点有关的假设、与社会企业出现原因有关的假设，以及与社会创业兴起的原因有关的假设，等等。由于社会创业的理论建立往往是依赖于个体印象和直觉，而不是实证证据，因此有必要探讨有关社会创业的陈述是否与事实相符。批判研究的第一个任务就是从实证的角度来验证社会创业领域的那些似乎无可争辩的假设和观点，以确定它们是否真实和准确。因此，以“打破神话”的方法涵盖了实证性努力，探究关于社会企业的主流观点以验证它们是真实存在还仅仅是空中楼阁。

我们通过分析 Janelle kerlin 和 Tom Pollak 发表于 2010 年的论文来向读者展示打破神话这一类批评方法。这篇文章调查了第三部门最广为人知也是最有影响力的“神话”：资源依赖理论（RDT）。这一理论揭示了非营利领域社会创业的出现与公共事业支出削减两者之间的因果关系。正如作者们所说，“有一些非营利领域的研究者认为，在 20 世纪 80 ~ 90 年代非营利领域的商业活动有显著的增长。这些学者认为非营利组织利用商业营利来弥补政府投入的削减……”。资源依赖理论探讨了传统非营利组织所经历的财政压力，造成这种压力的原因是政府部门对资助非营利组织的运营越来越力不从心。

其结果是，非营利组织不得不接受一个现实，即“它们必须更加依靠自己的力量来谋求生存……出于这一目的它们很自然地要走向一条创业的道路”（Boschee and McClurg，2003），除此之外它们没有别的选择。很显然，资源依赖理论将非营利组织的现状比拟为达尔文式的情境，也就是说，只有最灵活、最具创业精神的组织才能转变成为社会企业，才可以避免日益临近的消亡。资源依赖理论的一个最普遍的假设是，非营利组织能够迅速地并理智地适应不断变化的财政状况，它们可以自愿和自发地进入或退出商业活动，就像打开和关闭开关一样容易，进入或退出取决于公共资金（和私人捐款）的多少。如果这个理论是正确的，那么非营利组织的经济行为就带上了纯粹的机会主义色彩：在经济繁荣的时候，它们依靠的是公共拨款（与公众捐款）；而当经济萧条的时候，它们就自谋生路，寻找各种获取收入的机会以填补资金缺口。

虽然资源依赖理论不是一个荒谬的理论（事实上，非营利组织转向商业活动以自给自足这种假设看上去还很合理），但是它的一些主张往往没有得到检验，即使通过了检验，它也是基于不太牢靠的数据。Kerlin 和 Pollak（2010）解释道：“研究者们缺乏可靠的数据来证明这样一种说法，即政府资助的削减直接导致了非营利组织不断增加的商业化活动。”

Kerlin 和 Pollak 的研究是众多最早检验资源依赖理论的研究之一，他们的研究也具有学术的严谨性。他们的研究采用的是来自美国国税局的收入统计数据（该数据提供了可靠的美国慈善组织的财务信息）。这些信息使他们得以准确地了解非营利组织在相当长时期内的收入来源。Kerlin 和 Pollak 从两个方面来分析非营利组织在 1982 ~ 2002 年这一阶段的财务信息。首先，他们进行了趋势分析，以确认非营利组织“在私人捐款和政府拨款减少的情况下是否增加了它们来源于商业的收入”。其次，他们进行面板数据分析，以确认“在其中的 6 年时间里，商业收入的增长情况是否受到政府和私人款项的增加或减少的影响”。Kerlin 和 Pollak 的研究表明，从总体水平上来看，非营利组织商业收入的增长，在所调查的 6 年中大体上保持着稳定的态势，比他们所假设的要低很多，“非营利组织商业收入占总收入的比例由 1982 年的 48.1% 上升到 2002 年的 57.6%”。另外，更重要的是，他们的发现表明“商业收入不是非营利组织‘弥补’政府投入和私人捐助不足的一个因素”。直截了当地说，资源依赖理论的一个假设是，非营利组织的商业收入增加是由于政府资金的削减（以及私人捐款的减少）造成的；而 Kerlin 和 Pollak 根据他们的发现认为这个假设是不成立的。尽管 Kerlin 和 Pollak 的研究不能归因于批判性思维既有的传统，而且他们也并没有这么认为，但是他们的工作可以被看作是高度的批判性研究，因为他们的发现使我们意识到，我们过去对社会创业的理解从根本上来说就是错的。因此，我们应该肯定 Kerlin 和 Pollak 对此的贡献，它迫使研究者和创业实践者去探寻对社会创业现实的更合理的解释。Kerlin 和 Pollak 揭露了资源依赖理论的错误，同时这也是他们进一步探索用其他替代性理论来解释社会创业现象的出发点。

在他们的文章最后，Kerlin 和 Pollak 讨论了能否用制度性理论更好地解释非营利组织参与商业活动的问题。他们认为自己的研究结果支持这样一种理论上的转变，即非营利组织商业活动的增加可以理解为它们被动地接受大环境变化的这一现实，这也是对外部压力的一种反应，而不是“随着其他资金来源的减少而经过深思熟虑之后主动出击的一种方式”。Kerlin 和 Pollak 的研究体现了他们对以往过分信任的真理的质疑，他们也愿意打破受到人们顶礼膜拜的神话，而代之以更真实可靠的对社会创业的解释。他们的研究给我们带来了深刻的启示，因为他们展示给我们的是通过揭示社会创业理论自身的错误和缺陷，为我们开辟了批判那些被奉为无懈可击的神话的空间（解读：真相）。

在下面的章节中，我们将讨论批判的另一种形式，这种形式的有趣之处不在于观点的正确与否，而在于这些观点与权力、知识以及意识形态的关系。

四　权力效应批判：话语、意识形态和符号的非规范化

“……我们应该努力去探索学科是如何通过有机体、力量、能量、物质、欲望、思想等各方面的增加而一点一点地、越来越进一步地、

真实地以及实质性地被构建起来。”（Michel Foucault，1978）

在很多情况下，一个特定陈述的有效性与其说是它与现实的一致性，不如说是通过强势话语和权力技术实现的规范化。这对“打破神话”这种批判方法造成了一定的局限性，因为占主导地位的权力体系可能不会因为客观事实的存在而发生改变。因此，“打破神话”批判方式的主要贡献在于反对偏见和固有的错误，而受众也愿意承认这些错误并接受事实（Gasché，2007）。然而，本节所讨论的“权力效应批判”主要是针对知识的政治化立场。特别需要指出的是，对政治效应的探讨早已成为“社会学批判”领域的一个重要方面（Boltanski，2011），批判的内容包括权力对个人、集体和组织的塑造、控制甚至支配等诸如此类的解释和陈述。批判社会学是一个总称，它是关于形成政治效应的一系列理论范畴。同时，它也可以被称为政治学研究（Foucault，1991），其研究方向是民众如何依赖专家知识（例如非营利组织管理手册）并按照后福利社会的现实条件来实现自我管理。同时，这个获取专家知识的过程是如何将一个无知的、无责任的人转变成一个有责任的人。换句话说，我们也可以利用 Boltanski 和 Chiapello（2005）的意识形态理论来调查第三部门的创业改革是如何变得合理和必要的，以及在民众心目中，社会创业如何能够提供“有吸引力的、令人兴奋的生活前景，同时为它们所做的事做出安全和道德方面的保证”（Boltanski and Chiapello，2005）。或者，我们可以把社会创业看作象征性暴力的指征（Žižek，2008），以探讨社会创业如何维持社会秩序，包括社会不平等、受控制或压迫等。这些批判方法的首要目的是促进我们去分析权力是如何决定真理的，并进而使个人（或组织）愿意接受政治背景下的控制和自我控制。打破神话的批判方法与权力效应批判方法的本质区别在于，前者探讨那些普遍的（但未经检验的）观点能否经受现实的考验，而后者从政治真相的角度来探讨这些观点，以确保文化再生或自我控制的必然发生。社会学批判方法的研究视角转移到政治权力，这种方法的重点不再是对某一观点陈述的“对和错”的审视，而是不同的政治现实各自突出和规范的内容（包括这种规范的后果）。如果从这个角度对社会创业进行批判研究，我们就需要谨慎地分析物质的、历史的、经济的、话语的以及语言的各种结构和实践，因为这些结构和实践构成了社会创业的各种条件，并因此而产生影响。

以上述观点为出发点，我们通过分析 Sarah Dempsey 和 Matthew Sanders (2010) 具有启发性的研究，来加深我们对权力效应批判的理解。在他们的文章里，作者向读者们展示了社会创业的标志性陈述如何规范了我们对这种有意义的工作的理解。Dempsey 和 Sanders 分析了著名的美国社会企业家约翰·伍德、格雷戈·莫滕森和温迪·柯普等人的自传。从这些社会企业家的描述中，他们发现非营利领域的人们都过着一种充满道德风范的生活，这种生活也导致了人们对这些人工作与生活两者之间是否平衡产生了误解。例如，这些人的自传鼓励“完全消除生活与工作两者之间的界限”（Dempsey and Sanders, 2010），即提倡一种建立在自我牺牲基础上的有意义的工作准则。登普西和桑德斯指出了这些自传里充斥着牺牲睡眠、缺乏闲暇时间、个人生活的缺失、长时间工作等诸如此类的描写，总之这一切都表明了社会企业家在感情、社交以及身体方面是多么的脆弱和不健康。登普西和桑德斯最后认为，社会创业是一把双刃剑，它一方面提供了“代替传统企业经营的其他选择方式”，而另一方面这种有意义的工作要以“高度紧张的工作条件、明显的个人牺牲和低收入”作为前提。

这里要注意的重要一点是，非营利领域的缺点及其对个人生活的剥夺并没有在意识形态方面受到掩盖。相反，前面提到的自传里都将这些缺陷正常化和规范化了：这些自传都认为非营利领域的工作是艰苦的但有意义的工作。例如，有位自传作者写道，“我们自己自愿消除工作与生活的边界，并以此换取全心全意从事我们觉得有意义的工作。”可以说，对社会创业的如此描写会带来一个最严重的问题。正如登普西和桑德斯所指出的一样，人们接受了这样一个事实，即更高的使命召唤，无论它是具有社会意义还是道德意义，都预示着显著的个人牺牲。规范化和常态化这种前提的另一个后果是，参与社会创业的人甚至不能设法保护他们的私人生活，因为社会创业的公众形象宣扬的是这样一种理念，即社会创业参与者从非营利事业工作中得到的满足感和价值感将（或者必须）弥补他们为他们的工作所付出的社会和个人代价。

另外还有人认为，登普西和桑德斯提到的那些看法也许会使一些人退缩，并改变他们想在非营利领域找一份职业的想法，这种情况的出现将削弱社会创业。登普西和桑德斯警告，一旦有些人了解了那些与社会创业相关的不利之处，他们也许会认为非营利领域的进入门槛太高。尽管社会企业家的自传可能会加剧“缺乏理解、矛盾、资源分配不当以及整个领域的损失”（Parkinson and Howorth，2008），我们不应该忽视某种可能性，即有的人虽然完全了解社会创业带来的高昂代价，他们仍然愿意投身到社会创业的职业中来。为什么这些人愿意容忍社会创业带来的高昂代价，并义无反顾地积极地从事这一职业？原因在于他们已经接受了这样一个道理：没有牺牲，社会就得不到治理。因此，那些参与社会创业的个人不应被看成是意识形态受到误导的人，恰恰相反，他们是一群经过深思熟虑的为了实现高尚的事业而牺牲个人欲望的人。在任何情况下，有一个问题仍然存在，即那些主动或被动地置身于主导的权力或知识环境里的人们，究竟是接受还是抗拒他们所处的意识形态氛围呢（Jones et al.，2009）？

五　规范性批判：标记道德的基础

> “思想体系的第一要义是真理，而社会制度的第一要义是公正。一个错误的理论，无论它是多么的精妙和简练，最终会被摒弃或修正。同样地，不公正的法律和制度，无论它多么高效和周全，也会被修订或废止。”（John Rawls，1999）

批判社会学的“打破神话”和“权力效应批判”两种批判方法有一个共同点：虽然这两种批判方法都揭露了社会创业领域的一些问题，但是它们并没有明确地指出社会创业究竟是什么。与此相反，规范性批判明晰了社会创业应遵循的发展轨迹。要对社会创业进行规范性批判，首先要调查并熟悉所有主要的关于社会创业的解释和描述。但是，批判的最终目标是对社会创业做一个道德意意义上的评价，而不仅仅是它的社会作用。这听起来很容易。在这一点上，社会创业与传统企业创业不同：传统企业创业的规范基础一直都是一个饱受争议的话题，但是社会创业和社会企业从一开始就一致被认为是一种好现象。虽然不同的学者对“社会创业”的含义有不同的理解，但大家一致认同社会创业的以下作用，即缓解社会问题、促进社会转型或者使传统企业更具社会责任感（Mair and Marti，2006）。对社会创业在社会救赎方面的本质，学者们基本上都抱着正面的看法（Yunus，2008）。社会创业以市场为手段来解决政府和非营利机构都不能解决的社会问题，而社会与经济两者的协调也许比文献里描述的要更加复杂和更具争议性，因此，对社会创业的规范性批判就成为一件有意义的工作。

通过对相关文献的粗略分析，我们发现在规范反思领域急需关注的是关于“社会”和“创业”两个术语结合会造成一个无可争议的双赢局面的观点。最初很多人将两者视为一对矛盾（Hervieux et al.，2010）。反对社会创业的人认为，社会创业是一种颠覆非营利和志愿者组织的社会使命、传统以及特性的委婉说法。学者们并没有对“社会”一词置之不理，也没有认为这个词有利于平衡社会和经济目标，相反，他们很快对社会创业的反民主倾向提出了质疑。在学者们看来，贸易或赚取收入的策略不仅仅是一个技术理性和工具理性的问题，而且也是一个组织性隐喻，它对社会创业的规范性基础有显著的影响。

关注点之一是相信市场能够解决社会和环境问题的观点（Humphries and Grant，2005）。很多人对这种观点感到怀疑，因为观点本身暗示市场能解决由市场自己造成的弊病。这样的观点不仅仅是逻辑上出了问题并引起争议（例如循环论证），同时也导致了与潜在的极权经济学见解有关的规范性问题。Dey 和 Steyaere（2010）已经对这个问题进行了研究。他们通过文献资料来探讨社会创业领域中“社会”一词的规范基础。作者的分析表明，有关社会创业的论述经常过于强调理性、实用性、进步性以及个人主义。这些松散意义的结合将社会创业者描绘成“社会行动者”，他们“要确保现代的、西方的秩序和组织控制理念的传播，同时努力营造这样一种印象，即社会变革可以在不造成争议、冲突以及社会不和谐的情况下得到实现”。Dey 和 Steyaere 指出，这种描述是有问题的，因为只有在创造出即刻见效的和显著的经济效益时，社会创业才被认为是值得一试的。如果只是把社会创业看成是弥补政府和市场解决社会问题失败的替代性方法，那么社会创业的主旨就被篡改，社会创业也就变成一个去政治化的准经济性实体。从 Dey 和 Steyaere 的分析和反思来看，他们有以下看法：从实用主义、帮助社会以及经济这几个角度来看社会创业的好处是不言自明的。

规范性批判总体上要求对社会创业对社会的益处作一个详尽准确的描述。我们将通过分析 Angela Eikenberry（2009）有说服性的论述来解释“规范性批判”。在她的文章里，认为非营利组织和志愿者机构目前正经历一场趋向于“依靠市场来提供解决方案和采用商业化经营模式的规范性意识形态”的转变。社会创业被看成是这场规范性转变的根本出路，因为社会创业主张非营利组织应该采用更加市场化的方法来获得资金。Eikenberry 认为，从规范的角度来看，社会创业面临的问题是，因为要开拓各种赚取收入的策略以满足自己的财务需要，非营利组织的社会创业行为可能会削弱“它们对捐赠者的吸引力，因为捐赠者会认为它们因为有其他收入来源而不再需要他们的捐赠”。由此可见，对非营利组织来说，社会创业的参与是一种冒险行为，因为它们的“非营利”概念变得有点模糊不清。除此之外，还有证据表明社会创业组织的注意力和资源正在偏离它们原有的社会使命：“市场化对非营利组织和志愿者的潜在大众化贡献造成了威胁。尽管这些组织长久以来因为它们的社会效果而受到推崇，这些组织的市场化论述似乎正在危害它们对民主社会的贡献。”出于调和非营利组织由于采纳市场化理念而变得“殖民地化”的负面影响，更具体地说是调和社会企业的资金开拓策略的负面影响，Eikenberry 建议开辟“公民参与和协商的空间”。公民的参与协商可以被看成对市场化的反社会效果的一个纠正。更重要的是，Eikenberry 坚信，如果更多的利益相关者能够参与非营利组织的组织机构、社会管理、事务安排、协商和决策，那么非营利组织就会“有一个更公平、更人性化以及更有益于社会合作的未来”。

总之，Eikenberry 的论述证明了我们需要更多更深入地探讨社会创业在当今社会中道德作用的迫切性。这类研究非常重要，因为它的目的是对社会创业领域纷繁复杂的经济和管理方面的论述进行解构和分析，同时将这种解构和分析与社会创业的社会目的联系起来（Hjorth，2009）。对此，我们将提出第四种批判方法，这种批判方法专门从社会创业实践者的角度来分析社会创业。

六　僭越性批判：抵制和重塑预设的发展道路

> “……既不理解实践者持有的观点，也无视这些观点的象征意义，在这种情况下竟试图去解释他们的观点。这种解释只能是苍白无力的事实陈述。”（Richard Freeman and Michael Rustin，1999）

为了使“僭越性批判”的意图和优势更加具体，我们首先说明一下“规范性批判”和“权力批判性”的内在局限性。如上文所述，“规范性批判”主要是分析和讨论社会创业的道德合理性，规范与社会创业更相称的道德基础。这种批判方法带来的危害是，批评家有可能会将一个意识形态

（例如市场化）换成另一个意识形态（例如民主化的参与）。Eikenberry（2009）似乎意识到这个陷阱的存在，因为她在文章里写到，她不“打算创建另一个霸权式论述”。无可否认的是，她的这个决定恰巧反映了她自己的观点。“规范性批判”永远是与思想有关的，因为它没有超出意识形态的范围（Boje et al.，2001）。与此相关的是“规范性批判”的第二个局限，即“规范性批判”反映社会学家针对其研究对象而提出的观点。这个缺陷也存在于社会学批判方法中，它被指责为否定研究者从自己的立场出发进行研究和批判能力。正如 Boleanski 和 Thévenot（1999）所指出的那样，“我们的研究对象谴责社会不公、批评权利关系或者揭露他们对手的隐蔽动机。如果我们要认真对待他们所说的一切，我们就必须承认他们具有批判和辨识的能力以区分合理与不合理”。

由此可见，“权力性批判”与“规范性批判”这两者批判方法都与研究对象保持着一定的距离。而与这两种形式的批判截然相反的是，“僭越性批判”研究的恰巧是研究对象的观点、话语以及他们自己的故事。他们被当作是具有对社会现实进行反思和批判能力的人，而不仅仅是被视为具有意识形态的盲目性并受到一些无形力量控制的人。“僭越性批判”的主要任务是探讨和分析人们所说的话和所做的事，这与最近社会创业领域要求研究者重视社会企业家本身对自己工作的理解和经历的呼吁是一致的。倾听创业者自己的创业动机和他们的思想，可以使我们更好地理解社会创业（Boddice，2009）。揭示创业者的一言一行可以为研究者提供新的思路，并理解他们如何抵制潜在的支配力量（Eikenberry，2009），以及“他们如何操控他们面临的工作和生活压力”（Dempsey and Sanders，2010）。至于抵抗力，这个词汇并不意味超出了权力的空间（即真实个体的神圣空间）。相反，与 Foucaule（1978）的说法一致的是，“僭越性批判”承认“个人的抗拒从来不会被置于权力关系以外”。因此，“僭越”这个概念包含了“解放”的性质。通过这种做法，个人将权威的论述和权力技术占为己用以实现自己的目的（Foucault，1998）。虽然个人永远不会摆脱权力的支配，但他们可以打断、破坏并创造性地重组赋予他们的权力，从而为了“成为另一个人”而尽量去创造可能的条件。

那些调查社会企业家是如何应对他们所处的意识形态氛围的实证研究可以帮助我们更好地了解这种僭越式行为。Caroline Parkinson 和 Carobe Howorth's（2008）的研究是最好的选择，因为他们进行这项研究的地点是英国。社会企业“得到了大力的推广和支持，而且是政策介入的最佳领域”（Teasdale，2011），从而可以用来促进一种“少干预多效益”的效率逻辑（Hogg and Baines，2011）。帕金森和豪沃思的研究探讨了社会企业家是如何看待对社会企业的主流解释（如英国的政策制定者、投资人以及相关支持机构所做出并推广的解释）。帕金森和豪沃思使用一种语言研究的方法来探讨官方论证和企业家本人对社会企业工作的理解方面的脱节。她们的分析表明，官方对社会企业的论述强调了个人能力以及从管理的角度定义社区服务提供模式。作者们使用话语分析的方法来调查社会企业家在多大程度上模仿或僭越官方在解决问题、个人主义以及管理主义等方面的论述和解释。帕金森和豪沃斯的分析表明，社会企业家实际上使用了一些商业术语，虽然他们在使用这些术语时会同时带上一些负面的属性，例如“脏”“狠”“残暴”“发展黑色经济”“财富和商业帝国的缔造”“把别人当成二等人看待”等。重要的是，当他们被问及是否认为自己是社会企业家时，受访者往往摒除了这个概念，并声称“这太有意思了、太荒谬了，这个词太时髦……我只不过是工人阶级”。帕金森和豪沃思提供充分的证据来表明社会企业家的叙述与英国社会企业政策制定者的叙述是不一致的，后者主要着重于社会企业的效率、业务纪律和财务独立。然而，他们在分析同时也表明，社会企业家的陈述也部分地反映了他们所处的意识形态环境（特别是所关注的地区问题和各自的解决方案框架）。

如帕金森和豪沃思所述，“僭越性批判”承认抵制往往是暂时的和局部的，正如社会企业家从来没有完全游离于权力的影响之外（虽然也不会完全被它渗透）。这种观点的明显优点是：它使我们从细处更加理解那些主流的意识形态在实践层面受到挑战，同时它也使我们意识到这种挑战不一定是以理性的、主要的甚至是有意识的方式来表达的。

综上所述，把关注的焦点放在社会企业从业人员身上是非常重要的，因为它可以使我们“更好地理解社会企业家如何界定自己”，同时更清楚地阐明“社会企业家自己的论述是否与那些研究者、投资者以及政策制定者的论述一致”（Hervieux et al.，2010）。实证研究和分析揭示出来的意识形态的真空和脱节不仅可以用来质疑主流的知识结构，更重要的是可以用来重新定义新生事物可能出现的条件。

七 干预主义者批判：开创更激进的轨道

从表面上看来，批判研究有着无限的可能性，但必须牢记的是，批判研究仍旧停留在学术层面，对于实践层面而言，它还不能产生真正的效果。正因为如此，我们将进一步深化我们最初对社会动态的阐述。社会动态有可能削弱我们对社会创业的批判，因此，我们认为“干预主义者批判”可以用来作为一种更具前景的批判方法。

关于批判和变化之间的关系，一些颇有见地的理论和实证研究表明权力统治系统是如何对批判进行吸收、体现和调和的（Boltanski and Chiapello, 2005）。批判不是为了推翻批判的对象或对立面，而是被当成了一种维持现行等级体系、支配关系以及社会隔离的工具（Willing, 2009）。对社会创业来说，有相当清楚的迹象表明，政治的、商业的以及学术的论述事实上忽略了批判、研究的更大潜力。社会创业并没有被当成动摇统治传统、范式和现行（经济）体系的工具（Edwards, 2008），而是被当成一种实用的工具以将企业类型扩展到社会部门，其目的是少缴税，或者纯粹是使非营利领域的个人和组织更加具有社会责任感。社会创业和商业经营理念的结合加剧了批判方法的作用被削弱，因为主流研究方法都将社会和生态问题及其解决办法与传统的“进步”形象联系在一起。以库克尔等人（2011）的研究为例，我们对社会企业家的学术性理解严重依赖一些知名的案例，如比尔·德雷顿、法德奥·阿贝德、亨利·格林菲尔德和本·科恩、穆罕默德·尤努斯或易卜拉欣·阿伯什等。虽然这些参考案例本身都没有问题，而一旦这些社会企业明星群体，连同他们造福社会的蓝图和支持并奖励他们创业的体制，影响了我们对“什么有利于社会”的选择性理解，这些参考案例就有问题了。如果这个结论是合乎逻辑的，那么我们就必须探讨前面讨论过的批判方法是否有可能改变社会创业领域的“标准语言”。

上述代表性案例可能会使关于社会创业的偏颇理解变得“正常”，这使得创造各种适合社会创业批判的条件变得更加紧迫。同时，条件具备了，新的设想（包括思想上和物质上）也可能会产生。要达到这一目的，我们需要揭露并面对政策制定者、学者、智库以及企业孵化器等日常活动中固有的保守主义。此外，这也意味着我们需要“协调”两种不同的工作状态，即保守的想象与积极的创造性想象。根据 Nealon（2008）的看法，我们的任务就是找到加强这种紧张和抗争的方法，并与“僭越性批判”方法相结合。要做到这一点，就有必要弄清楚批判思维与干预两个概念之间的关系（Steyaert, 2011）。

首先，我们愿意使用“干预”的概念来表示对批判研究的常规性和学术性理解的重新思考。干预主义者研究和看待研究者，不是通过外部反思的方式，而是通过主动的和内部的方式。与研究者的内部联系是干预主义者以干预的方式重塑社会创业的前提条件。干预主义者探索基于互动的参与模式来共同产生新的知识，同时确定新的现实条件（Steyaert and Dey, 2010）。与社会企业家共同研究，而不是把他们作为研究对象，干预主义研究因此代表着一种政治立场，因为它最感兴趣的是创造世界的行为（Beyes and Steyaert, 2011）。这种本体论的研究过程是批判式的，因为它们不断地为我们带来新的问题（如果是纯粹从学术推导的研究角度来看，这些问题是无法想象的），同时质疑各种广为人知的假设（Beaulieu and Wouters, 2009）。干预主义批判的特点之一在于其对社会和社区问题的介入，这种批判的标准并不关心其具有代表性或被理解（尽管如此，它也能发挥一定的作用），它更关心的是在多大程度上批判性研究能够“在一定的社会空间内重新安排什么可以说、可以看”（Beyes and Steyaert, 2011）。干预主义批判旨在促进不同意见和对立，而不是共识和一致，它也通过调动创业实践者的内在力量去瓦解那些人们认为想当然的社会创业领域的知识（Willig, 2009）。干预主义研究试图动摇那些精英的自我满足，正如 Steyaert（2011）告诉我们的，干预主义研究崇尚的是说真话：不畏权威说出真话，并以真相的名义发现另一个真相。对于社会创业领域来说，这是一种新的批判方法（Steyaert, 2011），它干预的目的是发现和创造，它的任务是通过感受和放大“从未感受过的体验”，那些“从未感受过的体验”与社会的一切息息相关（Bloch, 1986）。因此，通过反省和放大社会创业者自身的观点和抱负，干预主义的批判方法可以为社会企业家实现一直存在于社会中的（但完全被抑制了的）解放性承诺提供支持。

诚然，如果能为读者们描述干预主义批判究竟是怎么一回事，以及对有创意的社会和社区问题干预究竟意味着什么，这将对理解问题很有帮助。但是，对读者期望的内容做过于精确的描述有悖于我们的信念，因为我们认为公开的且规定性的陈述会妨碍而不是有助于社会创业批判的再造。因此，我们认为留在此处的空白将有助于激发学者们的好奇心和想象力，同时使他们能成为未来社会创业研究领域有创造力的干预主义批判研究的参与者。

八　批判性反思介绍

以下的介绍主要面对那些对批判性思维不太熟悉以及对社会创业领域批判研究感兴趣的读者。作为社会创业批判的出发点，我们鼓励读者们要“深度阅读”社会创业领域那些受到读者欢迎的文献。实现这一目标的第一步包括收集足够多的文献资料。根据我们的经验，分析的文献知名度越高，越容易受到社会的认可，这种分析就越有可能得出显著的结果，尤其是通过提出有关于社会创业的主导意义模式的问题。读者们可以通过社会企业促进机构来收集社会创业的定义，这些机构包括阿育王基金会（见 www.ashoka.org/social_entrepreneur）或施瓦布基金会（见 www.schwabfound.org/sf/SocialEntrepreneurs/Whatisasocialentrepreneur/index.htm）。另外，包含了关于社会创业的政治演说和项目的文献都可用于分析（如 www.socialenterprise.org.uk/pages/quotes-about-socialenterprises）。最后，实践者手册是为非营利组织管理人员提供社会企业如何提高效率的知识文献，这也是很有用的分析素材（Dees，Emerson and Economy，2001，2002）。

一旦收集到分析所需的材料，下一步就是分析一份特殊文献是如何设置并使社会创业以一种特定的方式表现出来（如有用的、必要的、非意识形态的、优秀的等）。在最基本的层面上，文献分析可能广义地定义为反传统的，旨在让人们进一步地认识社会创业没有什么固有的“自然”特性，同时我们普遍接受的社会创业的核心内容往往取决于语言的表述。因此，我们建议分成两个步骤来阅读文献。在读第一遍的时候，我们应该以一种放松随意的方式来阅读文献（正如人们阅读报纸一样）；在读第二遍的时候，不再忠实于文献的表面逻辑，批判研究者会后退一步，先做这样的思考，即我们所知道的社会企业，它的承诺、梦想、乌托邦式理想，最终取决于语言的运用。因此，我们要承认社会创业的“真相”取决于后者是如何通过语言来进行处理的。这样，批判研究者在阅读文献的时候，就会问谁在说话、基于什么语言习惯、听众是谁、有什么意图。要揭示文献里社会创业的主要含义是如何通过语言来表达的，以及它是如何排斥其他含义的。读者们可以想象文献强调了什么内容，而又忽略了什么内容，或者它如何能够用不同的语言来进行描述。由于文献的语言分析是非常烦琐的，因此我们整理了一些指导性的问题。这份名单并不详尽，这些问题应该支持初级的批判性分析，以使批判研究者能逐渐熟悉语言分析的基本原则。

问题

1. 体裁：什么是文本的功能/目的（例如劝说、告知、解释、规定、推销、比较等）？

2. 读者：谁是文献的可能读者？

3. 框架：社会创业的问题是如何提出的，从哪个角度提出的（理论角度、学科、世界观）？

4. 前景/背景：社会企业创业的哪些方面被强调，哪些被边缘化甚至忽略（换句话说，提到了什么，没提到什么）？

5. 风格：什么样的语言风格被使用（例如客观科学的语言与生动丰富、充满感情色彩的语言）？

6. 词汇：有没有文献中经常使用的特定的词或概念？

7. 意识形态层面：文献如何试图说服读者——社会创业是有吸引力的和必要的，甚至代表了人们潜在的职业选择？

原著作者简介

安－克里斯汀·阿赫莱特纳（Ann-Kristin Achleitner）教授，博士。安－克里斯汀·阿赫莱特纳主持社会创业讲座（KfW Bankengruppe 资助），现任慕尼黑工业大学企业和金融研究中心（CEFS）的联合总监。主要研究领域为创投、私募基金、家族企业和社会创业。

马库斯·贝克曼（Markus Beckmann），博士，德国吕讷堡大学可持续管理中心社会创业助理教授、社会转型孵化中心（SCHub）主任。他的教学和研究领域是社会商业和创业、可持续发展和商业伦理。

霍格尔·贝格（Holger Berg）博士，伍珀塔尔大学创业与创新研究中心管理主任，也是斯塔迪经济学院（ASE）、斯洛伐克科希策技术大学的客座教师。研究领域是创业政策、区域发展、可再生能源与进化经济学。

克里斯蒂娜·布莱克（Christiane Blank）工商管理硕士，在伍珀塔尔大学创业与经济发展中心任研究助理，主要研究领域是社会创业、非营利组织管理和社会责任。

希瑟·卡梅伦（Heather Cameron）博士，柏林自由大学全纳教育教授、南非西开普大学荣誉教授，也是一名社会企业家。作为 Boxgirls International 的创始人和主任，通过运动组织争取女性权利，该项目在德国、南非和肯尼亚运行。希瑟·卡梅伦获得 2010 年阿育王研究员荣誉。她的主要研究领域是组织发展、影响力评估、性别包容性和创新项目设计。

帕斯卡·戴伊（Pascal Dey）博士，圣加仑大学商业伦理研究中心高级研究员。主要研究领域是社会调查，涵盖了通过话语、权力、跟随或者反思的视角调查分析社会创业、社会创新和社会变迁。

卡蒂·恩斯特（Kati Ernst）博士，伍珀塔尔大学熊彼特经济与工商管理学院的博士研究生。研究领域主要是社会创业意向的形成，并提出了计划行为理论。卡蒂·恩斯特从 2006 年进入麦肯锡咨询公司柏林分公司，成为咨询师。

马克·格鲁汉根（Marc Grünhagen）博士，德国伍珀塔尔大学熊彼特经济与工商管理学院讲师，讲授课程包括创业管理和经济学课程。主要研究集中在大学生创业、创业成长和创业意向研究。

安德烈亚斯·海内克（Andreas Heinecke）博士，对话社会企业的创始人和CEO，欧洲商学院（EBS）达能社会企业中心荣誉教授。是西欧第一个获得阿育王伙伴研究员荣誉和施瓦布基金会全球荣誉社会企业家。研究领域是社会创新、社会投资、社会学习以及情绪智能、老年化和贫困。

本杰明·霍布西兹（Benjamin Huybrechts）博士，列日大学HEC管理学院社会经济中心助理教授，教学和研究领域是社会企业和社会创业、公平贸易、可再生能源、政府的合法性与制度性理论。

约翰娜·梅尔（Johanna Mair）教授，博士，《斯坦福大学社会创新评论》编辑，斯坦福慈善与公民社会研究中心惠利特基金会学者。主要研究新创立组织和制度设置如何产生经济和社会发展以及企业家在这一过程中的作用。

朱迪·梅耶尔（Judith Mayer）理学硕士，慕尼黑工业大学安－克里斯汀·阿赫莱特纳教授主持的企业和金融研究中心的助理研究员。研究领域是社会投资者和社会企业家关系、社会企业双重底线、社会企业与政府合作。

苏珊·穆勒（Susan Müller）博士，圣加仑大学瑞士小企业与创业研究中心高级研究员，研究领域是社会创业、创业教育和商业模式。

亚历克斯·尼科尔斯（Alex Nicholls）博士，牛津大学赛义德商学院斯科尔社会企业中心教授，教学和研究领域是社会创业、组织间合法性与政府、社会金融、公平交易、影响力测评和创新。

威碧卡·拉斯姆森（Wiebke Rasmussen）博士，波鸿鲁尔大学营销系研究员和助理教授。研究非营利组织和基金会营销，关注商业市场营销主题以及非营利组织和商业组织之间的市场营销互动、社会责任和公益营销。

海克·希尔默（Heike Schirmer）教授，柏林自由大学博士研究生，主要研究社会企业家与合作伙伴关系。在攻读博士学位前是移民管理咨询师。

舒赤·夏尔马（Shuchi Sharma）工商管理硕士，社会创业者，芝加哥班尼特日校运营主任，研究重点双重底线的社会影响力评估。

沃尔夫冈·斯派思－拉夫尔（Wolfgang Spiess-Knafl）德国慕尼黑工业大学创业金融中心（KFW）技术助理、工程师，研究兴趣是社会创业。

克里斯·斯泰亚特（Chris Steyaert）博士，瑞士圣加仑大学组织心理学教授，主要研究创造力和创新、管理的多样性与差异、语言与翻译、审美与组织的政治意蕴等。

基姆·奥利维·托卡斯基（Kim Oliver Tokarski）博士，瑞士伯尔尼应用科学大学商业管理系教授，学校竞争力中心主任。斯塔迪经济学院（ASE）客座教授。教学和研究主要领域是通用创业、社会创业、商业伦理和社会责任。

克里斯蒂娜·K. 福克曼（Christine K. Volkmann）博士，伍珀塔尔大学创业和经济学院院长、创业和创新研究中心主任、斯塔迪经济学院（ASE）客座教授，联合国教科文组织创业与跨文化管理中心主任，Dr. Werner Jackstädt 中心跨学科创业与创新研究董事会成员。主要研究领域是社会责任、创业责任和创业可持续发展。

译后记

这是我翻译的第二本有关社会创业和社会企业家的国外著作。如果说第一本书《社会企业家：影响经济、社会、文化的新力量》是对一个新兴领域的大胆尝试的话，这本书就更加小心翼翼了。一方面大众创新、万众创业已经上升为国家政策；另一方面对社会创业的研究和社会创业教育都处于起步阶段，其概念、理论、模式、案例都在研究和探索中。在翻译这本书的过程中，正值给研究生开设“社会企业与社会创新”课程，一边学习和消化国外该领域的理论和案例，一边与学生讨论本土化与运用，逐步提高了对该领域的认知。本译稿得到了很多老师和朋友的帮助，首先感谢原作者克里斯蒂娜·K. 福克曼教授的信任，她在近期完成的新的案例研究给了我很多的启发；感谢北京云研社创新策略专家李利凯教授关于社会创新的独特见解；感谢华民慈善基金会理事长卢德之师兄的“共享资本精神”给予我很大的启迪，其社会公益创业实践经验的交流让我受益匪浅；感谢首都经济贸易大学劳动经济学院冯喜良院长的热情支持与鼓励；感谢社会科学文献出版社区域与发展出版中心任文武主任热情和专业的帮助以及耐心等待；感谢美国密歇根州立大学陈晓庆博士细致的审校。

这本译稿由我统译并进行审校，美国密歇根州立大学陈晓庆博士协助审校。虽小心翼翼，力求准确，但由于本人对社会创业这个新兴领域的研究所限，一定会有很多错误与疏漏，恳请学界同人批评指正。此外，原著各章中“拓展阅读”和“参考文献”部分因其只是资料名称，故没列入本书，特此说明。

黄琦

2016 年 10 月 28 日

图书在版编目(CIP)数据

社会创业与社会商业：理论与案例 /（德）克里斯蒂娜·K. 福克曼（Christine K. Volkmann）等著；黄琦译. -- 北京：社会科学文献出版社，2016. 12

书名原文：Social Entrepreneurship and Social Business——An Introduction and Discussion with Case Studies

ISBN 978 - 7 - 5097 - 4978 - 4

Ⅰ. ①社… Ⅱ. ①克… ②黄… Ⅲ. ①企业管理 - 创业 - 研究②企业管理 - 商业模式 - 研究 Ⅳ. ①F272

中国版本图书馆 CIP 数据核字(2016)第 283024 号

社会创业与社会商业：理论与案例

著　　者 / ［德］克里斯蒂娜·K. 福克曼（Christine K. Volkmann）
［瑞士］基姆·奥利维·托卡斯基（Kim Oliver Tokarski）
［德］卡蒂·恩斯特（Kati Ernst）等

译　　者 / 黄　琦

校　　者 / 陈晓庆

出 版 人 / 谢寿光

项目统筹 / 任文武

责任编辑 / 高　启　高振华

出　　版 / 社会科学文献出版社·区域与发展出版中心(010)59367143
地址：北京市北三环中路甲 29 号院华龙大厦　邮编：100029
网址：www. ssap. com. cn

发　　行 / 市场营销中心（010）59367081　59367018

印　　装 / 北京季蜂印刷有限公司

规　　格 / 开　本：787mm × 1092mm　1/16
印　张：15　字　数：248 千字

版　　次 / 2016 年 12 月第 1 版　2016 年 12 月第 1 次印刷

书　　号 / ISBN 978 - 7 - 5097 - 4978 - 4

著作权合同登记号 / 图字 01 - 2015 - 4088 号

定　　价 / 48. 00 元

本书如有印装质量问题，请与读者服务中心（010 - 59367028）联系

版权所有 翻印必究